KB268566

교회교육 공감교수법

변화와 성장을 이끄는 교수법 매뉴얼

교회교육 공감교수법

초판 1쇄 인쇄 2017년 11월 10일
초판 1쇄 발행 2017년 11월 15일

지은이 이복희·김종표·조성희
펴낸곳 아름다운동행
등록 2006년 10월 2일 제22-2987호
주소 서울시 서초구 효령로 304(서초동) 국제전자센터 1509호
홈페이지 www.iwithjesus.com
전화 02)3465-1520~3
팩스 02)3465-1525

ISBN 979-11-956751-8-0 93230
값 18,000원

Designed by 김민주

변화와 성장을 이끄는 교수법 매뉴얼

교회 교육
공감 교수법

이복희 · 김종표 · 조성희

아름다운동행

머리말

어린이들이 교회교육 시간에 집중을 좀 더 잘할 수는 없을까?
청소년들이 교회공과공부를 재미있고 의미있게 할 수는 없을까?
성도들이 교회교육을 즐겁게 적극적으로 참여할 수는 없을까?

교회교육리더라면 이러한 부분에 대해 다 같은 생각을 할 것이다.

사실 이런 고민은 교회교육리더뿐만 아니라 학교교육 교수자도 마찬가지이다. 학교교육 현장에서는 학생들을 적극적 수업 참여로 이끄는 것이 교회교육리더의 중요한 역할이므로 교수역량 강화를 위해 끊임없이 노력하고 있다. 대학에서는 효과적인 교육 전달을 위해 각고의 노력을 기울이고 있다. 같은 시간에 같은 대상을 놓고도 '어떻게 전달하느냐'에 따라 교육의 효과는 현저하게 차이가 나기 때문이다. 교수학습개발원(센터) 운영, 전문대학협의회 및 대학교육협의회의 교수법 프로그램 운영으로 교수역량을 강화하는 일에 많은 노력을 기울인다. 초·중등학교 교사들 역시 교수역량 강화를 위해 정기적으로 교수법프로그램에 참가하고 있는 것이 현실이다.

그동안 저자들은 교육학을 전공하고 대학에서 학생들을 가르치면서 효과적인 교육 전달법인 교수법에 대하여 많은 관심을 쏟으며 고민을 해왔다. '어떻게 하면 학생들과 즐겁게 수업을 할 수 있을까?' 이러한 고민의 결과로 교수법에 관련된 여러 권의 저서들을 출간하였고 교수법에 대한 연수도 많이 해왔다. 그러던 중 교회교육의 어려움을 생각하게 되었다. 교회 교육은 하나님의 말씀을 전달하는 것이기 때문에 성령과 기도로만 충분하다고 생각할 수 있다. 그러나 교인의 입장에서는 효과적인 전달방법에 의해 교육을 받게 되면 말씀에 대한 은혜의 단맛을 더욱 깊이 느낄 것이며, 주일학교나 중고등부 학생들, 새 신자들은 더 쉽게 하나님 말씀을 이해할 것이다.

이 책을 집필하고자 용기를 가지게 된 것은 비슷한 고민을 가졌던 주변 분들의 청유가 있었기 때문이다. 저자들 또한 교회의 여러 사역들을 감당하며, 필요성을 느껴왔기에 집필의 시작을 단행하였다.

교회에서 '교육내용 전달법'을 운용하는 일이 자칫 하나님의 영광을 가리는 것은 아닐까' 하는 조심스러운 마음도 있었다. 그랬기에 참으로 많은 기도를 하면서 그 가운데 부어주시는 은혜를 토대로 집필하게 되었다.

신학자 칼 바르트(Karl Barth)는 "언제나 그리스도인은 한 손에는 성서를 들고 한 손에는 신문을 들고 살아야 한다"고 했다.

독일의 신학자 유르겐 몰트만(Moltmann) 교수는 현대교회는 하나님을 향하여 열려 있어야 하고, 현대교회는 세상(사회)을 향하여 열려 있어야 하고, 현대교회는 미래를 향하여 열려 있어야 한다는 말을 했다.

교회도 현대적인 좋은 장소와 시설, 잘 갖추어진 매체 등의 교육환경뿐만 아니라 세상의 지식교육 전달방법처럼 효과적인 복음의 전달방법까지 갖추어진 교육이 필요하다고 감히 말하고 싶다.

이 책은 전체 4부로 구성되어 있다.

제1부는 교회교육교수법 이해단계로 교수법의 중요성과 교육패러다임의 변화로 인한 교회교육리더의 역할에 대해 다루었다. 또한 교회교육대상자 특성에 대한 이해와 각 특성에 따른 교수전략을 제안하였다.

제2부는 교회교육교수법 준비단계로 교육 준비에 필요한 교수계획, 분석, 설계, 개발에 관한 부분을 다루었다.

제3부는 교회교육교수법 실시단계이다. 교육을 하는 데 필요한 교회교육교수기법과 교회교육리더에게 필수적으로 필요한 질문기술에서부터 요약기술, 교회교육 전달을 위한 강의법, 토의법, 시범실습식 등의 다양한 교육방법을 소개하였다. 그리고 성도들의 입장에서 교회교육리더의 이미지에 대한 기대는 각별하여 호감가는 교회교육리더의 이미지 만들기에 대하여 다루었다.

제4부는 평가단계로 교회교육에 대한 평가방법과 교육 개선 점검의 방법들을 다루었다. 또한 교회교육리더 자신에 대한 객관적인 평가로 개선점은 찾아 개선하고 장점은 강화할 수 있는 교회교육리더 성찰을 다루었다.

저자들은 이 책이 교회교육 현장에서 다양하게 사용되길 소망한다.

앞으로 교회에서 교육을 담당할 신학생들과 현재 교회에서 가르치는 입장에 있는 목회자, 교회학교 교사, 소그룹리더 등 교육을 지도하고 가르치는 분들에게 도움이 되어 교회교육 발전에 이바지하기를 간절히 기도한다.

탈고를 하고 보니 부족한 것이 많아 부끄러움이 앞선다.

교회교육에 관심이 있는 많은 분들의 비판과 조언을 겸허히 받아들이며 계속 노력하여, 기도하면서 부족한 부분은 지속적으로 보완해갈 것을 다짐한다.

끝으로 이 책이 나오기까지 많은 기도와 조언으로 힘을 주신 소중한 분들에게 감사를 전하고 싶다. 먼저 기도와 격려로 언제나 용기를 불어넣어 주시는 학교법인 백석학원 설립자이신 장종현 목사님께 감사를 드린다.

교육의 중요성과 교회교육리더로서의 사명감을 잃지 않도록 조언과 응원으로 언제나 큰 그늘이 되어주시는 김신일 전 교육부총리님께 감사를 드린다.

또한 내용 구성부터 많은 부분을 조언해 주시고 기도해주신 한신대학교 연규홍 총장님과 40여년이 넘는 목회자의 생활에서 얼마 전 은퇴를 하신 이건화 목사님, 광염교회 담임목사님이신 김창주 목사님께 깊은 감사의 마음을 전한다. 그리고 좋은 의견과 함께 자료수집에 아낌없는 지원을 해준 백석대학교 평생교육HRD연구소의 김윤아 연구원과 저자들이 섬기는 교회 성도들, 가족들에게 고마움을 전한다.

머릿속에 머물던 내용들을 글로 모아 교회교육에 관심이 있는 분들에게 다가갈 수 있도록 기회를 주신 출판사 '아름다운 동행'의 박에스더 대표님과 관계자들에게 감사를 드린다.

집필하는 동안 모든 것에 합력하여 선을 이루시는 주님의 은혜를 깊이 경험하면서 모든 영광과 감사를 존귀하신 하나님께 드린다.

2017. 11. 저자 일동

CONTENTS

Part I

교회교육교수법 이해

1. 교회교육에서 교수법, 왜 중요한가?

2. 교회교육 대상자 특성과 교수전략

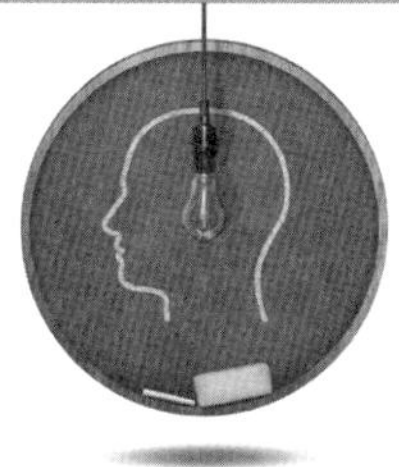

01

교회교육에서 교수법, 왜 중요한가?

1. 교회교육교수법의 현재와 교육패러다임의 변화

2. 패러다임 변화에 따른 교회교육리더의 역할

01

교회교육에서 교수법,
왜 중요한가?

교회는 예배공동체, 선교공동체, 봉사공동체, 친교공동체, 교육공동체로서의 사명을 가진다. 건강한 교회는 이 다섯 가지 영역에서 균형과 조화를 잘 이루어야 한다.

예배공동체는 시대적 사명을 감당하기 위해 변화하는 환경에 적합하도록 예배 시간, 시설, 매체, 분위기 등에 다양한 변화를 시도해 왔다. 선교공동체의 사명에서도 각고의 노력을 기울이고 있다. 해외선교와 군선교, 북한선교 등 지역과 계층을 뛰어넘어 복음전파의 확장을 위해 다양한 방법을 강구하면서 변화하고 있다. 봉사에서도 마찬가지다.

교회 내에서는 어려운 가정을 찾아 드러나지 않는 도움의 손길을 보내고, 지역사회의 어려운 사람들을 위해서는 섬김과 봉사로, 해외선교를 통해 어려운 지역에 그들의 필요를 채우며 복음전파의 기회를 찾아 나선다. 농어촌에는 손길이 부족한 곳에 실질적인 도움을 전한다.

친교공동체를 형성하기 위해 교회는 각 부서별, 기관별, 연령별, 동아리별 등 조직을 다양하게 구성하여 활동을 독려한다. 코이노니아로 다양한 계층에 공동체를 세우고 영적인 사귐과 연합을 이끌어 낸다. 교회에 따라서는 한 달에 한 번 씩 오후예배 대신 각 선교회 중심으로 구기종목 스포츠나 등반 등 친교시간을 가지기도 한다. 하나님 안에서 하나되는 사명을 위해서는 성도간의 친밀이 중요하기 때문이다.

교육공동체에서는 정확한 교육내용과 효과적인 전달이 가장 중요하다. 스마트(Smart)는 교회의 본질이 바로 교육이라고 강력하게 말한다. "교육은 교회의 본질에 속하며 교육의 기능을 무시하는 교회는 필수불가결한 어떤 것을 잃어버린 것"이라는 주장으로 교육의 중요성을 언급했다.

예수 그리스도의 공생애 기간의 사역은 가르치고 전파하고 고치는 삶이셨다. 그동안 불변의 복음진리 전달을 위해 교육프로그램과 시설은 많은 변화와 발전을 가져왔다. 교회에 따라 새신자 교육프로그램, 제직자 프로그램, 기관별, 대상별로 다양한 프로그램 개발과 운영이 있었다. 시설과 기자재 또한 대형화하고 화려해졌다. 그렇다면 외적인 교육환경에 비해 교육적 측면에서 교육프로그램 개발과 더불어 전달하는 방법의 변화는 어떠한지 생각해 볼 필요가 있다.

교회에서도 교육의 사명이 잘 전달되고 깊이 이해되어 사명 감당의 역동성이 일어나려면 교육내용 전달법인 교수법에 대한 방안 모색이 요구된다.

1. 교회교육교수법의 현재와 교육패러다임의 변화

가. 교회교육교수법의 현재

환경변화에 따라 다른 교육기관의 교육내용 전달법은 변화되고 있는데 교회교육의 전달법은 어떠한가?

하나님 말씀은 세상의 그 어떤 지식과 비교할 수 없다. 세상의 지식을 전달하는 교육리더들은 그들이 전하는 지식을 잘 전달하기 위하여 끊임없이 교수역량을 개발하고 발전을 위해 노력한다. 같은 시간에 같은 대상을 두고 어떻게 전달하느냐 하는 교회교육교수법[1]은 교육의 효과에 큰 차이를 주기 때문이다. 대학에서는 교수학습개발원(센터)을 설치하여 교수들의 교수역량을 강화하고 있고 전문대학협의회 및 대학교육협의회에서도 다양한 교수법을 운영하고 있다. 교수들은 연수프로그램에 참가하여 각자의 교수역량을 강화하고 있으며, 초·중등학교의 교사들도 교수법역량 강화를 위해 정기적으로 교수법 프로그램에 참가하고 있다.

교회에서도 교육프로그램을 전달하는 목회자, 교회교육리더, 각 프로그램 전달자, 구역 인도자 등 교회교육을 전달하는 교회교육리더[2]들의 전달기법이 중요하다는 것을 인식해야 한다. 교회에서 교육을 받는 대부분의 사람들은 이미 사회나 학교에서 훌륭한 교수방법들을 접하고 있는 자들이라는 사실을 간과해서는 안 될 것이다. 물론 하나님 말씀은 기도로 준비하여 은혜가 되도록 전달하면 될 것이다.

학습자의 입장에서는 복음이 좀 더 효율적이고 체계적으로 전달되면 은혜가 더 충만할 것이며, 교회학교의 학습자들은 더 쉽게 하나님 말씀을 이해하며 은

---

1) 교회교육교수법: 기도와 사랑의 밑거름과 더불어 교회교육 내용을 효과적으로 전달하는데 필요한 방법을 본서에서는 교회교육교수법이라 칭한다.

2) 교회교육리더: 교회에서 복음을 전달하는 교역자, 교수자, 소그룹리더 등 가르침과 교육내용을 전달하는 모든 사람을 본서에서는 교회교육리더로 칭한다.

혜를 받을 것이다.

새신자 프로그램 참가자들도 복음을 이해하는 데 더 효과적인 도움을 받게 될 것이다. "영생은 유일하신 참 하나님을 아는 것…"이라고 말씀하셨는데 참 하나님을 알게 하는 중요한 교육을 위해 역량을 발전시키며 좀 더 효과적인 교육을 전달하려는 노력은 필수불가결하다.

변화의 적응

환경변화에 따라 학습자들의 예배 과정의 관점과 추구하는 바 역시 변화한다. 현재 교회에 따라 중고등부, 청년 찬양예배에 랩으로 하는 찬양도 있다. 교회뿐만 아니라 교가를 랩으로 다시 작곡하여 부르는 학교도 있다.

실제로 필자의 조카가 집에서도 교가를 부르는 것을 본 적이 있다. 집에서 재미있게 노래를 불러 무슨 노래냐고 물으니 교가라고 하여 놀란 적이 있다. 학교 조회시간이나 학교 행사에만 부를 교가를 집에서도 부르게 되는 것은 변화에 적응하고자 하는 노력의 결과라고 볼 수 있다. 또한 중고등부 음악교과서에도 대중가요가 들어 있다. 이 또한 변화에 대응하고 적응하고자 하는 한 면이라고 볼 수 있다.

청소년들과 청년들이 온몸과 마음으로 예배할 수 있도록 교회에서도 변화에 적응하려는 노력이 필요할 것이다.

나. 교육패러다임

교회교육교수법이 왜 중요한지, 전달법을 위한 교수역량을 강화하는것이 왜 필요한지를 패러다임의 변화와 함께 생각해 볼 수 있다. 패러다임이란 원래 미국의 토마스 쿤(Thomas Kuhn)이 그의 역저, 〈과학혁명의 구조〉에서 주장한 개념이다. 그것은 한 시대 특정 분야의 학자들이나 사회 전체가 공유하는 이론, 법칙, 지식, 가치, 심지어 믿음이나 습관 같은 것을 통틀어 일컫는 개념을 말한다.

사회패러다임의 변화에 따른 21세기의 특징은 다음과 같다.

첫째, 단절의 시대이다. 즉, 과거의 변화가 예측 가능한 변화였다고 본다면 앞으로의 변화는 거의 예측이 불가능한 변화의 시대이다.

둘째, 확산적 시대이다. 즉, 한 부분에 변화가 있으면 다른 부분에도 그 변화가 영향을 미칠 수 있는 시대이다.

셋째, 가속적인 시대이다. 즉, 변화가 거의 일률적으로 일어나는 선형적인 변화가 아니라 아주 급격하게 일어나는 기하급수적인 변화의 시대이다.

넷째, 3C의 시대이다. 즉, 변화(Change), 경쟁(Competition), 고객(Customer)의 시대로 3C 중 한두 가지가 아니라 세 가지를 다 잘해야 생존이 가능하다고 보는 시대이다,

21세기 사회패러다임의 변화는 교육패러다임의 변화에도 영향을 미쳤다. 특히 새로운 정보통신기술의 발달로 교수 -학습체제의 구조적 재조직이 일어나고 있으며, 또한 교육의 유형이 전례 없이 다양화하여 멀티미디어를 비롯한 새로운 매체는 교육의 규모와 폭을 넓혔을 뿐만 아니라 교육형태의 기본 틀마저 변화시키고 있다. 교회 역시 교육의 규모와 형태가 변화되고 다양한 매체를 활용하고 있다. 교육환경에서의 변화는 크게 교육의 대상, 교육 시간 및 장소, 교육의 방법, 교회교육리더와 학습자의 역할을 중심으로 요약할 수 있으며 구체적인 내용은 다음과 같다.

첫째, 교육의 대상 면에서 볼 때 학습의 대상이 폭넓게 확대되고 있다.

정보의 양이 폭발적으로 증가하고 사회체제의 변화가 가속화되면서 학습의 대상은 학생뿐만 아니라 성인 모두에게 확대되고 있으며 교회에서도 교회아카데미나 교회평생교육원 등을 통하여 다양한 프로그램을 진행하고 있다.

둘째, 학습이 이루어지는 장소와 시간의 개념이 변화하고 있다.

전통적인 교육에서는 정해진 시간에 정해진 장소에서 학습이 이루어졌으나 테크놀러지의 발달은 학습자가 원하는 시간에, 정해진 장소에서 학습하는 것을 가능하게 하였다.

셋째, 교회교육리더 중심의 교육에서 학습자 중심의 교육으로 변화하였다.

과거 교회교육리더 중심의 교육에서 학습자는 수동적인 수용자의 입장을 취하였지만 이제는 학습자 중심으로 능동적인 정보탐색자로서의 역할이 강조되고 있다. 교회교육리더는 학습자의 특성 및 요구를 이해하고 학습자들과의 활발한 상호작용과 피드백을 통해 학습의 방향을 안내해 주고 학습자 스스로 지식을 형성하는 과정을 보조하고 촉진하는 역할을 수행하게 되었다. 교회는 어떠한가? 많은 교회들이 여전히 교회교육리더 중심으로 교회학교 각 프로그램을 진행하고 있다.

넷째, 교육(Teaching)에서 학습(Learning)으로 바뀌어 간다.

훈련이라는 패러다임의 경우 타율적이고 수동적인 데 비해 학습은 자율적이며 능동적이다. 이는 가르치는 사람 중심의 교육(Teaching)보다는 배우는 사람 중심의 학습(Learning)에 더 큰 비중을 두게 된 것이다. 교육의 패러다임 변화를 표로 제시하면 [그림 1-1]과 같다(윤옥환(2004), 71을 수정하여 구성).

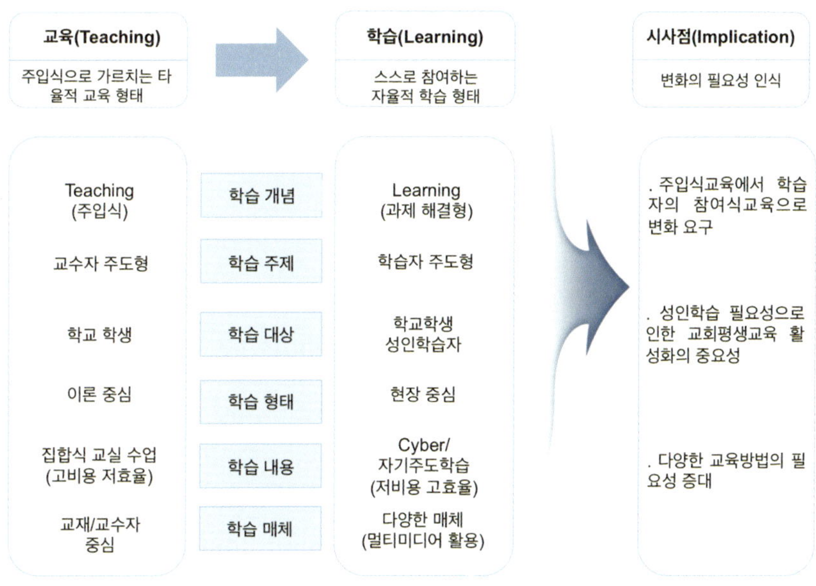

[그림 1-1] 교육패러다임의 변화

2. 패러다임 변화에 따른 교회교육리더의 역할

사회패러다임의 변화는 교육패러다임의 변화에도 영향을 미쳤고 교육패러다임의 변화는 교육환경의 변화에도 영향을 미치고 있다. 교육환경의 변화는 크게 교육의 대상, 교육 시간 및 장소, 교육의 방법, 교회교육리더와 학습자[3]의 역할에 영향을 주고 있다. 이러한 교육의 변화에는 교회교육과 교회학교 교회교육리더도 예외일 수 없다. 21세기의 교회의 학습자들을 지도하려면 교회교육리더가 다재다능하여야 하며 어떤 환경의 변화에도 불구하고 긍정적으로 대처해 교육을 잘 전달할 수 있어야 한다.

특히 교회학교 대상자 가운데 유치부, 유년부, 초등부, 중고등부, 청년부 등은 변화의 교육환경에서 학교교육을 받는 대상자이기 때문이다. 교육리더는 주께서 맡겨 주신 영혼에게 예수 그리스도의 복음을 어떻게 전달하느냐에 따라 그 영혼으로부터 흘러나오는 고백이 달라질 수 있음을 인식해야 한다. 교회교육리더는 참으로 귀한 역할을 하고 있다. 그만큼 교회교육리더의 사명감은 아무리 강조해도 지나치지 않을 것이다.

청소년교육선교회의 설문 조사한 내용을 살펴보면 중고등부 학습자가 가장 좋아하는 교회교육리더는 잘 가르치는 리더였다. 여기에서 '잘 가르치는 리더'란 바로 전달을 잘하는 교회교육리더일 것이다. 교회교육리더에게 가장 필요한 역량은 기도로 성령의 인도하심을 따라 복음과 교육의 내용을 준비하는 것이다. 이 중요한 복음을 예수께서 그러하셨듯이 대상자에 맞춰 전달함으로써 그 마음을 열고 복음의 씨앗을 그 마음 밭에 뿌리는 일을 교회교육리더들이 감당해야 한다.

교회교육리더가 고려해야 할 세세한 항목들을 살펴보면 다음과 같다.

---

3) 학습자: 교회에서 복음을 전달받는 모든 이들을 본서에서는 학습자로 칭한다.

가. 예수님의 가르침과 배움의 원리

1) 관용과 사랑의 원리

예수님의 인간에 대한 사랑은 지위 고하, 남녀노소, 부자와 가난한 이들, 장애인과 비장애인을 불문하고 모든 사람을 향하셨다. 어려운 이에게는 긍휼과 사랑으로 아픔을 만졌고 죄인에게는 스스로 죄인 됨을 깨달아 가도록 인내하며 관용으로 다가갔다.

2) 눈높이를 맞춘 스토리텔링의 원리

예수님은 가르칠 때에 모인 자들의 눈높이를 맞춘 스토리텔링으로 쉽게 설명하셨다. 이해를 돕기 위해 비유를 사용하여 가르치고 설교하셨다.

3) 미래지향성인 가능성의 원리

사람을 과거나 현재의 모습으로 평가하는 것이 아니라 미래의 가능성을 보고 믿어서 교육적 노력을 기울였다. 예수님이 교육시킨 제자들은 대부분 계발되지 못한 사람들, 충동적인 사람들, 죄인들, 무지와 편견에 빠진 사람들, 불안정한 사람들이었으나 그 제자들은 예수님이 보았던 가능성대로 변화하였다.

4) 본(modeling)이 되는 삶과 실천의 원리

예수님은 스스로가 가르침의 구체적인 모델이었고 실행자였다. 제자들이 예수님의 삶에 동화됨으로써 그들의 삶이 변화되게 하셨다. 섬김을 가르치기 위해 직접 제자들의 발을 씻어 주셨다. 낮아짐을 통하여 지위고하, 남녀요소에 관련 없이 섬김을 실천하셨다.

5) 인격적인 만남의 원리

서로의 신뢰를 바탕으로 한 인격과 인격의 만남은 그 자체로 탁월한 가르침

이었다. 예수님은 당시의 종교지
도자들처럼 이익에 따라 움직이
지 않았다. 유대인들이 상종도
하지 않는 사마리아 여인을 변화
시키기 위해 사마리아 땅을 밟으
며 관심과 애정으로 다가갔고 인
격적인 만남을 가졌다.

6) 기다림과 깨달음의 원리

예수님은 자신의 가르침이 아무리 훌륭하고 진리 그 자체라고 하더라도 그것
을 강요하거나 지시하거나 주입시키려 하지 않았다. 상대방이 스스로 깨달아
변화하도록 기다리며 인도하셨다.

출처 : http://cafe.daum.net/cgsbong

나. 실천적인 교회교육리더 역할

1) 학습자에 대한 이해

교회교육리더가 학습자에 대한 이해 없이 가르친다면 학습자들은 교회교육
리더의 이야기에 집중하지 못할 것이다. 교육을 실시하기에 앞서 무엇보다도
대상자를 제대로 이해하는 것은 매우 중요한 일이다.

예를 들어 청소년들의 심리적인 특성을 잘 이해한다면 초등부나 중고등부 학
습자들의 행동이나 반응에 당황하지 않고 대처할 수 있다. 그들의 특성을 이해할
때 학습자와 교회교육리더 사이에 친밀감이 제대로 형성될 수 있을 것이다. 교육
의 내용이 잘 전달되려면 학습자들이 마음과 귀를 열어야 한다. 상대를 이해하고
상대방의 방식으로 다가갈 때 상호간의 소통이 이루어질 수 있는 것이다.

최고의 교회교육리더인 예수님도 교육의 과정에서 베드로가 앞으로 직면하

게 될 위기에서 어떻게 실패할 것도 알고 있었고, 가룟 유다가 예수님의 교육에
도 불구하고 결국 배반하여 예수님을 팔게 될 것도 알고 있었다. 또한 예수님
은 제자들을 교육할 때 과정적인 진행상황도 잘 알고 있었기 때문에 가장 적절
한 시점에서 무엇을 시작해야 하는 것도 알고 있었다. 주님의 십자가와 부활로
이루어지는 그리스도의 사역은 제자들이 주님에 대하여 그리스도라는 확신이
생겨난 이후부터 가르치기 시작하였다. 이와 같은 예수님의 가르침처럼 교육
에서는 무엇보다도 학습자의 이해가 필요한데, 학습자 이해의 내용에 대해서
는 2장에서 설명한다.

2) 내용의 숙지

교회교육리더는 전달하고자 하는 내용에 대해 충분한 지식을 가지고 있어야
한다. 교회교육리더가 그 내용에 대하여 깊이 있는 지식이 없으면 학습자들은
더욱 이해를 못한다. 물론 신학을 전공한 목회자의 입장에서는 깊은 내용을 알
고 있겠지만, 교육리더의 입장에서는 내용숙지가 반드시 필요하다. 특히 비유
나 예화를 들어 전달할 때 내용에 대해 제대로 숙지되어 있지 않으면 복음이 잘
못 전해질 수 있을 것이다. 학습자들이 은혜롭게 공감하면서 받아들일 수 있도
록 충분한 준비가 필요하다. 따라서 교회교육리더는 교육 시작에 앞서 본인이
전달할 내용을 얼마만큼 충실하게 준비했는가, 전달방법은 어떤 것을 쓸 것인
지, 또 그것을 얼마만큼 잘 이해시킬 능력이 있는가를 늘 점검해야 한다.

3) 교육대상에 따른 교육방법 적용

교회교육의 대상자들은 매우 다양하다. 영유아부, 유치부, 유년부, 초등부,
중고등부, 청년부, 장년부 등 각 소속 부서의 학습자들의 특성은 매우 다르
다. 교육대상자의 특성에 따라 교육방법 선정 및 적용에 대한 고찰이 있어야
할 것이다. 예를 들어 주제가 '고기잡이 베드로'에 관한 내용이라면 기본적 지
식은 교회교육리더가 전달하고 그 다음은 팀프로젝트나 플립드러닝(Flipped

Learning, 수업내용을 온라인으로 먼저 학습한 뒤 수업을 진행하는 학습방식) 혹은 토론으로 진행 할 수 있다.

특히 현재 학교교육의 대상자인 유년부, 초등부, 중고등부, 대학청년부 등은 학교에서 다양한 방법의 교육을 받고 있다. 학교에서는 다양한 교수법으로 교육을 받고 있는데, 교회에서는 주로 강의식으로만 교육을 하고 있는 실정이다. 또한 장소에 따라서도 어떤 교육방법을 적용할 것인가에 대한 역량이 필요하다. 교육방법 적용의 구체적 내용은 7장에서 설명한다.

사례 : Team Project

1) 과제설정 및 과제계획

중등부 수련회 Team Project 계획안	
Team Project	"Show me the FAITH"
제목	우리들의 세상 꾸미기
교육목표	1. 믿음 안에서 세상의 주역으로 살아갈 "우리들의 세상"을 꾸며본다 2. 세상 꾸미기를 완성해 가는 동안 서로를 존중해 줄 수 있다
기대효과	1. 믿음 안에서 살아가는 세상의 주역! 우리들의 세상을 상상해본다. 2. 하나님 안에서의 세상은 "함께" 만들어 갈 수 있음을 경험한다.
교육장소	수련회 장소
교육일정	2017년 8월 00일 (1h)
교육대상	중등부 학생 50여명 (10명씩 한 조로 조별 활동)
세부계획안	1. 우리들의 세상 꾸미기 방법을 설명하고 조별 모둠 활동 형태로 환경을 조성한다. 2. 한 조당 10명씩 배정한다. 3. 조별로 조장, 조 이름을 정한다. 4. 전지에 우리들의 세상을 꾸며본다. 단서가 있다. "Show me the FAITH" 5. 한 사람 씩 돌아가며 앞 사람이 그린 그림에 이어서 세상을 꾸며간다. 6. 10명이 모두 그렸을 때 그림은 완성된다. 7. 조별로 둘러 앉아서 자신들이 완성한 그림을 본다 8. 1번부터 자기가 그린 그림의 이유를 설명한다. 9. 이야기가 다 끝나면 조별로 적합한 제목, 조가, Story를 만든다. 10. 조별 발표를 한다.
준비사항	1. 전지(조별 2장 정도 배당), 유성매직 12색(두꺼운 것으로), 스카치 테이프(전지 붙이기 위한 것) 2. 중등부 전체 인원을 한 조당 10명씩 둘러 앉게 한다. 3. 빔 프로젝트, 스크린(여건이 허락되지 않으면 미리 말씀해 주십시오)

2)과제 수행

"Show me the FAITH" : 우리들의 세상 꾸미기				
준비	도입	전개 I	전개 II	결말
준비물, 교육장 체크				
1. 담당스탭에게 조나눔을 미리 부탁하여 정렬한 상태로 앉게 한다 (한 조는 10명 이내가 적합하다). 2. 준비물 점검을 한다. (전지는 한 조당 두장, 컬러펜, 투명 테이프)	1. 교육리더 : 즐거워 하는 것이 무엇이냐고 질문한다. 학습자 : 핸드폰, TV, 멍때리기 등 2. 그런 것이 다 있는데 행복하냐고 묻는다 학습자 : 힘들다고 푸념한다. 3. 그렇다면 학생들이 원하는 세상을 만들어 보자 4. 그런데 단서가 있다 "Show me the Faith!" 믿음 안에서 아름다운 세상을 꾸며보자	1. 각 조별로 몇 명인지 번호를 부르며 확인하다 2. 가장 많은 조원이 있는 조를 기억한다. 3. 모든 조가 1번부터 일어나 그림을 그리기 시작한다. 4. 한명씩 그릴때마다 모든 조가 다 끝날 때까지 기다린다. 5. 그리고 들어온 사람한테 무엇을 그렸는지 묻지 않는다 6. 조원이 적은 조가 먼저 끝나도 다른 조원 모두가 다 할 수 있도록 다시 1번으로 돌아가서 지속한다.. 7. 모든 조의 그리기가 다 끝나면 박수 세 번 치고 앉는다.	1. 조별로 그림을 보며 둘러앉는다. 2. 1번부터 돌아가며 그림그린 이유를 설명한다. 3. 모든 조원의 설명이 끝나면 다시 집중한다. 4. 조의 이름과 주제를 내용에 맞게 함께 정한다. 5. 발표자를 선정한다.	1. 1조부터 주제와 그림을 설명하며 발표한다. 2. 마지막 조까지 발표가 끝나면 진행자가 마무리 멘트를 한다. 3. 다같이 "Show me the Faith!"를 외치며 마무리한다.

3) 평가(부서 또는 기관 측의 총평가)

5: 매우 그렇다 4: 그렇다 3: 보통이다 2: 그렇지 않다 1: 매우 그렇지 않다

단계	번호	항 목	5	4	3	2	1
준비	1	과제가 학생들의 수준에 적합했는가?					
	2	준비물과 장소 선정이 적합했는가?					
	3	인원동원이 예정대로 동원되었는가?					
도입	4	Project참여 동기를 충분히 유발하였는가?					
	5	과제 설명이 충분히 숙지되었는가?					
	6	조별 구성이 적절했는가?					
전개 Ⅱ	7	조별 그리기 과제 수행 시 속도가 잘 조절됐는가?					
	8	각 조별 그리기에서 빠진 학생은 없었는가?					
	9	다른 친구들이 그릴 때 공감이 잘 이루어졌는가?					
	10	만들어 갈 세상에 대한 관심이 고조되었는가?					
전개 Ⅱ	11	조별나눔시간에 조원들이 잘 동참하였는가?					
	12	제목과 주제 선정에서 화합이 잘 이루어졌는가?					
	13	Project의 의미가 잘 함축된 주제를 선정했는가?					
결말	14	발표가 성의 있게 진행되었는가?					
	15	주제 연관성이 잘 이루어졌는가?					
	16	마무리멘트가 학생들에게 재동기부여가 되었는가?					
종합 점검	17	교육리더의 전반 진행은 적절했는가?					
	18	전반적인 학생들의 참여도가 어땠는가?					
	19	시간 분배는 적절했는가?					
	20	주제 인식에 대한 만족도는 어떠한가?					
합계							

4) 전달 기술(Skill)

교육내용에 대한 지식이 많은 것과 전달하는 능력은 다르다. 같은 시간에 같은 내용을 전달하더라도 교회교육리더의 전달 기술에 따라서 학습자들이 느끼는 것은 다르다. 교회교육리더는 전달뿐 아니라 내용을 은혜롭고 효과적으로 전달하는 기술적인 능력도 갖추고 있어야 한다. 강단에 선 이상 학습자들에게 유익한 것을 보여줄 수 있어야 한다. 교수 스킬에 대해서는 4장에서 구체적으로 소개한다.

5) 백조의 모습

교회교육리더의 이미지와 태도는 중요하다. 교회교육리더는 복음을 전달하는 사람이기 때문에 더욱 인자하고 밝은 표정으로 우아한 백조처럼 보여야 한다. 백조는 다른 사람이 보기에는 얼마나 우아한가? 그러나 백조의 보이지 않는 부분의 물갈퀴는 정신없이 움직이고 있다. 마찬가지로 교회교육리더들은 학습자들 앞에 설 때에는 백조와 같이 우아하고 인자하며 기품 있는 모습과 표정을 보여야 한다. 교회교육리더의 이미지에 대한 구체적 내용에은 8장에서 다룬다.

6) 가르침의 즐거움

진실된 교회교육리더는 진실로 학습자들을 가르치는 것을 즐거워하고 학습자들로 인해 기뻐하며, 그들에 대해 관심을 갖는다. 또한 교회 안팎에서 주의 깊게 들어주는 시간을 가짐으로써, 학습자들에 대해 진정한 관심과 존중을 보여준다. 이처럼 교회교육리더가 학습자에게 관심을 갖게 되면, 매 시간마다 긍정적인 분위기를 자아낼 의사소통과 교제의 통로가 열려지는 것이다.

7) 희생적인 마음

교회에서 교육리더의 역할은 희생의 마음 없이는 할 수 없는 일이다. 그러나 실제 교육을 하다 보면 지치고 힘들어 희생의 마음을 상실할 때가 있다. 그렇게 되면 그 자체가 교회교육의 힘을 잃게 되는 것이다. 특히 중고등부 학생들은 학교나 가정에서 의논하기 어려운 고민들을 갖고 있는 경우가 종종 있다. 교회교육리더의 입장에서 이들에게 사랑으로 다가가기 위해서는 여러 가지 희생이 따른다. 그러나 이런 희생을 감수하고 그들에게 사랑을 전하며 교육할 때, 학생들의 변화를 볼 수 있게 될 것이다.

다. 교회교육리더의 지양사항

1) 늘 변화없이

변화가 없는 내용의 전달이다. 목소리 변화 없이 한결같다든지, 전달기법도 변화 없이 한결같으면 학습자들은 지루함을 느끼며 집중을 할 수 없다. 특히 유년부, 초등부, 중고등부는 더욱 그럴 것이다.

2) 짜임새 없는 구성

내용 전달은 체계적인 내용으로 구성되어야 하는데 체계적이지 못하면 횡설수설하는 내용 전달이 되기 쉬워 이해와 은혜가 부족한 시간으로 끝나 버릴 수 있다. 짜임새 있는 구성에 대한 구체적 내용은 3장에서 다룬다.

3) 특정인만을 차별하는 태도

교회교육리더는 모두에게 공정해야 한다. 물론 교회교육리더가 판단하였을 때 다른 학습자에 비해 관심과 사랑이 더 필요한 학습자가 있을 수 있다. 그럼에도 불구하고 한 사람을 특별하게 취급하는 것은 다른 사람들이 차별을 받고 있다고 느낄 수 있는 부정적 결과를 낳기도 한다. 특별한 관심이 필요한 대상이라 할지라도 보이지 않게 지혜로운 관심으로 다가가는 것이 전체를 위해 유익하다. 유아부에서 장년부에 이르기까지 인간의 욕구단계는 모두에게 동일하게 적용된다.

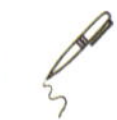

매슬로우의 욕구단계

매슬로우는 인간의 욕구단계를 다섯 단계로 정의하였다.
1단계는 기본 욕구인 생리적 욕구로서 식욕, 성욕,
수면욕이다. 이러한 기본적인 생리적 욕구가 채워졌을 때
비로소 2단계의 욕구 충족을 요구하게 된다.
2단계로는 안전의 욕구이다.
3단계는 귀속의 욕구, 4단계는 인정의 욕구이다.
인간은 누구나 할 것 없이 인정을 받고 싶어
하는 욕구가 있다. 마지막 단계인 5단계는
자아실현의 욕구이다. 매슬로우의
욕구단계에서 보듯이 인간은 누구나
인정의 욕구가 있고 그 욕구가 채워졌을 때 비로소 자아실현에 대한 욕구가 생겨나며 건강한 인격
을 형성해 나갈 수 있다. 누구나 교회교육리더에게 인정받기를 원한다. 특히 교회교육리더는 모든
학습자에게 동등한 관심을 가져야 하며 동등하게 표현해 주어야 한다.

4) 유연하지 못한 사고

나와는 생각이 다르다고 상대방에 대한 의견을 잘못된 것으로 받아들여서는
안 된다. 다만 사고하는 것이 다를 뿐이다. 교회교육리더는 유연한 사고를 가지
고 있어야 한다.

유연한 사고를 다른 말로 표현하면 나와 다른 의견을 인정하는 것이다. 우리
는 종종 무엇을 할 때 상대방이 나와 다른 의견을 내놓으면 그것에 대해 틀렸
다고 이야기하는데, 그것은 의견이 다를뿐이지 틀린 의견은 아니다. 어떤 경험
이나 학습, 가치관의 차이에 의해 다른 의견을 내는 것은 당연한 일이다. 'You
are different from me!'를 해석하면 당신은 나와 다르다는 것이다.

그런데 우리는 종종 '다름'(different)을 '틀림'(wrong)으로 생각한다.
'different'와 'wrong'은 실제로 엄연한 차이가 있다.

장년부나 청년부는 그동안의 경험이나 학습, 가치관의 차이에 의해 교회교

육리더와 다른 의견을 주장할 수도 있다. 유년부나 중등부의 경우는 환경적인 영향으로 교회교육리더에게 다른 방식을 요구할 수도 있다. 교회교육리더는 이러한 의견들을 잘 수렴하고 상대방의 입장에서 사고할 수 있는 유연성을 가져야 한다.

5) 거룩의 형식을 지나치게 강요하는 교육

구약시대 613개 조항의 율법을 예수는 하나님 사랑, 이웃사랑 두 개의 조항으로 승화하셨다. 율법의 가장 중요한 정신은 사랑임을 몸소 보이신 것이다. 그럼에도 바리새인들이나 종교 지도자들은 율법의 행위들을 거룩성으로 강조하며 지키지 않는 자들을 비난하였다. 사실 거룩은 형식이 아니라 구별된 삶이다. 교육에 있어서도 학습자들이 거룩한 형식을 강요함으로 인해 경직된 분위기로 수업을 한다면 본질적인 부분이 간과될 우려가 있다. 형식보다는 사랑의 마음으로 다가가는 것이 가장 중요한 것임을 잊어서는 안 될 것이다.

〈표 1-1〉 교회교육리더의 효율적 · 비효율적 행동

	효율적인 행동	비효율적인 행동
1	언제나 즐거워 보이고 낙천적이다.	지나치게 이성적이고 교훈적이다.
2	교회에서 쉽게 화내지 않는다.	부정적인 감정도 쉽게 표출한다.
3	함께하기를 즐기고 유머를 발휘한다.	지나치게 심각하고 진지하다.
4	공정하고 객관적이다.	주관적이며 편애한다.
5	학습자들을 다정하고 따뜻하게 대한다.	학습자들과 거리를 두고 대한다.
6	칭찬을 아끼지 않는다.	칭찬 표현을 안 하는 편이다.
7	언제나 타인의 반응을 받아들인다.	타인의 반응에 둔감하다.
8	항상 최선을 다하도록 격려한다.	격려하는 것을 어색해한다.
9	교육 준비를 철저히 한다.	교육 준비에 불성실하다.
10	학습자 개개인의 요구가 다름을 인정한다.	개인차보다는 통일성을 강조한다.
11	흥미롭고 새로운 교육자료와 방법을 연구한다.	교육자료와 방법보다는 가르치는 것에만 관심이 많다.
12	방향 제시가 분명하고 철저하다.	방향 제시가 불완전하고 모호하다.

이상적인 교회교육리더가 되기 위해서는?

다음의 [표 1-2]를 기준으로 교회교육리더로서 자신에 대해 객관적인 평가를 해본다.

〈표 1-2〉 나 자신은…

평가 내용	점수									
의사소통 기술	10	20	30	40	50	60	70	80	90	100
사랑	10	20	30	40	50	60	70	80	90	100
준비성	10	20	30	40	50	60	70	80	90	100
융통성	10	20	30	40	50	60	70	80	90	100
학습자 의견 경청	10	20	30	40	50	60	70	80	90	100
지혜 순발력	10	20	30	40	50	60	70	80	90	100
설득력	10	20	30	40	50	60	70	80	90	100
일관성	10	20	30	40	50	60	70	80	90	100
조직성과 체계성	10	20	30	40	50	60	70	80	90	100
교육리더다운 이미지	10	20	30	40	50	60	70	80	90	100
학습자에 대한 관심도	10	20	30	40	50	60	70	80	90	100
따뜻함	10	20	30	40	50	60	70	80	90	100
변화(다양성)	10	20	30	40	50	60	70	80	90	100
학습자와 Eye contact	10	20	30	40	50	60	70	80	90	100
허용성(인내심)	10	20	30	40	50	60	70	80	90	100
학습자를 위한 헌신	10	20	30	40	50	60	70	80	90	100

나의 장점 3가지는?

①

②

③

나의 단점 3가지는?

①

②

③

객관적인 평가를 하여 점수가 낮은 항목은 스스로 보완하고 개발해야 한다.

기억에 남는 교회교육리더는?

1. 그동안 내가 경험한 교회교육리더 중에서 가장 긍정적인 인상을 주었던 분은
누구입니까? 왜 그렇게 생각합니까?

2. 내가 경험한 교회교육리더 중에서 가장 마음이 열리지 않았던 분은 누구였습
니까? 왜 그랬다고 생각합니까?

Chapter 1. 교회교육에서 교수법 왜 중요한가?

1. 교육패러다임의 변화

현대 사회가 공유하고 있는 이론, 법칙, 지식, 가치는 사람들의 생활과 삶의 습관에 영향을 준다. 교육에 있어서 환경변화에 따라 다른 교육 기관의 교육내용 전달법은 변화를 하는데 교회교육의 전달법은 어떠한가? 교회에서도 교육프로그램을 전달하는 목회자, 교회학교 교수자, 각 프로그램 전달자, 구역 인도자 등 교회 교육을 전달하는 교회교육리더들의 전달 기법이 중요하다는 것을 인식해야 한다. 교육이 이런 인식 변화에 적합한 방법으로 접근하지 않으면 학습자의 마음을 열기가 어렵기 때문이다.

▶ 21C 사회의 특징

단절의 시대

미래 예측 단절의 시대이다. 변화의 속도가 너무 빠르며 변화의 주체가 특정 지배층뿐 아니라 흥미나 관심에 몰려 있는 군중 자체가 변화를 주축으로 확산되면서 미래 변화에 대한 예측이 더욱 어려운 시대가 되었다.

확산적 시대

변화가 선형적이 아니라 다변화되고 급격화된 기하급수적인 변화시대이다.

3C의 시대

변화(Change), 경쟁(Competition), 고객(customer), 이 세 가지가 다 만족되어야 생존 가능한 시대이다.

▶ 21세기 교육패러다임의 특징

패러다임의 변화로 인한 학습체제의 구조 변화와 다양한 매체들이 교회환경을 크게 변화시키고 있다.

첫째, 교육대상 면에서 학습자의 스펙트럼이 넓어졌다.

둘째, 학습 장소와 시간의 개념이 획일적인 형태가 아니라 다양해졌다.

셋째, 교육환경이 교수자 중심에서 학습자 중심으로 이동했다.

넷째, 교육의 개념이 아니라 학습의 개념으로 변화되었다.

2. 교회교육리더의 역할

- 예수님의 가르침과 배움의 원리를 제공해야 한다.
- 교회의 다양한 학습자들이 시대의 흐름과 사조에 존속되어서는 안 된다. 교육전달 방법은 시대를 반영하되, 가르침은 진리를 제공해야 한다.
- 실천적인 교회교육리더가 되어야 한다.
- 교육의 목적은 변화이다. 현대사회에서는 학습자의 학습수준이 다양화되고 향상되었기 때문에 지식전달만으로는 변화를 이끌어낼 수 없다. 실천적인 삶의 모습을 갖추고, 학습자들을 참여시키면서 변화를 위해 많은 노력을 해야 한다.

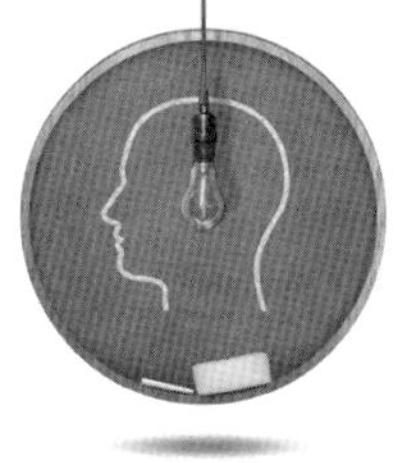

02

교회교육 대상자 특성과 교수전략

02

교회교육대상자 특성과 교수전략

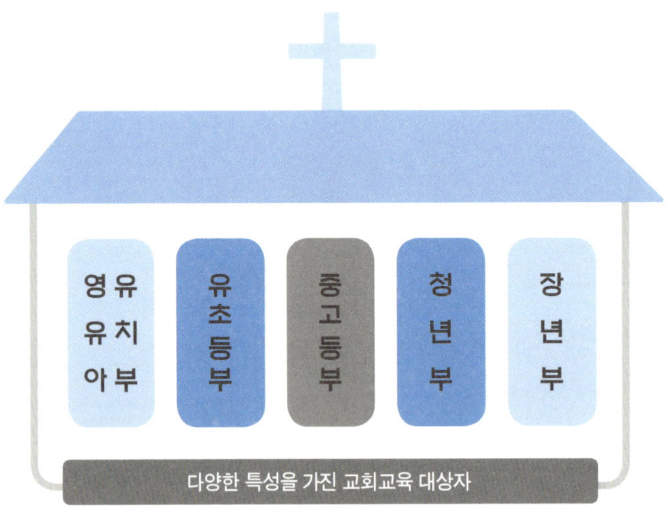

부서별 교회교육 대상자들은 어떤 특성을 지녔을까?

다양한 연령과 다양한 계층, 다양한 성향들을 가진 교회의 성도들에게 복음을 전하기 위해 교육하는 일이란 나 자신을 내려놓는 과정이다. 나 자신이 갖고 있는 성향과 특성들을 감추고 학습자들을 관찰하고 탐구하며 대상에 적합한 교수전략들을 준비해야 한다. 교회에서 교육 대상자는 영유아부, 유치부, 유년부, 초등부, 중고등부, 청년부, 장년부에 소속된 다양한 연령층으로 인간발달단계의 특성 및 학습심리가 다르기 때문에 교회교육리더는 이들의 기본적 특성을 이해하면서 복음을 전달하는 것이 필요하다. 특히 오늘날처럼 급

변하는 시대에 청소년들을 둘러싸고 있는 환경은 무척 복잡하고 가변적이며 건전한 성장을 저해하는 요인으로 넘쳐난다. 유년부 교회교육리더라면 유년부 연령층에 대한 특성을, 중고등부라고 하면 청소년의 심리적 특성이나 문화를 기본적으로 알고 있어야 학습자들이 마음을 열게 되어 함께하는 시간이 은혜롭고 효과적일 수 있다. 본 장에서는 교회교육대상자들의 각 특성과 특성에 따른 교회교수전략을 살펴보고자 한다.

1. 영아부·유아부·유치부

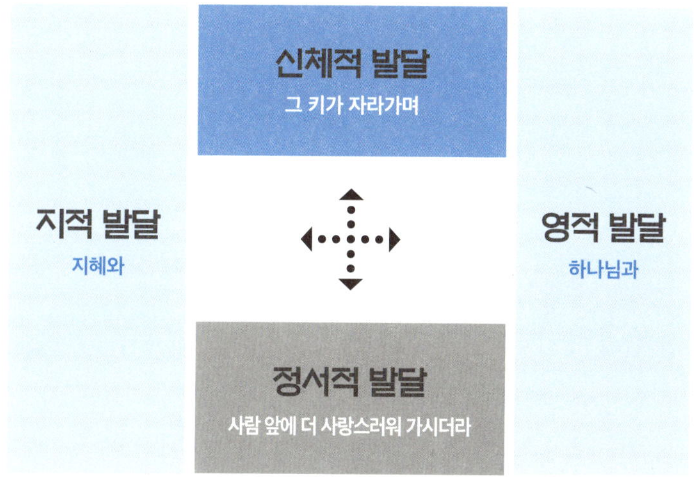

"예수는 지혜와 그 키가 자라가며 하나님과 사람 앞에 더 사랑스러워 가시더라." 누가복음 2장 52절 말씀은 예루살렘 성전에서 선생들 중에 앉아 있는 12세의 예수의 모습을 묘사하고 있다. 선생들에게 듣기도 하며 묻기도 했고, 어린 예수의 입으로부터 흘러나오는 지혜와 대답을 보며 뭇 사람들은 감탄을 한 듯하다. 12세의 어린 예수의 모습을 상상해 보라. 하나님 안에서 온전하게 성장하였을 때 12세를 맞는 소년의 모습 속에서 지적·영적·정서적·신체적으로 균형 잡힌 성장의 모습이 나타날 수 있음을 인성을 가지신 예수께서 몸소 보이신 것이다. 균형이 잡힌 네 영역의 발달을 염두에 두며 소중한 아이들에게 사랑과 가르침으로 다가가려면 해당 아이들의 특성을 잘 파악해야 한다.

가. 영유아부

1) 특성

- 감각발달과 인지발달로 인하여 감각운동, 목적 지향적 행동과 대상연속성이 확립되며, 언어발달이 활발히 진행된다.
- 작은 근육들이 아직 통합되지 않았다.
- 아직은 허약한 건강 상태로 인내심이 부족하다.
- 의존적이며 주의를 끌고 싶어 한다.
- 개인적이며 자기 중심적이다.
- 모방심리가 강하다.
- '싫어' '안 돼' 등의 부정적 언어를 먼저 습득한다.
- 활기찬 놀이에 관심이 많아 산만하게 느껴진다.
- 성격발달의 기초가 되는 정서발달이 이루어져 성인에게서 볼 수 있는 대부분의 정서가 나타난다.
- 자연스런 신뢰가 형성되는 시기이므로 바르게 교육하여 영적인 신뢰를 형성하도록 돕는 것이 중요하다.
- 사회성 발달 과정에서 표현행동과 애착행동을 보이며 격리불안이 나타난다.
- 집중할 수 있는 시간이 짧다(2.5분 - 3분).
- 반복적이고 규칙적인 일을 좋아한다.
- 질문이 많다.

2) 특성에 따른 교수전략

- 어린이들의 욕구에 대해 일관성 있
  게 대해야 한다.
- 양육하는 사람의 일관성 있는 양육
  태도를 통해 영유아들은 사람과 세
  상에 대한 믿음과 신뢰감을 형성하
  게 된다. 반대로 일관성 없는 부적
  절한 양육 태도는 세상에 대한 두
  려움과 불신을 형성시키는 원인이
  된다.

- 대상자인 영유아 외에 부모의 심리적 욕구에도 관심을 가져야 한다.
  부모들은 영유아부 예배를 통해 자녀들이 안전하고 안락한 정서를 채우
  길 원할 뿐 아니라 간식과 놀이, 휴식 등의 욕구가 골고루 채워지기를 원
  할 것이다. 그러면서도 교육적인 효과가 탁월한 프로그램이 진행되기를
  희망한다.
- 이 단계에서는 교구재의 활용이 반드시 필요하다.
  영유아기 아이들은 시각적인 요소에 빠른 반응을 보인다.
- 아이들에게 적합한 언어와 함께 목소리 표현을 다양하게 해주어야 한다.
- 아이들은 집중할 수 있는 시간이 성인에 비해 매우 짧기 때문에 평이한 음
  성으로 전달을 하면 집중하지 못하게 된다.
- 부모에게 상담과 관심을 가져야 한다. 특히 부모가 교회에 다니지 않는 경
  우도 아이들의 교육을 위해 교회를 찾는 사람이 있다. 이 때 부모와의 상담
  과 관심을 통해 부모전도를 할 수 좋은 기회로 삼는 것도 좋다.
- 이 시기는 아이와 교회교육리더의 비율이 다소 높아야 한다.
- 아이들을 돌보며 집중을 끌어주는 일 등 다양한 각도의 노력이 각별히 필
  요한 시기이다.

머쉬멜로우 법칙

미국 스탠퍼드 대학의 월터 미셸 박사는 머쉬멜로우 실험을 하였다. 4세 아동을 대상으로 600명의 아이들에게 머쉬멜로우를 하나씩 나누어 주었다. 당장 먹지 않고 15분을 기다리면 상으로 머쉬멜로우를 하나 더 주겠다는 약속을 하고 나갔다. 실험실의 아이들은 제 각각이었다. 당장 먹어치우는 아이, 벽을 보고 참는 아이, 눈을 감고 있는 아이… 15분 뒤에 돌아왔을 때 2/3는 바로 먹었고, 나머지 1/3은 끝까지 참아내고 덤으로 한 개를 더 받았다. 14년 후, 이 아이들을 추적 조사했을 때 SAT점수 평균이 무려 210점이나 차이가 났고 참아냈던 아이들의 대인 관계가 우수했으며, 스트레스를 다스리는 능력이 더 뛰어났다.

15분을 잘 참아내는 능력은 어디에서 나온 것일까? 15분 뒤에는 선생님께서 반드시 머쉬멜로우를 두 개 주실 것이라는 신뢰에서 비롯된다. 그리고 그 신뢰는 영유아기에 양육하는 사람의 일관적인 존중과 사랑으로부터 형성된다.

- 2009년 5월 18일 「뉴오커」지 기사 중

나. 유치부

1) 특성

• 학령 전 어린이로 5-7세까지의 어린이다.

• 인지발달이 이루어져 주의집중과 지각변별력이 발달하지만 자아중심성, 직관적 사고, 물활론, 상징적 기능, 꿈의 실제론 등과 같은 특징을 지닌다.

• 언어발달이 급속히 이루어져 기본적인 의사소통이 가능하며, 정서분화가 두드러지게 나타나고, 성적인 관심을 보인다.

• 사회성 발달과정에서 자율성과 자아개념이 발달하여 여러 가지 놀이를 배우고 환경에 대한 호기심이 발달하여 환경을 탐색한다.

• 신체적으로 잘 뛰놀지만 쉽게 피곤을 느낀다.

• 사랑 혹은 애정의 욕구, 안정감의 욕구, 소속의 욕구, 인정받으려는 욕구,

새로운 경험에 대한 욕구가 있다.

- 소근육이 발달한다.
- 건강한 습관 형성이 생겨나며 책임감이 발달하기 시작한다.
- 모방적인 언어, 태도, 습관을 형성하기에 주변 사람의 영향을 크게 받는다.
- 집중력이 7분-15분으로 늘어난다.
- 그룹 활동에 관심이 많다.

2) 특성에 따른 교수전략

- 말보다 감각을 사용하는 방법을 택하는 것이 좋다.
- 추상적인 것보다 구체적이고 문자적으로 해석해 주어야 한다.
- 질문을 많이 하는 것이 좋다.
- 아이들의 어떤 대답에도 존중과 사랑의 반응을 해주어야 한다. 이 시기에는 아이들의 호기심이 왕성해진다. 질문을 통해 생각을 끌어내고 대답을 하면서 자신감을 형성한다.
- 소근육이 발달하므로 손을 움직이는 교육을 택하는 것이 좋다.
  이 시기는 하루가 다르게 신체적 기술과 협응력이 높아진다. 대근육과 소근육이 빠르게 발달하므로 찰흙놀이처럼 손을 움직이게 하는 게임을 병행하는 것이 좋다. 손가락 근육을 움직이게 하는 것은 두뇌발달에도 매우 유익하다.
- 습관형성이 일어나는 시기이므로 활동 정지 등 신호체계를 약속하고 적당하게 통제할 수 있어야 한다.
  교회교육리더는 활동을 정지시킬 수 있는 신호를 만들어 함께

약속하고 지키는 것이 좋다.

- 이 시기의 아이들에게 성경을 암송시키는 것은 매우 좋은 교육이다.
- 리듬이 있는 언어 표현에 흥미를 느끼기 때문에 암송 성구에 리듬을 붙여서 따라 하기를 반복하면 쉽게 말씀을 암송한다.
- 성경 말씀에 곡조를 붙여서 암송을 시키는 것도 아주 효과적인 방법이다. 아직 백지와도 같은 순수한 아이들의 생각 속에 성경 말씀을 기억하게 하는 것은 최고의 신앙교육이 될 것이다.

2. 유년부 · 초등부

아이들이 가르침 없이 사람들에게 칭찬받는 자로 성장하기는 어렵다. 천사의 모습을 하고 있는 어린아이라 할지라도 모두가 죄인이며, 이들의 마음에 복음을 채워주지 않으면 세상의 악한 것들이 아이들의 마음을 채워갈 것이다. 교회교육리더들의 가르침, 떡을 떼며 교제하며 나누는 하나 됨의 훈련들, 기도하며 쌓아가는 하나님에 대한 신뢰가 채워져 갈 때 우리의 소중한 아이들은 사람들의 칭찬을 받으며 구원 받는 자의 수를 더하며 하나님 나라를 세워가는 주역(Kingdom Builders)으로 성장하게 될 것이다.

가. 유년부

1) 특성

- 격렬한 운동을 좋아한다.
- 그룹의 용납에 관심을 가진다.
- 보다 넓은 세계로 나아가고 있기 때문에 불안정감을 느낀다.
- 새로운 세계에 접촉하여 많은 것을 얻으려는 다양한 욕구를 가진다.

- 비경쟁적인 그룹활동을 좋아한다.
- 사실과 상상 두 가지에 다 관심이 많다.
- 성인이 되고 싶어 한다.
- 다른 사람들에 대한 동정심이 생기는 시기이다.
- 문자를 그대로 이해하는 시기이다.

2) 교수전략

- 질문을 많이 하는 교육형태가 적합하다.

  상상력이 발달하고 합리적인 사고를 할 수 있기 때문에 상상을 할 수 있는 질문을 많이 하는 교수방법이 효과적이다. 궁금한 것이 많아 질문을 많이 하는 특성이 있기 때문에 질문에 대한 대답을 해주는 것이 필요하다. 개별적인 지도와 인정 및 애정 표현을 해주는 것이 좋다.

- 상징성 있는 표현은 삼가는 것이 좋다.

  문자를 그대로 이해한다.

  상징성 있는 표현은 잘못 인식하기 쉬운 시기이므로 이해했는지 확인하면서 하되 될 수 있으면 사실적으로 표현하는 것이 좋다.

- 교육 시간과 친구 관계에 관한 약속과 규칙을 정하고 지키도록 가르친다.

  성인이 되고 싶어 하는 욕구가 있기 때문에 규칙을 잘 지켜 냈을 때 좋은 성인이 되고픈 욕구가 채워진다.

- 협력하는 훈련을 시켜준다.

  다른 사람들에 대한 동정심이 생성되는 시기이기에 누군가를 돕기도 하고 도움을 받을 줄도 아는 훈련을 하는 것

이 중요하다. 서로 협력하는 교육을 할 때 건강한 동정심이 생겨 긍휼과 사랑이 균형을 이룬 아이로 성장하게 된다.
- '사실'과 '상상'을 다 수용하되 구별할 수 있게 해준다. 상상력이 매우 풍부해지는 시기이므로 '사실'과 '상상'을 섞어서 이야기하는 것을 즐겨한다. 교회교육리더는 흥미롭게 들어주되 두 가지의 경계를 구분해 주어야 한다.

"재미가 없어요"

전도를 나가서 아이들의 이야기를 들었습니다.
왜 교회에 나오지 않느냐고 물었더니 이구동성으로 "재미가 없어요.~~"
여기서 '재미'란 저는 두 가지로 해석하고 싶습니다. '놀이'의 재미를 이야기하는 것이겠지요. 요즘 교회학교를 보면 너무 재미없다는 생각이 듭니다. 설교하고 공과하고 아이들 집으로 돌려보냅니다. 한편으로 '설교시간이 이렇게 엄숙해야 하나?'
제 나름대로 생각합니다.
그렇다고 중구난방으로 떠들어야 한다는 말이 아니라, 한 달에 한 번이라도 변화를 추구해야 한다고 생각합니다. '의미'로써 재미를 생각합니다. 아이들은 자기들의 이야기가 아니기 때문에 귀담아 듣지 않습니다. 이 아이들의 생활을 공감하면서 성경을 풀이하는 것이 조금은 필요한 것 같습니다.

어느 교회학교 선생님으로부터 받은 문자 내용이다. 세상은 재미있는 것들이 너무나 많이 있다. 그 흥미를 교회 안으로 끌어들이기 위해선 좀 더 나은 교육환경을 제공해야 한다. 그리고 다양하고 효과적인 교수방법을 연구하여 흥미로운 방법들을 제공해야 할 것이다.

나. 초등부

1) 특성

- 무엇이든지 하기를 좋아하며 호기심이 강하다.
- 실제로 있었던 이야기를 좋아하고 배우는 것도 열망한다.
- 정의감을 가지고 있고 영웅숭배자이다.

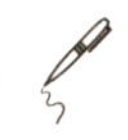

- 경쟁을 좋아하고 친구들의 인정받기를 원한다.
- 옳고 그른 것 사이의 차이를 인식하며 행동하기 전에 신중한 선택을 할 수 있다.
- 다른 사람에 대해 감정이입을 할 수 있는 능력이 발달되어 있다.
- 길게 집중하는 것은 어려워한다.
- 논리적인 설득이 가능하다.
- 이성에 대한 구분이 확실하게 생겨나기 시작한다.

2) 특성에 따른 교수전략

- 교육내용의 핵심을 어린이들의 생활과 연관시켜야 이해를 빨리 한다.
- 그룹의 일원이 되고 싶어 하고 그룹 프로젝트를 즐기는 특성이 있으므로 모둠별 교육과 프로젝트 교육을 한다.
- 공과시간에 모두 같이 성경암송을 시킨다.
  길게 집중하는 것은 어려운 시기이나 단체로 하는 활동엔 적극적인 모습을 보인다. 암송을 개별과제로 주는 것보다는 그 자리에서 함께 암송하도록 하면 훨씬 적극적으로 할 것이다.
- 여자아이와 남자아이는 다른 방법으로 접근해 줘야 한다.
  이성의 구분이 확실하게 생겨나는 시기이므로 남자아이들은 운동이나 활동놀이로, 여자 아이들은 개별 면담을 통해 이야기를 많이 들어 주는 것이 효과적이다.
- 리더십 개발을 위해 역할을 주는 훈련이 필요하다.
  학교생활과 교회 활동이 연계되도록 도움을 준다.
- 교회와 학교 활동이 별개가 아니라 유기적 연계성이 있음을 느끼게 해 주어야 한다. 아이들의 생활을 이해해 주고 도와주며 자연스럽게 삶의 예배를 가르치고 복음이 삶 속에서 어떻게 살아나야 하는지를 심어주어야 한다.

성경은 두 가지 초점을 강조한다. 복음 전도와 제자도이다. 하나님 말씀 안에서 성장하도록 지도하며 믿음을 서로가 나눌 수 있도록 가르쳐야 한다. 배워가는 과정 속에서 서로서로 믿음과 은혜를 나누는 훈련은 아이들이 성장해서 자신의 삶 속에 역사하신 복음의 힘을 나누며 선교적 삶을 살아가도록 양육하는 좋은 훈련이다.

이러한 훈련을 하려면 다양한 활동을 통해 흥미롭게 말씀을 접하고 학습자들이 스스로 참여하도록 하는 여러 가지 기법들이 필요하다. 〈표 2-1〉의 케네스 갱글이 제시한 일곱 가지 영역을 통하여 학습을 이끄는 것은 초등부까지의 모든 어린이들에게 효과적인 방법이 될 것이다.

〈표 2-1〉 효과적인 접근방법 7가지

미술 활동	하나님의 말씀을 배우고 느끼는 생각의 과정을 미술로 표현하게 하라
연극 활동	연극 활동을 통해 아이들의 상상력과 감정, 그것을 행동으로 연결시켜라. 성경을 생생하게 경험하는 좋은 효과를 갖게 된다.
구두 대화	생각과 경험을 나누도록 말하게 하라. 특히 성경 암송, 문제 해결, 자신의 필요를 말로 표현하도록 돕는다.
창조적 쓰기	어린이가 자신의 생각을 구체화해서 말하도록 도우라. 성경 속의 사건들을 설명하며 쓰도록 한다.
음악 활동	목소리와 악기로 주님을 경배하게 하라. 음악은 말씀을 친숙하게 접하게 하며, 전능하신 역사를 생생하게 상상하도록 자극한다.
연구 활동	성경에 대한 지식을 연구하고 적용할 수 있는 능력을 키워주라. 성경 사전, 성경 핸드볼, 지도 등을 통해 연구 활동을 돕는다.
성경 게임	게임을 통해 즐거움과 훈련이 동시에 일어날 수 있도록 하라. 아이들은 노는 것과 배우는 것을 좋아한다.

3. 중고등부

"어떻게 하면 하나님께서 기뻐하시는 방법으로 이 아이들을 가르칠 수 있을

사회통합교육 : 독서교육활동

의정부 교회, 목사님 부부를 소개한다.
요즘 트렌드에 맞춰서 학생들과 '독서'(성경읽기를 위해 독서교육을 함)와 '공부'(꿈을 찾기 위한 일환으로)를 교회에서 같이 하고 있다. 시험 기간이면 교회를 독서실처럼 운영하고 아침을 먹여서 아이들을 학교에 보내기도 한다. 지역사회에서 주최하는 독서활동에 참여하도록 독려하여 매년 아이들과 엄마들이 수상을 하여 좋은 결과를 내기도 하였다.

까?"

중고등부 교육리더들이 갖게 되는 당위적인 질문일 것이다. 성경은 부모와 교회교육리더에게 자녀들을 가르칠 의무를 주었다. 아이들에게 마땅히 전해야 할 것을 전할 때 아이들은 다른 사람들을 가르치는 자로 성장할 것이다. 하나님이 행하시던 것을 아이들에게 전하면 이 아이들은 21세기 교회의 지도자로 세워질 것이다.

대학생 선교단체 CCC의 통계 결과를 보면 크리스천의 85%는 18세 이전에 예수 그리스도를 믿었다고 나와 있다. 교회의 목표 중에는 다음 세대들을 잘 훈육하고 바르게 성장하도록 돕는 교육을 반드시 포함시켜야 할 것이다.

1) 특성

- 중등부는 신체적으로 급속한 변화가 일어난다.
- 지적인 특성으로 지식에 대한 열망이 증가하고 간접경험에 빠르게 적응한다.
- 고등부는 신체적으로 원숙미가 느껴지며, 정서적 성숙을 향해 나아간다.

- 지적인 특성은 자아를 넘어서 세계를 발견하기 시작하고 배우기 시작한다.
- 사회적으로 친구들이 영향력을 발휘한다.
- 부모보다는 친구들에게 의존하고 정서적으로 사랑, 미움, 자랑, 분냄, 공포의 감정을 강하게 가진다.
- 사회 전반적으로 진학에 따른 학업 성취 욕구로 인해 주일에도 학교나 학원에 다닌다.
- 시대적으로 자신도 모르는 사이에 이기주의적인 사고(성향)들을 키워간다.
- 성인이고 싶어 한다.
- 성인들로부터 독립하고 싶어 한다.
- 영웅과 같은 모델을 찾는다.
- 감정의 기복이 심하다.
- 기독교에 대해 의문과 반문을 많이 갖게 된다.
- 사고나 행동이 이상적인 것을 추구한다.
- 그룹에 소속되고 싶어 한다.
- 교회 생활은 하고 있어도 실제로 주일 성수에 대한 의식이 점차 희석된다.

2) 특성에 따른 교수전략

중고등부 시기는 장래 진로가 결정되며 이때의 결정이 평생을 좌우할 수 있는 중요한 시기이다. 특히 이 시기에 방향을 잘 잡아주어 사역의 한 분야에서 좋은 일꾼으로 성장하도록 그들을 복음화하며 제대로 훈련시킬 수 있는 환경을 조성해 준다. 먼저는 하나님과 자신, 그리고 친구, 가족, 다른 사람과의 관계를 발전시켜 나가도록 도울 수 있어야 한다.

- 주입식 교육만으로 줄 수 없는 역동적인 팀워크 활동이 필요하다. 학생 시기의 특징 중 두드러지게 나타나는 현상이 있다면 또래 집단의 형성인데, 그 속에서 소속감과 안정을 누리면서 자신들의 인격을 발전시키고 형성해

중고등부 예배의 활성화

1) 학습자에 대한 이해가 우선되어야 한다.

2) 예배의 분위기가 활기차야 한다.

　　예배의 진행에 학습자들이 참여(사회, 기도, 찬양, 헌금봉사 등)하도록 하여 리더십을 키워준다.

3) 봉사활동, 자치활동을 강화하여야 한다.

　　자신의 역할을 감당하면서 자긍심이 형성되고, 봉사활동을 통해 긍휼과 사랑의 마음, 협력의 마음이 성장한다. 월례회, 특별행사 진행, 부별활동, 동아리 활동을 강화한다.

4) 다양하고 변화 있는 교육을 실시한다.

　　변화와 새로운 것에 도전하기를 원하는 시기이므로 틀에 박힌 형식에서 변화를 주는 교육을 가끔씩 실시한다.

5) 팀워크 훈련을 실시해야 한다.

6) 교제를 중요시한다.

교회교육리더와 학습자, 학습자와 학습자 간에 가끔씩은 개별 면담을 실시한다. 이성에 대한 관심이 많은 시기이므로 개별 면담을 실시할 때 이성 교회교육리더라면 1:1보다는 1:2-3 정도로 면담을 하는 것이 좋다.

나가기 때문에 또래들끼리 단합을 유도해 주어야 한다.

- 희로애락의 감정이 풍부한 시기라서 교회교육리더는 이들을 이끌 수 있는 강한 흡인력과 공감의 리더십으로 지도해야 한다.

- 보람과 즐거움을 찾을 수 있는 교제의 시간을 만들어야 한다. 에너지가 많은 시기이며 학교와 가정에서 공부와 성적에 대한 스트레스를 많이 받고 있는 시기이므로 학교생활에 지쳐 있는 학생들이 교회생활에서 보람을 찾을 수 있도록 서로 교제하는 분위기를 만들어야 한다. 교회에서 많이 웃고 기쁨을 누리며 지낼 수 있도록 교회교육리더는 스팟이나 아이스브레이킹을 적용하여 복음을 전달해야 한다.

- 무엇이든 마음을 열어 놓고 토론할 수 있는 분위기를 조성한다. 그동안 '무

엇을 적극적으로 하라'보다 '무엇을 하면 안 된다'라는 금기식 교육으로 가정이나 학교에서 지도를 받아 온 것이 일반적인 현상이라서 신앙생활이나 교회생활에 대해 의문점이 많은 시기임을 이해해 주어야 한다.

- 진리와 일상을 관련지어 지도하라. 무엇을 좋아하는지를 발견하고, 지도자는 권위와 자유를 적절히 배합하여 이끌어주며 교회교육리더가 자신의 경험을 나누고 진리를 일상생활에 관련시키면서 지도하는 것이 필요하다.
- 특히 고등부는 주어진 상황의 여지가 아주 제한적이다. 대학입시를 앞두고 있어 주일교회학교 그 이상의 것을 요구하기에는 많은 무리가 따른다.

4. 청년부

1) 특성

- 청소년기와 성인기 사이의 중간기라고 볼 수 있다.
- 지적 발달이 두드러진다. 지능 수준이 정점에 도달하고 추리·사고·판단·기억능력 발달, 추상적 능력 발달, 논리적 사고 태도 발달이 있다.
- 자아의식 발달로 자아발견과 자아 확립의 시기, 개별화의 시기이다. 자기중심성이 짙고 가치를 추구하며 이상을 찾는다. 철학과 문학 사상을 애호하고 인생관과 세계관을 확립한다.
- 정신적 독립을 추구하며 자기 관철로 때로는 반항적이고 폐쇄적이며 고독과 자기도취에 빠지기도 한다.
- 감수성이 예민하여 정서의 체험이

강렬하고, 극단에서 극단으로 치우치는 경향이 있으며, 불안과 고뇌, 애증, 우열감, 분노와 정의감 등이 강화된다.

- 인지 능력이 증대하며, 현실적 구속을 벗어나 가능성의 세계로 사고를 확대하고, 어떤 현상을 결과론적으로만 보지 않고 동기론적·원인론적 시각에서도 검토하는 능력 등의 인지적 변화가 있다.
- 자신의 정체성을 타인의 정체성과 연결, 조화시키려고 노력한다.
- 사회적 현실과 신앙 사이에서 심각한 역할 혼란을 경험한다.

  신앙 훈련에 열중할 것인가?

  실력을 쌓는 데 열중할 것인가?
- 개인적 요구와 사회적 요구 사이에 균형 추구를 한다.
- 부모의 간섭이 통하던 시기에서 벗어나 부모의 간섭은 더 이상 영향력을 발휘하기 어렵게 되고, 오히려 친구나 특히 선배의 영향이 강력하게 자리 잡는다.
- 신앙의 갈등이 기로에 서게 된다. 많은 청년들이 '학교냐? 교회냐?'의 사이에서 갈등하다가 학교나 사회생활 쪽으로 기울어지는 탓에 신앙과는 담을 쌓는 경우가 생긴다.
- 스스로 선택하고 결정하여 그것을 향하여 자신의 길을 열어 가는 관문이 되는 중요한 전환점의 시기이다.

2) 특성에 따른 교수전략

- 영적인 공감대를 형성해 주어야 한다.

  대학부의 구성원을 전반적으로 살펴보면, 고등부에서 올라오는 학생들이 그리 많지 않다. 오히려 친구들의 전도를 통해 구성원들이 이루어지기에 새로운 영적인 공감대가 필요하다.
- 영적 교과 과정과 훈련을 공급해야 한다.

  오랫동안 교회학교에서 교우관계가 형성되어 있는 청년의 경우 예배 참여

선교는 삶이며 기쁨

고등학교를 졸업하고 재수를 거쳐 대학생이 된 딸아이가 대학을 가더니 그동안 놀지 못한 것에 대한 분풀이라도 하듯, 세상의 재미에 푹 빠져 사는 모습이 참 안타까웠다. 교회에는 형식적으로 발을 담그고 모든 가치관은 세상을 통해 담아 가는 듯했다.

"교회는 온통 거룩투성이야! 재미가 없을 것 같아!"

경험도 해보지 않은 상태에서 피상적으로 느끼는 교회에 대한 느낌이 그것이었다.

어떤 계기로 대학부 학생들로 구성된 해외단기선교에 다녀오면서. 딸아이가 변화하기 시작했다.

"교회도 재미있어! 신앙공동체가 세상보다도 재미있고 의미와 보람이라는 것이 있네."

일본 선교를 다녀온 딸아이는 이런 고백과 함께 삶이 놀랄 정도로 변화되어 갔다. 선교라고 하면 상상만 해도 그림이 그려지는데 '재미가 있다고?'

궁금하여 담당 목사님을 만나 여쭈었다.

"대학부 선교는 선교도 삶이며 기쁨이라는 것을 가르치는 데 포커스를 둡니다. 한 번 다녀오고 다시 가고 싶지 않은 선교가 아니라 또 가고 싶은 곳, 여행보다 기쁨으로 자원할 수 있는 선교활동을 만들어 가는 것이 가장 중요하게 생각하는 과제입니다."

사회인이 되기 전에 좋은 사람으로 준비되고 싶은 것은 누구나가 갖고 있는 대학 청년들의 고민일 것이다. 가장 선한 것은 예수 그리스도 그분 안에 거하는 것이다. 그 삶을 어떻게 세상 속에서 배우겠는가. 대학 청년부 학습자들이 교회에서 진리를 담은 삶이 어떠한 것인지를 배우고 훈련할 수 있도록 이 시대적 특성을 담은 청년들의 방법을 연구하여 잘 접근하고 교육해야 할 것이다.

율은 높겠지만, 그럼에도 불구하고 필수적으로 영적인 교과 과정과 훈련을 제공해야 한다.

- 배움과 훈련에 집중하도록 한다.

  대학부 시절은 새로운 세계관이 자리잡는 아주 중요한 시기이기에 배움과 훈련에 집중하도록 배려해 주어야 한다. 이 시기에 뿌리 깊게 형성된 세계관이 직업과 결혼에 결정적인 영향을 미치게 된다.

- 제자 훈련 과정이 꼭 필요하다.

  말씀과 삶의 체계가 잘 정립되어야 하고, 공동체의 중요성을 체험하며, 리

더십을 함양하는 훈련이 있어야 한다.

- 자치 모임이 활성화 되어야 한다.

사회에 나가기 전이거나 사회 초년생이 대부분인 대학 청년부 학습자들은 교회활동을 통해 자유롭게 사회활동에 대한 훈련이 이루어져야 한다. 자치적인 모임을 통해 역할들을 경험하고, 사회에서 바람직한 크리스천 리더십을 갖춘 리더가 될 훈련이 교회활동을 통해 형성되어야 한다.

5. 장년부

1) 특성

- 매우 생산성이 있는 그룹이다.

장년에 대한 바른 이해는 매우 중요하다. 장년은 누구인가? 에릭 에릭슨은 〈간디의 진실〉이라는 책에서 장년을 "자신에게 주어진 모든 삶의 책임들을 기꺼이 받아들이는 사람들"이라고 정의했다.

- 자신들의 필요에 따라 선택하여 교육에 참여한다.

아동이나 청소년들과는 달리 교회학교의 주어진 교육과정을 따라 교육받지 않는다. 장년들은 교회의 학교식 체계 안에 있지 않기 때문이다.

- 신체적인 면에서, 어떤 한계를 깨닫는다.

나이가 들어가면서 체력과 에너지가 천천히 감퇴한다. 운동량이 적은 활동들에 깊이 관련되어 있기 때문에 신체적인 욕구들에 대해 더욱 삼가는 경향이 있다. 그러나 때로는 자기 자신을 증명하기 위해 그 한계를 뛰어 넘어 보려고 한다.

- 개인의 신앙에서 벗어나 실체적 신앙의 모델을 보여준다.

가정적으로 볼 때, 한 가정의 중추적 역할을 하는 시기이다. 한 가정의 중심을 이루고 가정교육의 핵심을 이룬다. 더구나 신앙인에게 있어서 한 가족의 영적인 문제를 책임지고 나가야 할 시기이다.

- 정서적인 면에서 많은 변화를 겪게 된다.

이들이 가지는 경력은 절정을 이룬다. 그러나 이로 인해 가정 밖 즉, 직장과 교회 참여는 특별한 압력을 받는다. 신체의 건강이나 우정, 직업과 친구들의 변화에 대한 관심이 점점 증가한다. 또한 친구들과 이웃들, 그리고 책임감 등에서 대단히 큰 변화가 따른다.

- 인생을 알며, 경험이 풍부하다.

비록 정규적인 학교생활을 한 지 여러 해가 지났다 해도 대부분 관심거리에 속하고 도움이 되겠다 싶으면 배울 준비가 되어 있다. 이러한 장년들을 지도하는 교회교육리더는 장년의 학습 과정에 대한 뚜렷한 이해가 있어야 한다.

2) 특성에 따른 교수전략

- 그들에게 흥미로운 관념들로 접근해야 한다.

장년들은 관심이 있는 주제들을 공부할 때 스스로 동기를 부여한다. 대부분 '과업 지향적'이다. 곧, 학습 참여는 그들이 수행할 수 있기를 바라는 특정한 과업에 의해서 동기가 부여된다는 의미다. 예를 들어, 그들이 로마서 반에 관심을 피력할지는 모르지만, 그들의 관심은 주로 '로마서'라는 주제가 아니라 '로마서의 내용 이해' 같은 특수한 목표 혹은 과업에 집중되어 있다. 따라서 교회교육리더는 각 반의 참석자에게 무엇이 동기를 유발시키는 목적 혹은 목표인가를 결정하고, 그러한 목표 또는 과업을 이룰 수 있도록 지도해야 한다.

- 소속 집단 내에서 의견을 나눌 수 있게 열린 교육으로 이끌어야 한다.

장년들은 다른 사람들의 생각으로부터 유익을 얻는다. 대부분 경험이 많고, 여러 분야에서 숙달된 학습자들이 소속되어 있다. 교회교육리더는 이러한 자원들을 소중히 여기고, 의견을 나누도록 기회를 제공해 주어야 한다.

- 참석자들끼리의 결속과 친교를 지원해 줘야 한다.

  장년들은 인생 경험과 생각을 나눌 소재가 충분하고, 그들의 생활에 직접적으로 적용할 수 있는 환경이 조성되어 있는 학습자들이다. 장년들은 풍부한 경험을 가지고 있다. 따라서 교회교육리더는 학습자들이 주제와 관련된 인생 경험들과 생각들을 서로 나누도록 격려해야 한다. 이는 주제의 진리들을 더 잘 이해할 수 있게 할 뿐만 아니라, 그들의 개인적인 생활에 더욱 효과적으로 적용할 수 있도록 도와준다.

  생각과 경험을 나누는 것은 참석자들을 결속시킬 뿐 아니라 그룹의 통일, 지원, 친교를 가능하게 한다.

- 생활에 적용할 기회를 제공해야 한다.

  장년들은 '현실 지향적'이다. 그들이 배운 바를 직접적으로 적용한다. 그러므로 교회교육리더는 참석자들의 생활에서 직접적으로 적용할 수 있는 교수계획을 세우고, 학습자들이 실제적으로 적용할 기회를 제공해야 한다.

- 역할을 부여하고 그룹 토의를 이끌도록 하는 것도 매우 효과적이다.

  장년부는 '경험 공유를 위한 의견 나누기'를 희망한다. 교회교육리더는 가치 있는 토의를 인도할 수 있어야 한다.

토의진행 TIP

1. 구성원들이 그 주제에 대해 미리 생각할 수 있도록 준비하는 것이 중요하다.
2. 지정된 주제의 범위 내에서 토의를 진행하되, 한 사람이 독점하지 못하도록 해야 한다.
3. 주제에 관련된 적절한 질문을 준비해야 하고, 의견을 공개적으로 나눌 만큼 각 개인이 받아들여지고 자유롭다는 느낌을 갖도록 분위기를 유도해야 한다.

하나 되게 하신 것을 힘써 지키라

필자는 교회에서 찬양단을 섬긴 경험이 있다. 찬양단원의 각 사람은 탁월한 찬양 실력을 갖춘 실력가들이었다. 좋은 찬양을 받아 연습을 하고 마이크를 잡고 소리를 맞추는데 참 듣기 어려운 소리들이 나곤 했다. 왜일까? 그렇게 찬양을 잘하는 사람들인데 어떻게 이런 소리를 낸다는 말인가? 이해할 수가 없는 일이었다.

연습을 하면서 각 사람이 아무리 좋은 소리를 가졌다 해도 서로가 각자 자신의 소리를 양보하고 하나의 소리로 만들기 위해 다른 사람들의 소리를 듣고 자신의 소리를 양보하지 않으면 아름다운 하모니를 이룰 수 없다는 것을 느꼈다.

소그룹 활동도 마찬가지다. 소그룹을 통해서는 성경적 지식 이상으로 배워 가는 것이 하나 됨이다. 서로 배려하고 양보해야 함을 배운다. 나하고 맞지 않은 사람과도 진정한 어우러짐을 배운다. "성령께서 하나 되게 하신 것을 힘써 지켜라." 그렇다. 지켜 내기 위해서는 힘써야 한다. 리더의 역할은 소그룹원들 모두가 서로서로를 점검하고 격려하며 하나 됨을 이루어 가도록 돕는 것이다.

Chapter 2. 교회교육대상자 특성과 교수전략

교회에서 교육하는 학습자들은 다양한 연령층이다. 이들은 인간발달단계의 특성 및 학습심리가 다르기 때문에 교회교육리더는 이들의 기본적 특성을 이해하면서 복음을 전달하는 것이 필요하다.

교육대상	특성	교수전략
영유아부	• 감각과 인지발달이 왕성하여 대상영속성이 확립으로 목적 지향행동과 언어발달이 활발하다. • 성인발달의 기초가 되는 정서발달이 이루어진다. • 자연스런 신뢰가 형성되는 시기이다.	• 행동과 결과를 일치시켜주는 교육이 필요하다. • 말로 표현하지 못해도 정서에 영향을 주고 있음을 인지하며 감정과 정서에 민감하게 반응해 준다. • 일관성 있는 태도, 영적 신뢰 형성에 대한 지도력이 필요하다.
유치부	• 자율성과 자아개념이 발달하여 학습에 대한 호기심이 많아진다. • 습관 형성이 생겨나며 책임감이 발달한다. • 그룹 활동에 관심이 많다.	• 추상적인 것보다 구체적인 것으로 명확한 지도를 한다. • 질문을 통해 스스로 답을 찾아가도록 할 때 자신에 대한 책임감도 커진다. • 교칙을 정해 놓고 교육할 때 바른 습관 형성에 도움을 준다 • 그룹 활동으로 협동심과 책임감을 키워준다.
유년 초등부	• 성인이 되고 싶어 한다. • 그룹 활동을 선호한다. • 친구들의 인정을 원한다.	• 스스로 해결했을 때 성인이 되고픈 욕구가 채워진다. • 그룹활동을 하되 경쟁보다는 격려와 칭찬을 통해 협동심을 교육한다 • 영웅심리가 생성되는 시기이다. 그룹원들 간의 상대에게 격려나 칭찬 등 표현력을 키워 주면 좋다.
중고등부	• 성인으로부터 벗어나고 싶어 한다. • 영웅 같은 모델을 찾는다. • 기독교에 대한 반문이 생겨나기 시작한다.	• 무엇이든 마음 놓고 토론할 수 있는 장을 마련해 주는 것이 이 시기의 반항심과 반문을 해소하는 데 도움이 된다. • 진리와 일상을 연계하여 지도하라. 동떨어진 느낌일 때 괴리를 더욱 크게 느끼게 된다
청년부	• 인생관과 세계관이 형성되는 시기이다. • 교회냐? 학교냐? 사회냐? 기로에 서는 시기이다.	• 제자훈련이 꼭 필요하다. 바른 인생관 세계관 확립에 필요한 훈련이 제공되어야 한다. • 자치 모임이 활성화 되어 자신의 사회성 향상에 대한 욕구가 신앙 안에서 실현되도록 돕는다.
장년부	• 자신의 신앙성장보다 실제적 신앙 모델의 역할을 해야 하는 시기이다.	• 리더십 형성과 신앙의 실천적 역할 수행의 기회를 많이 주는 것이 좋다.

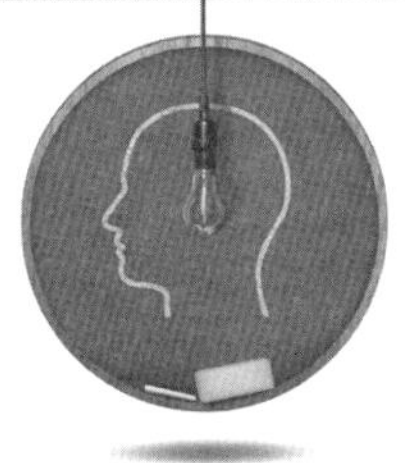

03

교회교육,
효과적으로
준비하기

03

교회교육,
효과적으로 준비하기

기도와 말씀

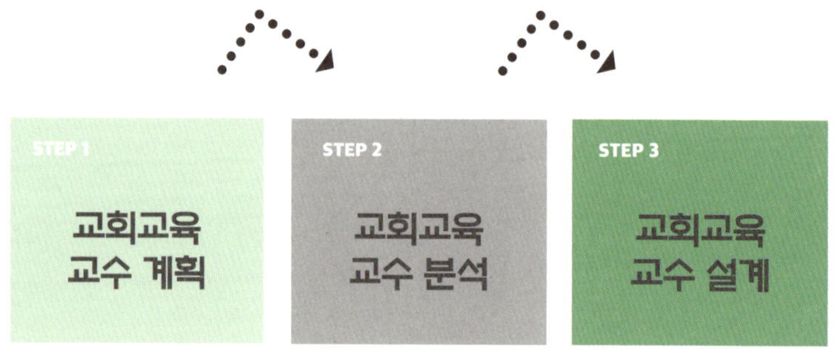

사전 계획없이 경험만 의지하는 교육은 시작부터 실패이다

"**소**망의 이유를 묻는 자에게…" 교회교육리더는 그리스도 안에서 참 소망을 전하는 자이다. 언제 어디에서든지 소망을 물어 오는 자들에게 존귀한 복음을 전할 준비가 되어 있어야 하며, 이것은 온유와 두려움을 가진 자들이 할 수 있는 일이다. 말씀과 기도로 충만한 은혜에 머물며 성령의 인도하심을 따라 잘 준비해야 하는 것은 무엇보다도 내 안에 참된 소망과 은혜를 풍성하게 갖는 것이다. 이 풍성한 은혜를 어떻게 전할 것인가? 귀한 복음이 땅에 떨어지지 않도록 학습자들의 마음과 귀를 열려면 학습자들의 필요를 알고 특성을

알며 다각도의 분석과 준비를 해야 한다.

1. 교회교육교수 계획

가. 교수계획의 의의

우리가 어떤 일을 시작할 때 "사전에 계획을 세우지 않고 일을 하는 것은 실패를 계획하는 것과 마찬가지다"라는 이야기가 있는 것처럼 교회교육교수활동도 마찬가지다. 학습자들과 교육환경에 맞는 연구, 그리고 교육내용 및 교수방법에 대한 최선의 준비가 필요하다. 실제로 교수계획을 준비하여 진행한 교육과 준비하지 않고 전개한 교육에 대하여 학습자들이 받아들이는 것에 현저한 차이가 있다. 교수계획은 학습자, 학습환경, 학습자료 등을 고려하며 작성해야 한다.

나. 교수계획의 목적

교회에서 교육을 실시할 때 일관된 방법으로 교회 공과에만 기준하여 교육하면 학습자들의 관심을 촉진시키기 어렵다. 교회교육의 본질적인 목적은 지식 전달이 아니라 삶의 변화이다. 교회교육에 있어서 교수계획의 목적은 학습자 개개인의 학습을 촉진시키고 최적의 교수-학습 환경을 조성해 줌으로써 학습자의 학습 성과가 극대화 되도록 하는 데 있다. 수업을 실시하는 목적이 학습자의 성숙과 복음안에서의 성장을 위한 것이라면 교수계획 역시 학습자로 하여금 보다 가치 있는 복음적 삶을 영위할 수 있도록 도움을 주는 것이어야 한다. 교육을 계획한다는 것은 무엇보다도 성도다운 삶을 위하여 학습력을 성장·발달시켜 주는 데 큰 의의가 있다. 교회교육의 체계를 설계하는 일은 학습자 개개인의 성장에 있기 때문에 창의적이고도 학습자 접근을 하는 핵심적 작업이라고 할 수 있다.

다. 교회교육교수계획의 원리 및 성격

1) 교수계획

교회교육 목적 달성을 위해서는 목적에 적합한 교수계획이 필요하다. 이 계획의 원리는 다음과 같다.

- 교수계획은 교육 목적에 적합해야 한다.
- 교수계획은 계속성을 유지해야 한다.
- 교수계획은 학습자 발전의 요소를 포함시켜야 한다.
- 교수계획은 학습자의 개인적·사회적 필요에 관련된 것을 포함시켜야 한다.
- 교수계획은 각 교과간의 관련성을 고려해야 한다.
- 교수계획은 융통성이 있어야 한다.

2) 교수계획의 성격

교수계획은 학습자, 교회학습환경, 학습자료 등에 따라 적절하게 작성해야 한다. 또한 교회교육리더의 자질(능력)과 태도가 중요하기 때문에 창의성을 살릴 수 있는 노력이 절실히 요구된다.

다음은 학습목표를 효과적으로 달성하기 위한 계획을 수립할 때 고려하여야 할 점이다.

(가) 적합성

교수계획은 학습 목적에 적합해야 하며, 교수활동에서 사용하는 교재는 유익하게 계획하여 목적에 부합해야 한다.

(나) 역동성

교수계획에서 학습자의 참여활동 구성이 많을수록 성과가 더 높아질 것이다. 교육 내용이 교육리더중심으로 수립된다면 학습활동은 타율적이며 수동성을

면치 못할 것이다. 학습자의 능력 및 제반 교육여건에 부합되는 범위에서 학습
자의 참여 활동을 적절히 분배하는 것이 좋다.

(다) 과학성

교수계획은 객관적이고 타당성이 있어야 한다. 교회교육이 리더에게는 적합
하나 학습자에게 적합하지 못했다면 그 계획은 바람직하지 못한 것이다. 계획
에 있어서 무엇보다 선행되어야 하는 것은 다음 세 가지로 볼 수 있다.

- 학습자에게 적합한가?
- 교회 내의 실정에 부합되는가?
- 부서 조직 간의 유기적 관련성을 고려한 계획인가?

(라) 일관성

일관성은 질서 있는 상호 관련성을 의미하며 횡적이고 종적인 면에서 모순 없
이 조직된 것을 말한다. 예를 들면 교회교육을 횡적인 측면에서 볼 때 교회, 해
당부서, 가정으로 생각할 수 있으며, 이들이 밀접한 관계를 갖고 또한 일관성
을 유지할 때 그 성과는 더욱 커진다. 한편 종적인 측면에서는 교회의 비전, 부
서의 목표, 공과의 목표, 단원의 목표, 시간의 목표 등이 모두 일관성을 유지해
야 한다. 따라서 교육의 목표는 횡적·종적인 면에서 상호 연관성을 가지며 교
수계획과 학습활동도 당연히 일관성이 있어야 한다.

라. 교수계획의 모델

교육공학과 교수공학의 개념을 살펴보면 한 가지 중요한 공통점을 발견할
수 있다. 그것은 문제의 분석, 해결 방안 발견, 실행, 평가 등으로 이어지는 과정
을 가진다는 것이다. 이 과정을 ISD(Instructional Systems Development, 교수체
제개발) 일반모형이라고 부르며, 실제 이 과정은 분석, 설계, 개발, 실행, 평가의
다섯 단계로 구성된다. 여기서는 학교교육 교수계획에서도 많이 활용하는 ISD

모델의 절차를 따라 살펴본다. ISD 모델의 과정은 분석-설계-개발-실시-평가로 다음의 〈그림 3-1〉과 같다. 교회에서 교육을 계획하는 데 있어서도 ISD 절차를 따른다면, 실수를 줄이고 효과적으로 교육할 수 있을 것이다.

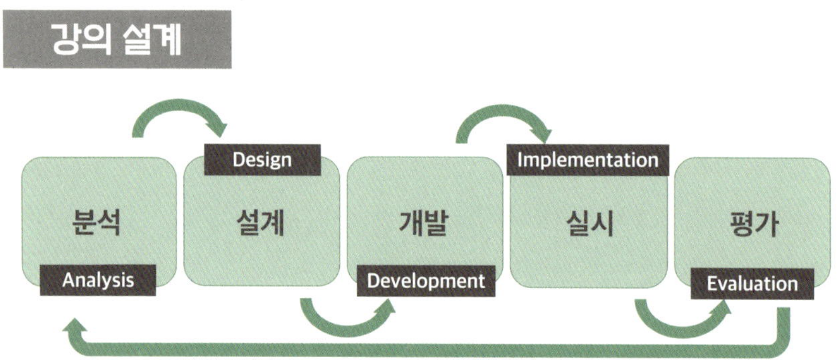

[그림 3-1] ISD(Instructional Systems Development)모델

2. 교회교육교수 분석

분석이란 교육에 영향을 미칠 수 있는 요소들을 생각해 보는 것이다. 교회교육리더는 교육 전에 먼저 3P에 대한 분석이 필요하다. 즉, people, purpose, place에 대한 분석을 하고 그에 맞는 교육준비를 하여야 한다.

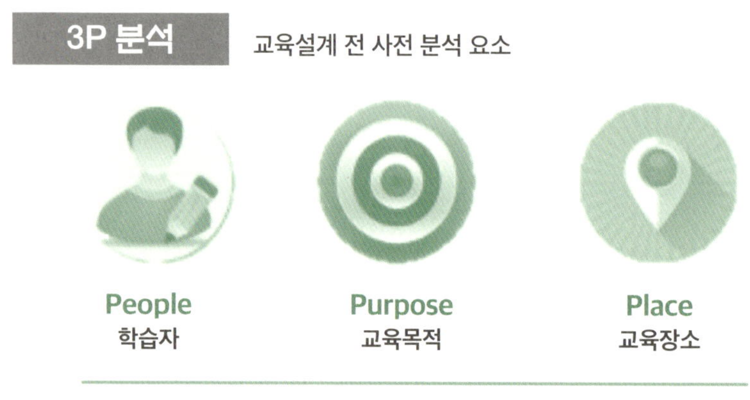

[그림 3-2] 3P분석

가. People(학습자) 분석

People 분석이란 대상자를 분석하여 눈높이를 맞추는 것이다. 교회교육리더는 교육을 하기 전에 학습자 분석을 하여 눈높이에 맞도록 전달할 내용을 준비해야 한다.

장년부, 청년부, 유년부 등은 2장에서 살펴본 것처럼 각기 다른 특성이 있다. 교회교육리더는 이들의 특성에 적합한 교수활동 준비를 하여야 한다. 일반적으로 부서별, 기관별의 각 교회교육리더는 본인이 담당하는 대상자(학습자)의 눈높이에만 적합하게 준비를 하고 있다. 그런데 교역자들은 상황에 따라 부서나 기관의 여러 대상자에게 교육을 할 기회가 주어진다. 그러므로 학습자의 수, 연령분포, 성별, 지식수준, 신앙심 등을 사전에 파악하고 분석에 따라 교육을 준비해야 한다. 학습자 분석은 교회교육리더가 학습목표 설정과 함께 교육의 수준을 정하고 각종 예문을 준비할 때 좋은 참고가 된다. 물론 항상 같은 교회에서 같은 학습자에게 말씀을 전한다면 매주 같은 분석 준비는 필요 없겠지만 초기 단계에서는 학습자 분석이 반드시 필요하다.

나. Purpose(목적) 분석

이 시간에 교수활동을 하고 있는 목적은 무엇인가?

목적이 정해지지 않은 교육을 듣는 것은 학습자 입장에서는 목적지가 정해져 있지 않은 열차에 타고 있는 것과 같다. 학습자에게 쾌적한 여행을 제공하려면 우선 목적지를 분명히 정해야 한다.

예를 들면 교회학교 설교에서 "세계가 다 내게 속하였나니 너희가 내 말을 잘 듣고 내 언약을 지키면 너희는 모든 민족 중에서 내 소유가 되겠고…"(출 19:5-6) 말씀에서 언약에 대한 부분 하나님 나라의 규칙(십계명) 전달을 목적으로 정한다면 여기에서는 십계명 이해에 목적을 두면 된다.

다. Place(장소) 분석

학습자의 분석과 함께 장소 분석도 중요하다.

장소에 따라 교육방법이 달라질 수 있기 때문이다. 토론이나 워크숍 등 참여식 교육을 진행할 계획인데 교육장소에 책상이 없다거나, 동영상이나 PPT 등 기자재가 필요한 교육을 진행하려는데 교육보조자료가 갖춰지지 않았다면 교회 교육리더는 당황할 수밖에 없다.

어떤 교회 시설에서 교육이 실시되는지를 사전에 파악하고 점검해야 한다. 교육 장소에 따라서 교육보조자료 등이 달라질 수 있는 것이다.

장소 분석

필자는 장소 분석에 대하여 항상 이야기를 하면서도 사전에 장소 분석을 잘못하여 당황했던 때가 있었다.

어느 한 교회에서 교회 청년부를 위한 교육 요청이 있어서 PPT와 동영상 등의 매체 준비와 워크숍을 진행할 내용과 준비를 해가지고 갔다. 교육 장소가 소예배실이라 빔 프로젝트는 설치가 되어 있지만 워크숍을 할 수 있도록 책상이 이동할 수 있어야 하는데, 그곳은 책상과 의자가 붙박이라서 이동이 불가능했다. 이 교육은 토의식, 워크숍으로 진행해야 효과가 있지만 책상을 옮길 수 없어 그냥 강의식으로만 교육을 진행한 적이 있다. 장소에 대해 구체적으로 확인하여야 했는데 장소 분석 없이 교수계획을 세워 진행했기 때문에 이날의 교육은 필자 스스로도 만족하지 못했다.

라. 요구 분석

　교회교육리더는 학습자들의 니즈(needs)에 대한 사전 조사와 분석을 통해 학습자들이 알고자 하는 바, 관심사를 교육에 적극 반영하여야 한다. 분석할 때에는 첫째로, 누구에게 요구 분석을 할 것인가를 생각해야 한다. 일반적으로는 학습자에게 하지만 때로는 공동체 안의 지도 교역자나 부서의 부장 선생의 요구 분석이 필요한 경우도 있다. 다음에는 어떤 도구를 사용해서 할 것인가를 결정해야 한다. 직접 대면하여 물어보거나 질문지법으로 하고 관찰법으로 할 수도 있다. 요구 분석 사안에 적합한 조사 도구를 선택하여 실시한다. 요구조사의 결과가 나오면 구체적으로 교육의 목표, 내용, 방법 등을 정한다. 그 다음으로는 어떤 순서로 하는 것이 적합한지 결정해야 한다. 학습자에게는 직접 면접법을 하고 교역자에게는 설문지로 하는 등 방법과 함께 순서를 정해야 효율적인 분석이 될 수 있다. 매주 진행되는 공과교육 시간에도 요구 분석이 필요하지만, 수련회나 교회특강 같은 경우는 철저한 요구 분석으로 귀중한 시간을 헛되이 보내지 않도록 반드시 준비하는 것이 좋다.

　어느 집을 방문했을 때 일이다. 집주인은 커피를 타면서 여러 가지를 물어보았다. 커피는 진하게 마시는지 연하게 마시는지, 크림은 넣는지, 설탕은 얼마나 넣는지, 많은 것을 물었다. 그러고 나서 타다 준 커피는 다른 어느 때보다도 맛있었다. 차 한 잔을 탈 때도 마실 사람에게 구체적으로 물어보는데 몇 시간을 교육하면서 들을 사람들에게 물어보지 않고 내용을 결정하는 것은 잘못이다. 때때로 교육이 제대로 전달되지 않을 때 학습자를 탓하는 경우가 있는데, 그것은 수요자의 잘못이 아니라 공급자인 교회교육리더가 잘못한 것이다. 학습자에게 가장 적합한 방법으로 다가가기 위해서는 사전에 요구 분석 과정이 반드시 필요하다.

3. 교회교육교수 설계 (Design)

분석이 끝나면 '설계'를 하게 된다. 집을 지을 때 설계를 잘해야만 좋은 집을 지을 수 있듯이 교회에서의 교수활동에 있어서도 설계를 잘해야 한다. 설계에는 목표, 내용, 방법, 보조자료 선정, 평가 등을 들 수 있다. 우선 전달할 내용에 대한 구체적인 목표를 세워야 한다.

가. 교수목표 설정

설계의 첫 단계는 교수목표를 설정하고 기술하는 것이다. 교수목표란 교육 후에 학습자가 알아야 할 지식과 기능, 태도와 행동 등을 들 수 있는데, 교수목표가 바로 세워지지 않으면 말씀에 중심점이 없기 때문에 교회교육리더와 학습자 모두 혼란을 가져올 수 있다. 목표는 교회교육리더의 입장에서 기술하는 것이 아니라 학습자의 입장에서 기술해야 한다. 예를 들면, 교수계획의 단계에 대해서 '설명한다'가 아니라 교수계획의 단계에 대해서 '말할 수 있다' '알 수 있다'로 해야 한다. '설명한다'는 교회교육리더의 입장에서 하는 것이고, '말할 수 있다'는 학습자의 입장에서 기술한 것이다. 교수목표에 사용하는 행위동사의 대상과 서술이 정확할 때 교육의 방향도 정확하게 설정될 수 있다.

'구원의 능력'이라는 주제로 실례를 살펴보자. 교육을 준비할 때 교육의 내용을 '예수 그리스도의 부활과 다시 오심과 영원세계'에 대한 의미 전달로 설계하였다고 가정했을 때 동사를 '이해한다'로 사용하면 의미가 학습자의 내적 주관에 머물게 되고, 이해한 것을 표출할 의사를 갖지 못하게 된다. '설명할 수 있다'로 설계를 하면 학습자들은 설명할 마음의 자세를 갖추고 교육에 임한다. '예수의 열두 제자에 대하여 안다'가 아니라 '예수의 열두 제자에 대하여 이름을 말할 수 있다'라고 목표를 정했을 때 훨씬 더 구체적인 교육을 할 수 있고 정확한 평가까지 가능하다.

<표 3-1> 학습목표 기술의 사례

주제	학습목표
구원의 능력	예수 그리스도의 부활과 다시 오심과 영원세계에 대해 설명할 수 있다. (O)
	예수그리스도의 부활과 다시 오심과 영원세계에 대해 이해한다. (X)
12명의 제자	예수의 열두 제자들을 안다. (X)
	예수의 열두 제자들의 이름을 말할 수 있다. (O)
성령의 열매	성령의 아홉 가지 열매가 무엇인지 알 수 있다. (X)
	성령의 아홉 가지 열매를 암송할 수 있다. (O)
포도나무와 가지	포도나무와 가지의 의미를 안다. (X)
	포두나무와 가지가 각각 무엇을 의미하는지 말로 표현할 수 있다. (O)

<표 3-2> 관찰 가능한 행위동사

관찰 가능한 행위동사	부적합한 단어
반응하다	인식한다
깨끗이 할 수 있다	기억한다
조립하다	이해한다
짓다	파악한다
측정하다	확인한다
쓸 수 있다	함양한다
몇 개로 설명할 수 있다	고려한다
명칭을 붙인다	인지한다
연결한다	깨닫는다
식별할 수 있다	안다
개선한다	수용한다
선택할 수 있다	가능하다
구별한다	길이를 파악한다
정의한다	생각한다
스스로 설명한다	
사용한다	
결정한다	
쓸 수 있다	
조작한다	
판단할 수 있다	
구분할 수 있다	

초등학교 생물 시간에 하는 다음의 주제로 좀 더 정확한 교육목표를 설정해 보자.

자연도감을 보지 않고(조건)

암술과 수술의 차이점에 대해서 3가지 이상(기준)

설명할 수 있다(행위동사)

위와 같은 목표 설정의 역할은 어떠한가?

첫째, 교육목표를 행동목표로 기술함으로써 목표의 역할이 평가의 기준이 되고 교육목표 후에 열거되는 여러 가지 교육 행위에 대한 방향을 제시해 주기 때문에 정확한 전달 교육이 형성될 수 있다.

둘째, 정확한 목표설정은 목표 후에 나오는 설계 단계인 여러 가지 교육 행위 즉, 교육내용 선정, 교육방법 결정, 교육매체 선정 등에 대한 방향을 정확하게 설정해 준다. 셋째, 하나의 문장에 하나의 행위동사를 기술함으로써 학습자도 교회교육리더도 개념과 교육 행위를 정확하게 인식할 수 있게 한다.

〈표 3-3〉은 교회평생교육에 대한 교육을 위해 교육목표를 설정한 예이다.

〈표 3-3〉 교육목표 설정 사례

주제 : 교회평생교육	
교육목표	1. 교회평생교육의 개념에 대해서 설명할 수 있다.
	2. 교회평생교육의 유형에 대해서 말할 수 있다.
	3. 교회평생교육의 중요성을 문서로 작성할 수 있다.

이렇듯 하나의 목표 문장에는 하나의 행위동사가 나와야 한다.

강의를 잘한다는 것은 단순히 말을 잘하는 사람이 아니다. 강의를 잘하는 사람은 올바른 교육목표를 설정하고, 그 목표 달성에 대한 책임을 지고, 결국 목표를 달성하여 학습자에게 능력을 만들어 주는 사람이다. 교육목표 달성에 책임감이 있는 교회교육리더는 교육목표 달성을 위해 내용을 체계적으로 구성하고, 그 내용을 어떻게 전달할 것인가를 고민하며, 강의를 전개하면서 어떻게 학습자들의 집중력을 유지시킬 것인지를 고민한다. 반대로 강의를 못하는 사람은 뚜렷한 변화 목표도 없고 목표 달성에 대한 책임감도 없는 사람이다. 그들은 스스로가 중요하다고 생각하는 내용을 다 말하는 것으로 책임을 다했다고 생각한다.

나. 내용 선정 및 배열

설계의 두 번째 단계는 교수내용을 선정하고 배열하는 것이다.

1) 내용 선정 및 관련자료의 수집

학습목표를 달성하기 위하여 교회교육리더는 필요한 교수내용과 그와 관련된 예시문, 기타 자료를 수집하여 분석하여야 한다. 이를 위하여 교회교육리더는 성경말씀 외에 참고도서를 참조할 수 있으며 아울러 각종 미디어 매체나 신앙서적들을 읽고 분석 정리하여야 한다. 예를 들어 드라마 영화 등의 최신 자료를 내용과 연관해서 사용하면 쉽게 학습자의 공감을 끌어낼 수 있으며, 이해와 내용습득이 수월해질 것이다.

2) 교수내용의 배열

교수내용의 배열이란 내용상의 특성 및 학습자의 특성에 따라 교수자가 가르쳐야 할 내용의 순서를 정하는 일이다. 교육에 있어서는 교육내용을 선정하는 것도 중요하지만 선정한 내용을 어떤 식으로 배열하여 제시하는가도 중요하다.

- 부드러운 연결 : 전반적으로 설득력 있는 논리적 연결
- 반전 있는 배열 : 흥미와 집중을 위해 예측 불가의 반전 배열 효과
- 명확한 전달 : 20분에 한 번 정도 요약정리 후 다음 주제 연결 구성

배열은 논리성도 중요하지만 학습자들이 지루하지 않도록 반전의 배열도 효과적이다. 집중을 끌어내기 위해선 배열선정에도 적절한 고민을 해야 할 것이다.

다. 교수방법

교수방법의 종류는 다양하게 많으나 교육에 있어서 최고의 교수방법은 없으며, 다만 최적의 교수방법만이 있을 수 있다. 최적의 교수방법에 영향을 미치는 요소로는 내용, 교회교육리더, 학습자, 목적, 환경 등이 있다. 교수방법에 대해서는 7장에서 자세하게 설명할 것이다.

라. 매체 및 보조자료 선정

교수방법이 정해지면 실행하기에 필요한 각종 교수자료 및 매체들을 수집하거나 개발하여 교육보조자료로 이용한다. 교수현장에서 사용할 각종 자료들은 학습목표와 내용에 맞게 논리적으로 구성하고 학습자의 수준을 고려하여 흥미로우면서도 명확하고 구체적으로 개발해야 한다.

교수법 선정과 마찬가지로 매체를 선정할 때도 최고의 매체는 없고 다만 최적의 매체만이 있을 수 있다. 교회학교 어린이들이면 애니메이션이나 캐릭터 사진 등 어린이들의 흥미와 관심을 유발하는 매체가 이상적일 것이다. 매체의 중요성과 더불어 기독교 현장에도 성경을 PPT로 제작하여 판매하는 업체가 있으니 참고하면 좋을 것이다.

마. 평가계획

　실제로 교회에서는 학교교육처럼 평가가 이루어지지는 않는다. 그렇지만 교회에서도 어떤 방법으로든 평가를 거쳐야만 교회나 교회교육리더의 입장에서 교수목표대로 교육이 잘 이루어졌는지 알 수가 있다. 평가는 교육 후에 이루어지지만 평가계획은 설계단계에서 수립해야 한다.

　평가는 [그림 3-3]에 있는 커크펙트릭(Kirkpatrick)이 주장한 4단계 평가 방법을 기반으로 설명한다.

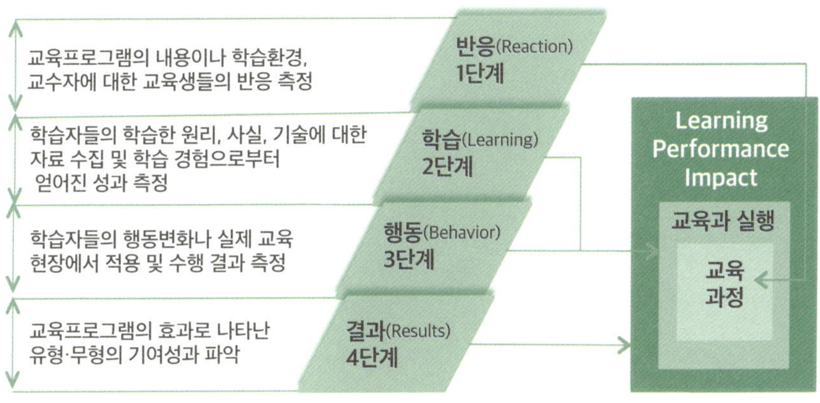

[그림 3-3] Kirkpatrick's 4단계 평가 모형(Kirkpatrick's 4 leves of evaluation)

　1단계는 반응평가로 학습자의 교육에 대한 만족도를 조사하는 것이다. 교육에 대한 만족도가 높으면 교육효과가 있다고 보는 것이다.

　2단계는 학습평가로 의도했던 지식, 기능, 태도가 얼마나 습득되었는지를 평가하는 것이다. (학교에서 하는 평가는 일반적으로 학습평가라고 볼 수 있다.)

　3단계는 행동평가로 학습한 내용대로 행동이 변화가 되었는지를 평가하는 것이다.

4단계는 기여도 평가인데, 학습 후 조직이나 기관에 얼마나 기여하는가에 대한 평가를 말한다. 즉, 교회나 소속 기관, 가정 등에 얼마나 기여하는가를 뜻한다. 이때 평가는 준비단계인 설계에서 어느 단계까지 어떤 방법으로 평가할 것인가가 제시되어야 한다.

<표 3-4> 평가 방법 및 내용

단계	단계 정의	평가 내용	평가 방법
1단계:반응	교육과정에 대해 학습자들이 만족했는가?	교육내용 교수자평가	설문지 인터뷰/질문
2단계:학습	교육과정에서 무엇을 배웠는가?	교육목표 달성	사전/사후 검사 Check List
3단계:행동	참가자들이 배운 대로 행동하고 있는가?	학습내용 적용	관찰
4단계:결과	그룹에 긍정적인 영향을 주었는가?	교육 기여도	분기별 평가회 효과 점검

교육의 효과는 스스로의 만족에 있는 것이 아니라 학습하고 깨닫는 대로 얼마나 행동하고 변화하고 있는가에 있다. 교회교육에 있어서도 적시에 평가가 이루어져서 학습자들의 삶에 변화를 일으킬 수 있도록 수시로 점검하는 것이 바람직하다.

교수계획 설계도 양식

과 목 명(주제) : 능력의 예수님

대 상 : 초등부

1. 교수목표 :

    가) 백부장이 병든 하인을 왜 예수께 데리고 왔는지 말할 수 있다.

    나) 예수님 앞에 나온 백부장은 어떤 모습을 취했는지 설명할 수 있다.

    다) 걱정이 있을 때 백부장처럼 예수님이 해결해 주실 것으로 믿고 기도할 수
       있다.

2. 내용, 방법, 매체 및 보조자료 선정

교수내용	시간	교수방법	매체 / 보조자료	교육리더
백부장과 하인	5분	강의법	성경, 교재, 그림	
백부장의 믿음	10분	강의법	성경, 교재, 풍선	○○○
예수님의 칭찬	5분	토론법	성경, 교재	

3. 장소 : ○○교회 교육관 3층 디모데홀

4. 매체 선정 및 보조자료 : PC, 프로젝터, 화이트보드

5. 평가계획 : 반응평가

Summary

Chapter 3. 교회교육, 효과적으로 준비하기

1. 교회교육교수 계획(Plan)

교육의 본질은 지식전달이 아니라 삶의 변화이다. 교회교육에 있어서 교수계획의 목적은 학습자 개개인의 학습을 촉진하여 복음 안에서의 성장과 성숙을 위한 것이다. 성도다운 삶을 위해 학습력을 성장시키는 데 의의를 두는 것이어야 한다.

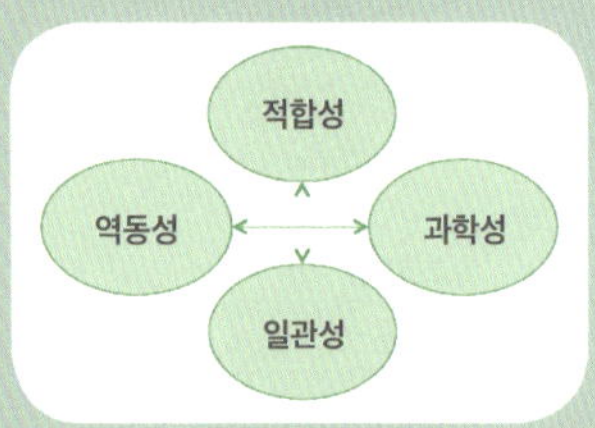

- **적합성** : 학습목적이 분명하며 그에 적합해야 한다.
- **역동성** : 학습자 참여활동이 많을수록 성과가 더욱 높아진다.
- **과학성** : 교수계획은 객관성, 타당성이 있어야 한다.
- **일관성** : 교회부서간 상호관련성을 인정하여 횡적, 종적으로 모순이 없어야 한다.

2. 교회교육교수 분석(Analysis)

분석이란 교육에 영향을 미칠 수 있는 요소들을 생각해 보는 것이다. 가장 필수적인 요소들은 3P이다. People. Purpose, Place를 분석하여 적합한 교육준비를 해야 효과적인 교육이 진행될 수 있다.

- **People(학습자) 분석** : People 분석은 대상자를 파악하고 눈높이를 맞추는 일이다. 학습자 수, 연령, 성별 분포, 지식수준, 신앙심의 정도 등 많이 알수록 교육준비가 효율적이 된다.

3P 분석 교육설계 전 사전 분석 요소

People
학습자

Purpose
교육목적

Place
교육장소

- **Purpose(목적) 분석** : 교육 진행의 목적을 정확히 파악하고 그 목적을 달성하기 위해 준비해야 할 교육내용을 전반적으로 검토하며 준비한다.
- **Place(장소) 분석** : 장소에 따라 교육방법이 달라질 수 있다. 책상 유무, PPT기자재 설치여부, 교육보조자료 점검이 필요하다.

3. 교회교육교수 설계(Design)

- **목표설정** : 정확한 목표 설정으로 학습자 변화와 학습의욕을 촉진한다.
- **내용선정 및 배열** : 선정내용 배열에 따라 효과는 달라진다.
- **교수방법 선택** : 학습자, 목적, 환경에 적합한 교수방법을 선택한다.
- **매체 및 보조자료** : 교육효과를 위해 다양한 매체를 준비한다.
- **평가계획** : 평가는 반성과 성장, 두 축을 이끌어 낸다.

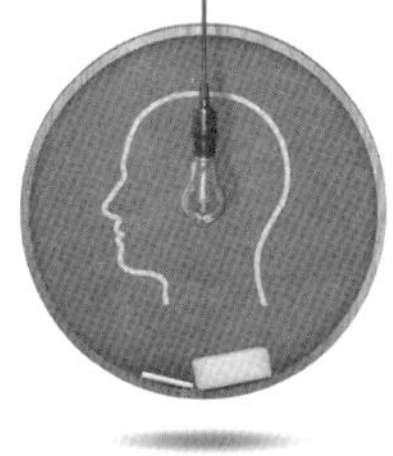

04

교회교육 교수 개발

04

교회교육 교수 개발

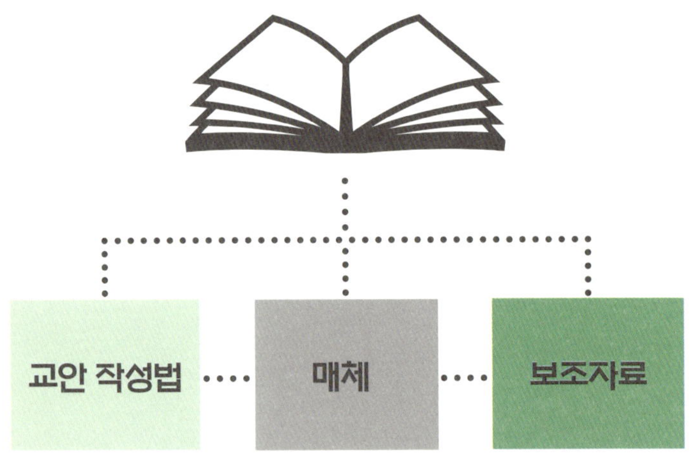

교회교육리더는 효과적인 교육을 위해서 교안작성과 매체개발의 능력이 필요하다

1. 교안 작성법

"교육을 한다는 것은 한 편의 드라마를 만드는 종합예술과도 같다." 드라마를 만들기 위해서 연출과 시나리오가 준비되지 않는다면, 훌륭한 작품을 기대하기는 어려울 것이다. 교회교육리더는 직접 주연배우로 나서면서 모든 과정을 혼자 다 감당해야 하는 종합예술가이다. 효과적인 교육을 하기 위해 필요한 방법들을 연구해야 하는데, 교안을 작성하는 습관을 가지면 여러 가지 좋은 효과

를 볼 수 있다.

가. 교안의 중요성

◆ 성공적인 교육은 교안이 좌우한다

교안을 준비하다 보면 교육 대상을 둘러싼 조건과 내가 교육할 내용에 대해 여러 가지 생각을 하게 된다. 그러면서 교육 대상에 맞는 적절한 자료와 내용을 찾게 된다. 따라서 교안을 충실하게 만든 사람일수록 좋은 교육을 할 수 있다.

◆ 교안은 교육에 자신감을 더해 준다

교안을 철저히 준비한 교회교육리더는 실제 교육에서도 자신 있는 태도를 갖게 되므로 교육능력을 충분히 발휘할 수 있다. 교안을 준비하면서 교육내용을 깊이 생각하게 되고 관련자료를 찾다 보면 교육할 내용에 대한 이해가 깊어진다. 교회교육리더가 자신 있게 교육을 하면 학습자에게 전달되는 효과도 높아지고 학생들도 교회교육리더에게 신뢰를 보낼 수 있다.

◆ 교안은 학습자의 집중도를 높인다

교회교육리더의 교육 흐름에 맞춘 교안은 학습자가 교육에 대해 이해하고 정리하는 데 도움이 된다. 또한 교육을 마친 뒤에도 교육생이 필요로 하는 것을 교육자료를 통해 재학습할 수 있게 해준다. 따라서 교안을 마련하는 것은 교회교육리더가 지켜야 할 첫 번째 예의이기도 하다.

◆ 교안작성 자체가 훌륭한 교회교육리더를 만들어 가는 훈련과정이다

① **실수 방지** : 말을 한다는 것은 언제나 실수나 실언의 위험을 내포한다. 교육을 잘하는 사람도 교육 후에 '괜한 애기를 했구나' 하고 후회하는 경우가 많으며, 쓸데없는 소리나 탈선을 방지하기 위해서라도 교안은 꼭 있어야 한다.

② **교육 과정** : 교안을 작성하기 위해 고민하고, 자료를 갖고 내용을 논리적으로 구성하는 과정을 통해 한 단계씩 발전할 수 있다.

③ **교육 후 자료의 재정비** : 내용의 수정과 보완을 통해 교육내용이 점점 더 충

실해지며, 수정 보완할 때마다 교육리더 자신도 신앙의 깊이가 더해질 수 있다.

나. 교안의 의의와 유의점

1) 교안의 의의

교회교육리더와 학습자 간 학습활동의 기반이 되는 학습지도안으로, 교수활동의 단계 및 내용을 자세히 기록하여 놓은 것이다. 교회교육리더는 교안을 작성함으로써 전달할 학습내용을 빠짐없이 교수할 수 있고 교수활동의 일관성을 유지할 수 있다.

2) 교안 작성의 유의

(가) 구체성

교안은 구체적으로 작성해야 한다. 아무리 암기력이 뛰어난 사람이라 할지라도 교수할 내용이라면 모두 교안 속에 기록해야 한다. 사소한 내용이라든지, 몇 번씩이나 사용한 적이 있어 충분히 기억하고 있는, "사례까지 귀찮게 교안에 적을 필요가 있는가?" 하고 말하는 교회교육리더도 있지만, 일단 그 시간에 할 내용이라면 모두 사전 기입할 때 충실하고 여유 있는 교육을 진행할 수 있다.

(나) 명확성

교안은 명확하게 볼 수 있도록 깔끔하게 정리해야 한다. 교회교육리더 자신이 교수활동 중 교안을 쉽게 보고 식별할 수 있도록 글씨를 또박또박 크게 기록 작성해야 한다.

(다) 실용성

교안은 교수활동에 실질적으로 사용할 수 있도록 작성해야 한다. 학습내용의 배열이 교수활동을 효과적으로 수행하도록 이루어져야 하며, 교안 내에 포함되어 있는 내용은 교수활동에서 모두 전달되는 것을 전제로 하기 때문에 교수활동 실시 순서대로 작성해야 한다.

교안 준비 없이 교육한 교수님

대학교 때의 일이다. 어떤 교수님은 한 학기 동안 교육을 체계적으로 잘하신 분이 계신가 하면 어떤 교수님은 매 교육시간마다 두서없이 교육을 하다가 한 학기를 보내신 분이 계셨다. 학습자들은 금방 알아차린다. 교육준비를 열심히 잘해 온 교회교육리더와 교안 없이 아는 내용이니 대충 알아서 해야겠다고 하는 교회교육리더를 학습자들은 안다.

아무리 그 주제에 대한 전문지식이 있고 교육 경험이 많다고 하더라도 교안을 준비한 교육과 준비하지 않은 교육을 학습자들은 바로 느낀다는 것을 교회교육리더들은 알아야겠다.

교회교육에서도 교회교육리더들이 교안을 준비하여 학습자들에게 전달하면 체계적이고 효과적인 교육이 될 것이다.

(라) 평이성

교안은 쉽게 작성해야 한다. 학습자의 수준을 고려해 모호한 언어의 사용을 피해야 하며, 이해하기 어려운 용어나 내용을 기록함으로써 교회교육리더 자신이 학습 진행 중 당황하는 모습을 보인다면 학습자들이 교수자에 대한 신뢰성을 상실하게 만들 수 있다.

다. 교안의 구성요소

교안은 [그림 4-1]과 같이 도입, 전개, 종결 3단계로 구성된다.

1) 도입

도입 단계는 학습자와 교회교육리더 간에 공통된 기반을 형성하는 단계이다. 첫 단계는 학습자로 하여금 학습에, 주의를 집중시키는 주의집중 단계(Attention)와 배워야겠다는 학습활동 동기를 일으키는 동기부여(Motivation) 단계가 있으며 교육의 내용을 제시해 주는 학습개요(Overview) 단계가 있다. 도입 단계의 시간은 총학습 시간의 약 5~10%를 점유한다.

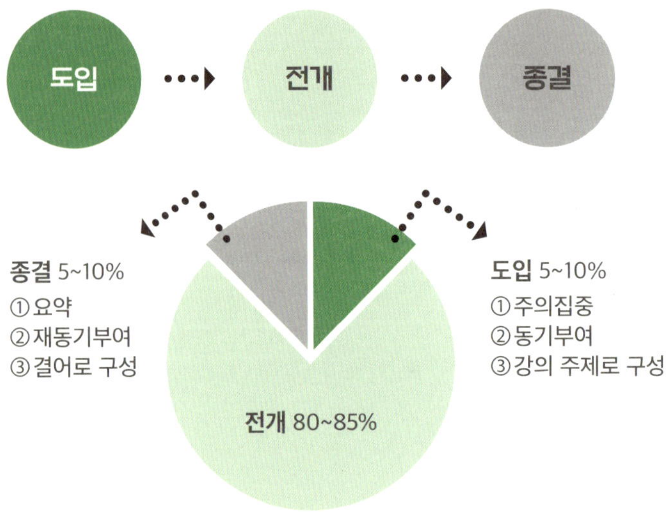

[그림 4-1] 도입 · 전개 · 종결 3단계

첫째, 주의집중 단계는 학습자들이 교육과 주제에 호기심을 갖게 하는 것을 목표로 한다. 이 단계의 교수활동은 주의집중을 통한 주제 소개, 주제 관련 지식 및 경험을 검토하는 식으로 진행한다. 다만 교수활동의 목표는 도입 단계에서 주의집중에 성공하는 것이므로 교수활동의 내용과 방법은 달라질 수 있다. 어떤 교육이든 교육을 시작할 때는 학습자들이 그 교육에 관심과 호기심을 갖게 해야 한다. 그러므로 교회교육리더는 어떻게 시작할 것인가에 대한 고민이 있어야 한다. 주의를 집중시키는 자극을 주는 방법은 다양하다. 눈이 커지고 귀가 쫑긋할 정도로 신기하고 특별한 이야기를 말 또는 사진, 영상 등으로 제시할 수도 있고, 퀴즈나 질문 등으로 호기심과 사고를 자극하는 방법도 있다. 이때 가능하면 주제와 연결될 수 있는 내용이면 효과적이다.

둘째, 동기부여 단계는 학습자들이 교육의 주제와 학습활동에 대한 기대감을 갖고 적극적으로 학습에 참여하려는 의지를 갖게 하는 것을 목표로 한다. '이 교육을 왜 열심히 들어야만 하는가' 하는 이유를 설명하는 단계로, 가장 좋은 동기부여는 희망과 비전을 제시하는 방법이다. 이 단계의 교수활동은 학습내용 안내, 학습목표의 제시, 학습목표 달성의 중요성 강조이다.

"말을 물가에 끌고 갈 수는 있지만 물을 먹는 것은 말 자신"이라는 영국속담이 있다. 교회교육리더의 역할은 물가에 끌고 가는 것일 뿐 그 다음 물을 먹고 안 먹고는 말 자신 즉, '학습자의 책임'이라는 의미이다. 그런데 지금은 교회교육리더가 학습자를 물가로 끌고 가는 것은 당연한 일이며 이와 더불어 학습자를 갈증 나게 해야 한다. 학습자 즉, 말을 갈증 나게 하기 위해서는 말에게 소금을 먹여야 한다는 것이다. 학습자에게 무엇이 소금인가를 찾아서 동기부여 시간에 제시해 주어야 한다.

예를 들어 교사대학에 참여한 학습자들에게 "교회교수법을 배우면 그냥 좋다"가 아니라 소금 즉, "중등부 공과수업을 할 때 떠들고 집중을 못하는 학생들이 집중하면서 교육에 잘 참여하게 하는 방법을 알 수 있다"는 것을 말하면 학습자들은 아마 열심히 할 것이다. 이렇듯 도입 부분에서는 동기부여를 확실히 해주어야 한다.

도입에서 마지막 단계는 학습개요에 대해 말하는 것이다

물론 성경공부나 구역예배, 기타 교육프로그램에 대해 순서지나 일정표에 간단하게 나와 있지만 교회교육리더가 다시 한 번 그 교육에 대한 개요를 설명해 주는 것이 필요하다. 설교에 있어서도 "오늘 하나님 말씀은 …에 대하여 …가지로 말씀 드리겠습니다"라고 학습개요를 미리 말하고 설교를 하는 목회자들이 있다. 그 시간에 전달할 내용을 도입에서 미리 말해주면 학습자들은 그 시간에 학습할 내용에 대해 더 효과적으로 이해할 수 있다.

〈표 4-1〉 도입 단계 예시

단계	내용	비고
주의집중	걱정이 없는 사람 손 들어 볼래요? 걱정이 생겼을 때 어떻게 하나요?	
동기부여	성경은 백부장처럼 예수님에 대한 믿음을 가지고 구하라고 말씀하세요.	
학습개요	오늘은 백부장의 하인을 고치신 예수님에 대해 살펴보겠습니다.	

2) 전개

전개 단계는 도입 단계에서 제시한 학습개요의 순서에 따라 주제를 구체적으로 설명하고 입증하며 규명하는 단계이다. 전개의 원칙은 다음과 같다.

- 내용 조직이 논리적으로 체계화되어 설명할 수 있어야 하는데, 이해하기 쉬운 것에서부터 어려운 것으로 나가야 한다.
- 부차적인 내용을 강조해서 중요한 핵심을 희석시키지 말아야 한다.
- 주제의 연결 단계가 매끄러워야 한다.
- 중간 동기부여를 반드시 계획해야 한다.
- 전개 단계 마지막에 질의응답 시간을 마련함으로써 학습자의 의문을 해소시켜주고, 교회교육리더가 질문을 통해 학습자의 이해도를 측정할 수 있다. 전개 단계는 시간상으로 총학습 시간의 약 80~85%를 점유한다.

인간의 집중시간(성인 기준)은 15분이다. 그러므로 학습을 하는 데 있어서도 15분 이내에 교회교육리더는 변화를 주어야 한다. 물론 유초등부나 중고등부 학습자들의 집중시간은 15분보다도 짧다. 매체 활용, 유머, 예화, 바디랭귀지 등을 통해 변화를 주어야만 학습자들은 그 교육에 집중한다.

교회교육리더가 아무리 교육 준비를 열심히 했더라도 학습자들이 교육내용에 주의집중하지 못한다면 의미가 없다. 주의력에 대한 연구를 살펴보면 "주의력은 보다 더 큰 관심을 끄는 대상에게 간다"고 말한다. 주의력의 용량에는 한계가 있어 학습자들은 더 큰 주의집중의 자극이 있다면 교육을 듣다가 그곳으로 주의집중의 대상을 바꾼다.

교회학교에서 장년부나 청년부를 제외한 다른 부서의 학습자들은 교회교육리더가 전달하는 교육시간에 핸드폰을 한다든지 옆 사람과 이야기를 하거나 조는 편이 더 흥미롭다면 주의력은 저절로 그쪽으로 쏠리게 된다. 그러므로 교회교육리더는 다양한 전개방법을 통해 주의집중을 시켜야만 한다.

〈표 4-2〉는 교회교육리더가 교수내용을 설명할 때 명료하게 설명하는 경우

<표 4-2> 명료한 설명 & 애매한 설명

명료하게 설명하는 교육리더	애매하게 설명하는 교육리더
• 교육내용을 잘 이해하고 교회교육리더료를 미리 구조화한다. • 직접적이고 논리적으로 설명한다. • 요점을 설명하기 위해 많은 예를 사용한다. • 중요한 내용을 강조하고 중요한 내용과 중요하지 않은 내용을 구분해 준다 • 내용을 요약 정리해 준다 • 학습자들이 내용을 통합하고 적용할 수 있는 시간을 준다 • 학습자가 중요한 요점을 이해하고 있는지를 점검한다	• 교육내용에 대해 잘 아는 척 허세를 부리고 가르칠 내용을 준비하지 않는다. • 설명이 애매하고 구체적인 자료를 제시하지 못한다. • 추상적인 단어를 많이 사용하고 실제적인 예를 전혀 사용하지 않는다. • 중요한 내용을 강조하지 않아 학습자들이 어떤 내용이 중요한지를 식별하지 못한다. • 복습이나 요약 설명을 하지 않는다. • 계속적으로 설명을 하여 학습자들이 생각할 수 있는 기회를 주지 않는다. • 학습자들의 평가나 피드백에 관심을 기울이지 않는다.

와 애매하게 설명하여 전달이 모호한 경우를 제시한 내용이다.

교회교육리더가 학습내용을 전개할 때 가장 적합한 전략은 무엇일까? 뇌과학 분야에서는 학습자들의 학습내용이 오래도록 기억되려면 참여와 복습 과정이 꼭 필요하다는 것을 과학적 기반으로 입증하고 설명한다. 내용 ⇒ 예시 ⇒ 연습⇒ 평가의 순서에 따라 학습내용이 전달될 때 학습자가 받아들인 정보는

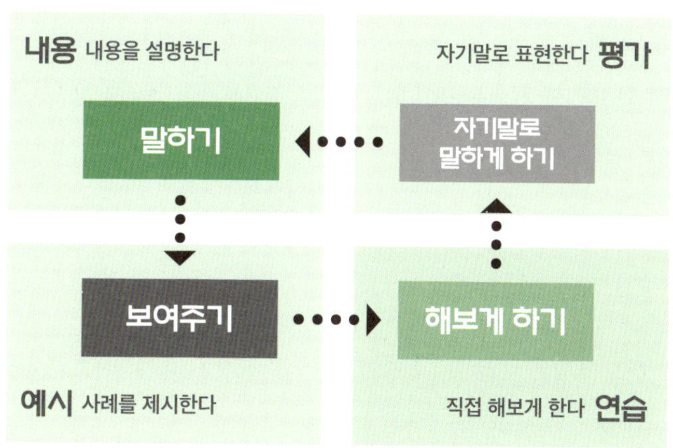

<그림 4-2> 학습내용 전개시 전략

뇌 기억장치

사람의 기억장치는 크게 세 가지로 구성된다고 알려져 있다. 무언가를 보고 듣고 맛보고 느낀 오감을 통한 정보는 감각기억장치에 들어간다. 감각기억장치 중에 주의를 기울이지 않은 정보는 유실된다. 그 다음 단계인 단기기억장치로 전달되는 정보는 주의를 기울인 정보이다. 이 과정을 '주의'(Attention)라고 한다. 단기기억장치는 당면한 문제를 해결하거나 의사결정을 하는 등의 인지과정에 중요한 역할을 한다. 그런데 단기기억장치에 저장된 정보가 장기기억장치로 넘어가려면 특별한 방법이 필요하다.

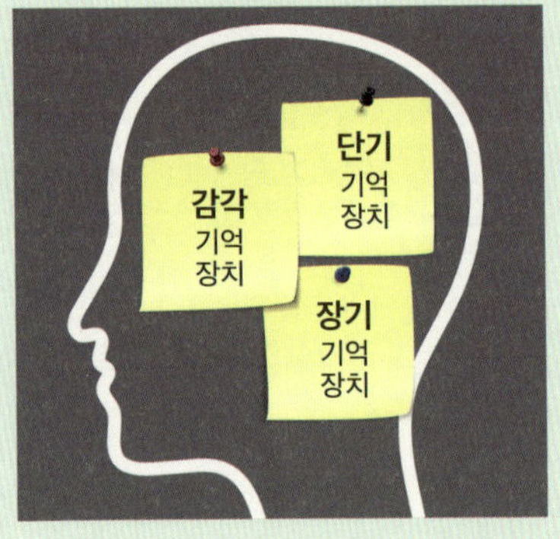

첫 번째 방법은 리허설(Rehearsal)이다. 받은 정보를 반복연습하는 것이다. 복습한 것이 오래도록 남는 이유가 여기에 있다. 두 번째는 코딩(Coding)이다. 코딩은 단기기억에 떠 있는 정보를 장기기억 내의 기존 정보와 연관을 짓는 것이다. 이렇게 연관이 된 정보는 정보 덩어리가 되어 장기기억장치에 저장되어 보다 유용한 정보가 된다. 결국 참여식 교육과 반복적인 학습 훈련이 기억과 정보 활용에 매우 유익하다는 효과가 뇌과학을 통해 입증된 셈이다. 교회교육리더의 입장에서 학습자에게 전달한 정보를 직접 해보게 하며 확인하는 절차는 최고의 효과적인 교육방법이라고 볼 수 있다.

단기기억장치에서 유실되지 않고 장기기억장치로 들어가서 유용한 정보가 된다. 이러한 방법은 교회교육리더가 일방적으로 교육하지 않고 학습자를 교육에 참여키시는 참여식 방법이다.

[그림 4-2]는 학습내용 전개시 전략의 모형이다.

3) 종결

교안의 내용구성을 맺게 되는 것이 종결 단계이다. 종결 단계는 총학습 시간의 약 5~10%를 점유한다.

종결 단계는 지식을 종합하는 단계이다. 따라서 전개 단계에서 설명하고 검

중한 사실들을 요약하며 다시 동기부여를 하고 결어로 마친다. 교육의 마지막 단계인 결론 단계에서는 먼저 내용요약을 해야 한다. 전개 단계에서 설명한 많은 내용 중 특히 강조할 만한 내용만 간추려서 짚어주면 된다. 이때 주의할 점은 전개 단계에서 언급하지 않은 새로운 사실을 추가해서는 안 된다는 것이다. 새로운 내용을 언급하면 학습자들의 혼란만 가중시킨다.

요약을 하였으면 다음은 재동기 부여(Remotivation) 단계이다. 여기서는 학습한 내용의 중요성과 필요성을 깨닫게 하여 학습내용의 기억을 돕고 다음 교육과의 관련성을 이해하게 한다. 재동기 부여에서는 가능하다면 동기를 부여할 수 있는 사례를 들어 주는 것이 효과적이다.

종결의 마지막 단계는 결어이다.

결어에서 중요한 점은 시간을 끌지 않는 것이다. '끝으로' '마지막으로' '다시 한 번' 등 이렇게 끝날 듯이 하면서 마치지 않으면 성도들의 몸은 교회 내에 있지만 마음은 이미 밖으로 나간 상태가 된다. 그러므로 시간을 오래 사용해 지루하게 하면 안 된다. 결어에서 무엇보다 효과적인 방법은 깔끔하게 끝맺음을 하는 것이다.

필자는 자주 하는 주제로 강의를 할지라도 교안이 없으면 불안하다.
아무리 같은 주제라 해도 대상과 장소, 시간 등 모든 것이 다르니 다시 작성하고, 사용한 교안은 목록을 만들어 주제별로 잘 보관하여 참고로 이용한다. 교안을 작성할 때는 수첩, A4 용지, 노트 등 다 가능하다. 다만 교회교육리더 자신이 편하게 알아보기 쉬운 방법을 사용하면 된다. 필자는 개인적으로 노트를 이용한다. 교안에는 전달할 내용뿐 아니라 언제 어떤 예화를 들 것인가에 대한 부분까지 구체적으로 기록한다.
또한 교육프로그램 강연에서는 어떤 활동을 어떻게 할 것인가를 기록한다. 이때 예화나 활동 등은 빨간펜으로 기록하여 쉽게 알아보도록 한다. 교안에 이렇게 구체적으로 기록하지 않으면 중요한 내용을 빠뜨리는 실수를 할 수 있기 때문이다.

<표 4-3> 교안의 3요소 구성

구분	주요내용	점유율
도입	㉮ **주의 단계(Attention) :** 학습자의 주의력 포착 교육 분위기 형성 주의를 집중시키는 단계 ㉯ **동기부여(Motivation) :** 긍정적 동기부여, 부정적 동기부여 ㉰ **학습개요(Overview) :** 교육 목적 및 필요성 학습의 개요를 제시하는 단계	5-10%
전개	**본론** 상호교육이 이루어지도록 교안 작성 교육생의 호응을 얻어 교육 목적을 달성하는 단계	80-85%
결론	㉮ **복습** : 교육 전체 내용 중 요약, 재인식, 결어 ㉯ **재동기부여** : 재동기 부여 ㉰ **종결** : 교육효과 극대화	5-10%

교수계획 설계도

ㅇ 과목명(주제) : 예수님은 어떤 분이실까?

ㅇ 대상 : 초등부

1. 교수목표

가) 베드로가 고백한 예수님에 대하여 말할 수 있다

나) 우리가 배워야 하는 예수님의 성품에 대하여 4가지 이상 말할 수 있다.

다) 친구와 다툼이 있어도 예수님의 성품을 기억하며 참아낼 수 있다.

2. 내용, 방법, 매체 및 보조자료 선정

3. 장소 : OO 교회 교육관

교수내용	시간	교수 방법	매체 보조자료	교육리더
예수님은 어떤 분이신가?	5분	강의법	성경, 교재 빔프로젝트	
예수님의 성품	20분	강의법 토론법	성경,교재 포스트잇, A4 용지, 모조전지 빔프로젝트	OOO
예수님을 닮아요!	5분	강의법	성경, 교재 빔프로젝트	

4. 매체 및 보조자료 PC, 빔프로젝트, 포스트잇, A4 용지, 모조전지

5. 평가계획 : 행동평가

<table>
<tr><th>교육(강의) 내용</th><th>교육 보조자료 활용</th></tr>
</table>

도입 (5분)

1. 주의집중

· 밝게 인사말을 한다.
· 주변 친구들과도 마음을 열게 한다
  (오사, 오감, 오예)
· "일주일 동안 지내면서 사랑하는 마음,
  감사한 마음, 따뜻한 마음으로 생활을
  하였나요?" 등의 질문

오사 : 오늘도 사랑합니다.
오감 : 오늘도 감사합니다.
오예 : 오늘도 예수님 따라 삽니다.

1. 두 사람씩 짝을 이루어 서로 오른손으로
   하이파이브를 하면서 '오사'라고 한다.
2. 짝을 이룬 두 사람이 이제는 왼손으로
   하이파이브를 하면서 '오감'이라고 한다.
3. 마지막으로 양손으로 서로 하이파이브를
   하면서 '오예'라고 한다.

2. 동기부여

· 마술을 본 적이 있나요?
  마술사는 뭐든지 할 수 있다고 하지요.
  그러나 이 마술사가 하는 것들은 실제로
  하는 것이 아니고 눈속임이지요.
· 예수님은 눈속임의 마술이 아닌 실제로
  모든 것을 다 할 수 있는 분이십니다.
  왜냐하면 예수님은 살아 계신 하나님의
  아들이시기 때문입니다.

3. 학습개요

· 초능력의 마술사이신 예수님은 어떤
  분이실까?
· 우리가 배워야 하는 예수님의 성품은
  무엇입니까?

<table>
<tr><th>교육(강의) 내용</th><th>교육 보조자료 활용</th></tr>
</table>

전개(20분)

I. 예수님은 어떤 분이실까?

활동)
모둠별로 <예수님이 어떤 분이실까?>를 각자 이야기한다.

활동)
모둠별로 <예수님이 어떤 분이실까?>를 각자 포스잇에 적는다.

· 발표 후 성경구절을 같이 읽는다.
"하나님의 아들이신 예수님께서는 우리처럼 사람이 겪은 일을 경험하셨지만 죄는 없으신 분입니다"(히 4:15).

"예수께서 빌립보 가이사랴 지방에 이르러 제자들에게 물어 이르시되 사람들이 인자를 누구라 하느냐 이르되 더러는 세례 요한, 더러는 엘리야, 어떤 이는 예레미야나 선지자 중의 하나라 하나이다 이르시되 너희는 나를 누구라 하느냐 시몬 베드로가 대답하여 이르되 주는 그리스도시요 살아 계신 하나님의 아들이시니이다"(마 16:13-16)에 대한 내용을 설명한다.

II. 우리가 배워야 하는 예수님의 성품은 무엇입니까?

"예수는 죄를 범하지 아니하시고 그 입에 거짓도 없으시며 욕을 당하시되 맞대어 욕하지 아니하시고 고난을 당하시되 위협하지 아니하시고 오직 공의로 심판하시는 이에게 부탁하시며"
(벧전 2:22-23).
"나는 마음이 온유하고 겸손하니 나의 멍에를 메고 내게 배우라 그러면 너희 마음이 쉼을 얻으리니"(마 11:29).
눅 2:51-52 설명

· 학습자들이 발표한 것을 토대로 다시 한 번 정리

각자 예수님에 대해 생각하는 의견을 말하면 조장이나 교회교육리더가 기록하여 발표한다.
· 준비물: 포스트 잇, 모조전지
  작성된 포스트잇을 모두 전지에 붙이게 한다
· 비슷한 내용은 유목화하여 발표한다.

I. 예수님에 대한 생각 : 유목화 정리

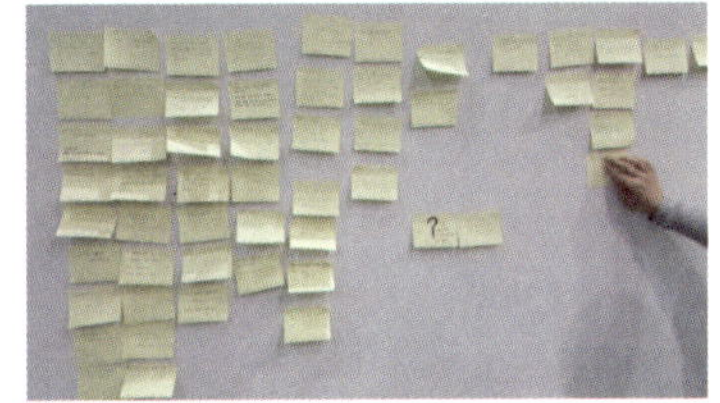

우리가 배워야 하는 예수님의 성품에 대해 'I'과 같이 유목화 활동을 한다.

교육(강의) 내용	교육 보조자료 활용
종결(5분)	
1. 요약 예수님이 어떤 분이신지 우리가 배워야 하는 예수님의 성품에 대하여 요약 정리하여 설명 **2. 재동기 부여** 화가 나고 속상한 일, 고민이 있어도 모든 것을 예수님께 맡기면 무엇이든 다 해결해 주실 수 있는 예수님이 함께하심을 강조 **3. 결어** 한 주간 암송할 성경구절을 같이 읽는다. "시몬 베드로가 대답하여 이르되 주는 그리스도시오 살아계신 하나님의 아들이시니이다"(마 16:16). 기도를 드리면서 마침	

〈표 4-5〉 사례 Ⅱ : 유년부 공과교육 설계안

대상	유년부	인원	10	장소	유년부실	교육시간	20분
교육영역	성경공부			교육리더 이름	000		
주제	능력의 예수님						
교육목표	1. 백부장이 병든 하인을 왜 예수님께 데리고 왔는지 말할 수 있다. 2. 예수님 앞에 나온 백부장은 어떤 모습을 취했는지 설명할 수 있다. 3. 걱정이 있을 때 백부장처럼 예수님이 해결해 주실 것으로 믿고 기도할 수 있다.						
기대효과	예수님께는 불가능이 없으시다는 것을 믿고 기도할 수 있다.						
교육 보조자료	<자료참고: koem 한국어린이교육선교회>						

도입 생각 열기	**<주의집중>** 　일주일 동안 어떻게 지냈나요? 　자, 먼저 오늘 암송할 말씀 같이 봐요.~ 　다 같이 말씀을 읽어요.~ 　백부장이 대답했습니다. "주님 저는 주님을 집에 모실 만한 자격이 없습니다. 　그저 말씀만 해주십시오, 그러면 제 종이 나을 것입니다." 　걱정이 없는 사람 손들어 볼래요? 　걱정이 생겼을 때 어떻게 하나요? **<동기부여>** 　성경에는 백부장처럼 예수님에 대한 믿음을 가지고 구하라고 말씀하세요. **<교육개요>** 　오늘은 백부장의 하인을 고치신 예수님에 대해 살펴보겠습니다.
전개 생각 나누기	**<내용 전개>** · 백부장은 100명의 부하가 있는 로마군인입니다. 매우 높은 자리겠지요? · 백부장에게는 중풍에 걸린 종이 있었어요. · 백부장은 종을 무시하지 않는 사람이었어요. 　아주 소중하게 생각할 줄 아는 따뜻한 주인이었지요.. · 어느 날 백부장은 마을에 예수님이 오신다는 소식을 들었어요 · 백부장은 자신이 직접 예수님께 요청하기 위해 나아갑니다. · "저의 종이 중풍병에 걸렸습니다. 제 하인을 낫게 해주세요." · 예수께 요청하자 "내가 가서 그를 고쳐 주겠다" 말씀하세요. · 백부장은 "오시지 않아도 됩니다. 말씀만 하셔도 나을 것입니다"라고 대답해요. · 예수님은 깜짝 놀라셨습니다. "이 사람처럼 훌륭한 믿음을 가진 사람은 본 적이 　없다." · 예수님은 백부장의 믿음을 보고 그 자리에서 바로 종의 병을 고쳐 주셨어요. **<생각 나누기>** · 이 이야기를 듣고 여러분들은 어떤 생각을 했나요? · 예수님은 왜 백부장을 칭찬하셨을까요?
종결 생각 모으기	· 예수님은 어떤 분이신가요? · 보이지 않는 예수님께 기도할 때 여러분들의 마음은 어떤가요? · 예수님은 어떤 사람을 칭찬하실까요? · 백부장같은 충성스런 믿음의 사람이 되세요.~ **<기도>** 　그 어떤 때도 하나님의 능력을 믿게 하시고 　믿음으로 기도하고 믿음으로 행동하는 사람이 되게 도와주세요. 　예수님의 이름으로 기도 드립니다. 아멘.

2. 매체선정과 보조자료

학습자들은 귀로 정보를 듣기보다 눈으로 보기를 선호한다는 연구결과가 일반화되었다. 뿐만 아니라 강의 시간에 '듣기'와 '보기'를 함께 할 경우 학습효과가 5배나 높다고 한다. 테크놀러지의 발달로 유치부에서 청년부에 이르기까지 학습자들은 다양한 매체에 익숙해 있어 교회교육리더만의 강의에는 더 이상 매력을 느끼지 못하고 듣기만 하는 강의는 지루하다고 생각한다.

이럴 때는 교육 보조물을 사용하자. 활력 있는 강의를 위해 시청각 자료와 도구는 이제 선택이 아닌 필수가 되었다. 그러나 각각의 교육 보조물은 제각기 독특한 장단점이 있어 최고의 매체란 없고 다만 최적의 매체만이 있다. 따라서 가르치고자 하는 내용과 목표에 따라 가장 효과적인 교육 보조물을 선정하는 것이 중요하다.

가. 교육보조물

1) 교육보조물

교육보조물은 시각자료 건 인쇄자료건 상관없이 교회교육리더가 선정한 교육방법을 지원해 줄 수 있는 제반교육 보조자료를 의미한다. 본 장에서 사용한 교육 보조물이라는 용어는 일반적으로 사용하는 교수매체로 이해해도 무방하다. 즉, 교수매체란 교수용 보조자료, 수업매체, 교육매체, 교육자료, 교재 교구, 시청각자료로 교회교육리더의 교육을 지원하는 교육 보조물이기 때문이다.

다음과 같은 연구 결과(Kornikau et al., 1975)가 있다.

- 말로만 가르치면 3시간 후 70%를 기억, 3일 후에는 10%를 기억
- 보여주기만 할 때는 3시간 후 72%를 기억, 3일 후에는 20%를 기억
- 말을 하면서 보여줄 때는 3시간 후 85%를 기억, 3일 후에는 65%를 기억
- 미각을 통해서는 1% 학습

- 촉각을 통해서는 1.5% 학습

- 후각을 통해서는 3.5% 학습

- 청각을 통해서는 11% 학습

- 시각을 통해서는 83% 학습

이러한 사례는 즉, 시각적 기자재를 활용하는 것의 효과를 입증하는 연구라고 말할 수 있다.

2) 교육보조물의 목적

교육보조물의 일반적인 사용 목적은 다음과 같다.

학습자들에게 학습자료를 시각적으로 검토할 기회를 부여함으로써 현재 논의되고 있는 내용에 주의를 집중시킨다.

시각적으로 호소력 있는 자료를 제시함으로써 학습주제에 대한 관심을 높인다.

학습자료의 설명에 한 가지 이상의 자료(보고 듣는 것 등)를 활용함으로써 학습자의 학습 이해도를 높인다.

1. 학습자들의 관심을 강화할 때
2. 학습자들에게 새로운 것을 시도하도록 동기부여를 할 때
3. 애매모호한 표현을 포함한 행동을 설명할 때
4. 교회교육리더가 교육내용을 강조하고자 할 때

나. 교보재 자료의 제작

교회교육리더는 프레젠테이션을 위한 소프트웨어를 활용할 수 있어야 한다.

보편적으로는 파워포인트가 활용되고 있으며 키노트와 프레지를 활용할 수도 있다. 여기서는 프레젠테이션 자료를 제작하는 기본 원칙을 소개한다.

1) 교보재 자료 개발 절차

(가) 목표 설정

교회교육리더는 단위수업 설계안을 작성한 후에는 각각의 내용을 전달하기 위한 슬라이드 자료를 개발해야 한다. 이때 제일 먼저 할 일은 각각의 슬라이드를 통해 어떤 메시지를 전달할 것인가, 즉 슬라이드를 제작하는 목적을 확인하는 것이다. 예를 들어 학습내용에 관한 슬라이드라면 학습자가 이번 수업을 통해 학습하게 될 내용의 개요를 전체적으로 인식하게 하는 것이 된다. 슬라이드를 작성한 후에는 그러한 목표에 부합되는지를 기준으로 평가하면 된다.

(나) 정보 수집

슬라이드 개발 목표를 설정한 후에는 그 목표를 달성하기 위해 필요하다고 판단되는 정보를 수집해야 한다. 수집한 정보는 내용을 구성하고 표현하기 위한 재료로 사용한다. 내용 정보, 근거 자료, 이미지 자료, 영상 자료까지 충분한 자료가 수집되면 맛있는 요리, 즉 효과적인 슬라이드 자료가 만들어질 가능성이 커진다.

(다) 내용 구성

슬라이드에 포함시켜야 할 내용을 결정하는 단계로, 수집한 정보를 바탕으로 내용을 구성한다. 내용을 구성할 때는 결정한 키워드 또는 문장을 논리적으로 계열화시키고, 표현 방법(문장, 표, 그래프, 그림, 사진 등)을 결정한다. 다만 내용의 양이 너무 많으면 전달의 효과가 떨어질 수 있기 때문에 꼭 필요한 내용만 담기 위해 노력해야 한다.

(라) 디자인 작업

슬라이드 자료 제작의 최종 단계는 디자인 작업으로, 슬라이드에 포함하기로

결정한 내용을 바탕으로 세련되고 효과적인 결과물을 만들어 내는 일이다. 시각자료 개발원칙은 다음 순서로 정리한다.

2) 시작자료 개발의 원칙

(가) 단순화

시각자료는 핵심내용 위주로 단순명료하게 작성한다. 이를 KISS의 원리라고도 한다. 여기서 KISS는 'Keep It Short & Simple'의 약자이다. 또 시각자료는 70~80% 정도만 내용을 싣고 여백을 두어야 보기 쉽다.

(나) 일관성

동일 주제의 강의에 대한 시각자료는 포맷(슬라이드의 방향 모양 등), 번호, 모양, 크기, 색깔, 위치, 순서, 용어, 애니메이션 효과 등을 사용할 때 일관성을 유지하는 것이 바람직하다.

(다) 이미지화

이미지화란 전달하고자 하는 내용을 보다 효과적으로 제시하기 위해 text 등으로 표현하지 않고 도표, 그래프, 그림, 사진 등을 활용하거나 컬러로 표현하는 것을 말한다. 그림사용에선 픽토그램이나 아이콘을 사용하면 단순하면서도 명확하게 이해할 수 있다.

> **픽토그램(Pictogram) & 아이콘(Icons)**
> - 그림(Picture)과 전보(Telegram)의 합성어
> - 아이콘(Icons)는 작은 픽토그램
> - 사물, 시설, 행동 등을 상징적인 그림으로 나타내어 모든 사람들이 빠르고 쉽게 이해할 수 있도록 만든 일종 문자이다.
> - 무료제공사이트 : Pixabay.com
>   The Noun Project 사이트 조건부 무료

(라) 컬러화

색은 사람들에게 강한 영향을 주는 요소이다. 그렇지만 너무 많은 색을 쓰면 초점이 흐려질 수 있다. 강의를 위한 시각자료를 제작에서 색을 선택 할 때는 다음과 같은 점을 고려해야 한다.

- 너무 현란하지 않게 포인트에만 이용한다.
- 그림을 제외하고는 보통 3색 내외가 적당하다.
- 일관성의 원칙에 따라서 작성한다.
- 적절한 색상을 선택한다.

디자인이 좋지 않은 슬라이드(TEXT만 있는 경우)

세계 선교 현황

KWMA '2012 해외 선교사 53%, 169개국 중 10곳에 몰려...

- 한국 선교사 절반 : 특정 나라에 몰려 쏠림 현상

- 2012년 한국 선교사 현황 : 169개국, 2만 5665명

- 파송국 순위

      1위 중국 : 15.7%
      2위 미국
      3위 필리핀
      4위 일본
      5위 인도
      6위 태국
      7위 러시아

- 53%인 13692명이 상위 10개국에 집중, 나머지 나라에 12062명이 파송됨.

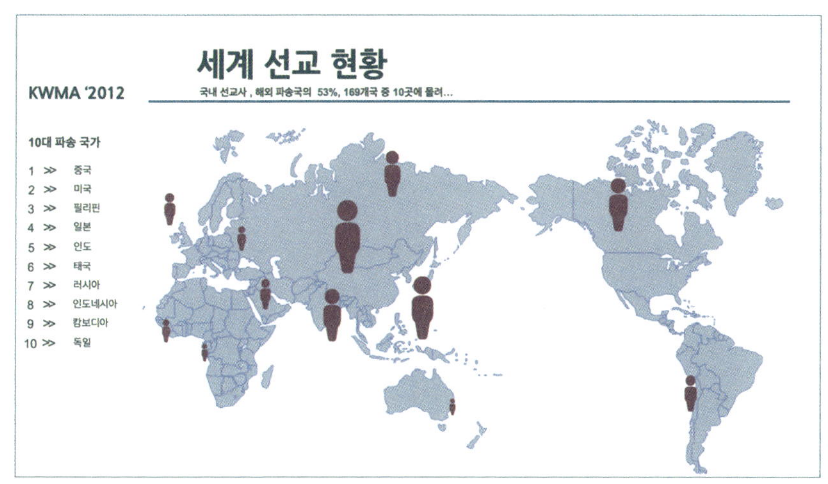

[그림 4-3] 슬라이드 디자인 예시

3) 교육보조물 활용

(가) 핸드아웃(Handouts)

핸드아웃은 교회교육리더가 미리 준비하여 강의하는 동안 학습자들에게 나눠주는 간단한 인쇄자료를 의미한다. 핸드아웃에서 다루는 정보는 강의를 하는 동안 사용하거나 모든 강의 이후에 사용할 수 있다. 핸드아웃은 다음과 같은 경우에 사용할 수 있는 중요한 교육보조물이다.

1. 학습자들이 교육정보를 실시하는 동안이나 후에 사용해야 할 경우

2. 학습자들이 자신의 학습속도로 교육정보를 학습하게 할 경우

3. 학습자들이 암기하거나 필기할 필요가 없을 경우

핸드아웃을 개발하는 첫 번째 단계는 교회교육리더가 정보를 설명하기 위해서 사용하고자 하는 형태를 결정하는 것이다. 교회교육리더가 결정한 형태 중

의 하나는 교육정보를 문장형태로 설명하는 것이다. 그러한 형태의 핸드아웃은 각기 장점과 단점을 갖고 있다.

문장형태로 된 교육정보의 주요 단점은 다른 형태에 비해 학습자들에게 시각적으로 작게 어필된다는 점이다. 특히 많은 양의 정보를 설명할 때에는 더욱 그렇다. 교육보조물로 특히 도움이 되는 세 가지의 핸드아웃 유형은 다음과 같다.

1. 의사결정차트

2. 체크리스트

3. 실습지(Worksheets)

● 의사결정차트

차트는 수업을 학습자와 함께 해나가는 데 필수매체이다.

차트가 있으면 수업 내용을 일목요연하게 정리할 수도 있고 학습자가 직접 참여하여 자신의 의견들을 기록할 수도 있기 때문에 지속가능한 학습 효과를 거둘 수 있다.

- 차트는 가독성을 높여 준다. : 글씨는 가능한 한 크게 한다.

  하단 1/5 정도에는 기록하지 않는다.

  펜은 굵은 매직을 사용한다.

  펜의 색은 3가지를 넘지 않는다.

- 모두가 볼 수 있도록 벽에 부착한다.

- 교육 이전에 전지, 펜, 스카치 테잎 등 필요한 물품을 철저히 준비해 둔다.

- 주로 조별 활동시 사용하므로 인원 파악과 조별 나눔의 방법들을 계획해 둔다.

● 체크리스트

- 주로 진단자료로 사용한다.
- 진단자료 준비와 함께 펜을 여유 있게 준비해 두는 것이 좋다.
- 진단 실시 과정을 철저히 준비해서 연결이 자연스럽도록 이끌어야 한다.
- 진단이나 체크리스트를 작성하는 동안 적당한 음악을 틀어 주는 것도 좋고 진행자가 적절한 멘트로 분위기를 고조시켜 주는 것이 좋다.
- 진단이나 체크리스트를 사용할 때 미참자가 생기지 않도록 시간 배정을 잘해 준다. (시작 시간에 하게 되면, 혹시 지각자가 있을 때 미참하게 되며 수업에 지장이 생길 수 있다)

교회교육리더는 핸드아웃 유형을 선택할 때, 자신의 핸드아웃으로 전달하고자 하는 내용이 무엇인가를 토대로 결정해야 한다. 다음 표는 교회교육리더가 위에서 제시한 세 가지 형태를 선정할 때 고려해야 하는 지침을 설명하고 있다.

(나) 칠판(화이트보드)의 활용법

사용방법이 어렵지 않으나 실제로 활용방법을 충분하게 알지 못해 효과적으로 활용하지 못하는 사례가 많다. 그러므로 몇 가지 활용법과 요령을 익혀 효과적으로 활용하기를 바란다.

- 보드를 크게 이등분을 한다. 그렇다고 실제로 선을 그어두라는 이야기는 아니다. 눈으로 이등분을 하고 보드를 바라보았을 때, 왼쪽은 그날의 전체적인 흐름을 표시해 두고, 오른쪽은 왼쪽에 적어둔 주제에 대한 설명사항을 적었다가 지워 버리는 것이 좋다.
- 글자의 크기를 적당하게 조절한다. 많은 인원이 있어 제법 넓은 장소에서 프레젠테이션을 할 경우에는 뒤에 있는 사람들을 고려해서 적당하게 커다란 글자로 표기하도록 한다.

• 교회교육리더는 칠판을 향해 완전하게 돌아서지 않는다. 앞에서도 언급한 바 있지만 교회교육리더의 시선은 학습자를 떠나서는 안 된다.

• 색상을 잘 활용한다.

  분필이나 마커는 여러 가지 색상이 있다. 따라서 중요도를 나타내는 표시를 한다거나 설명에 대한 이해를 도울 때 사용하면 효과적이다.

• 보드의 아래 부분은 사용하지 않도록 한다. 이 부분에 글씨를 쓰면 멀리 있는 사람들은 보이지 않는다.

• 마커는 휘발성이므로 사용하지 않을 때는 즉시 뚜껑을 닫아둔다. 분필을 사용할 경우에는 부러질 수 있으니 충분히 준비한다.

(다) 포스터/패널의 활용법

- 짙은 색을 이용하여 작성한다.

- 깨끗하게 작성한다.

- 1장에 1개의 콘셉트만 작성한다.

- 내용의 흐름에 맞추어 제시한다.

- 페이지 사이에 백지를 삽입해 둔다.

(라) 슬라이드 활용법

• 슬라이드를 활용하는 방법으로는 화면을 보여주기 전에, 화면을 보여주면서, 화면을 넘기고 나서 등 다양하게 연결시켜 설명할 수 있는데, 화면에 제시한 내용을 그대로 읽는다든지 아직 진행되지 않은 부분의 화면을 제공한다든지 하는 일은 피해야 한다.

• 가능하면 가로형과 세로형 중 한 가지 형태만 선택해 일관성 있게 제시 한다. 서로 다른 형을 제시하면 학습자들이 혼란을 일으킬 수 있다.

  너무 많은 것을 넣지 말라. 슬라이드는 보조자료를 제공하는 역할이므로 너무 많은 내용을 넣으면 혼란스럽다.

- 핵심내용만 기록하고 나머지는 설명으로 대체한다. 슬라이드 한 장에 네 줄 이상 쓰지 말고, 한 줄에 네 단어 이상 사용하지 않는다.
- 학습자가 보기에 적합하도록 크기를 잘 선택한다.
- 화면을 조리 있게 계획적으로 활용한다.
- 슬라이드에 번호를 기입해 둔다. 혹시라도 뒤섞일 경우를 대비해 사전에 번호를 기입해 두면 혼란을 방지할 수 있다.
- 교회교육리더에게는 스포트라이트를 비춰준다. 실내가 어두우므로 교회교육리더가 자신의 원고 정도는 언제든 확인할 수 있도록 준비하는 것이 좋다.
- 교회교육리더는 빔 프로젝트 광선이 얼굴에 비춰지지 않도록 슬라이드 옆에 선다.
- 슬라이드 사이에 여담이나 사례를 말할 경우는 컴퓨터에서 'B'를 누르면 Black 화면, 'W'를 누르면 White 화면이 되어 학습자의 시각이 교회교육리더에게 집중될 수 있다.

Summary

Chapter 4. 교회교육교수 개발

1. 교안 작성법

교육리더는 교안을 작성함으로써 전달할 학습내용을 빠짐없이 전달할 수 있고 교수활동의 인관성을 유지할 수 있다.

- **교안 작성의 유의**

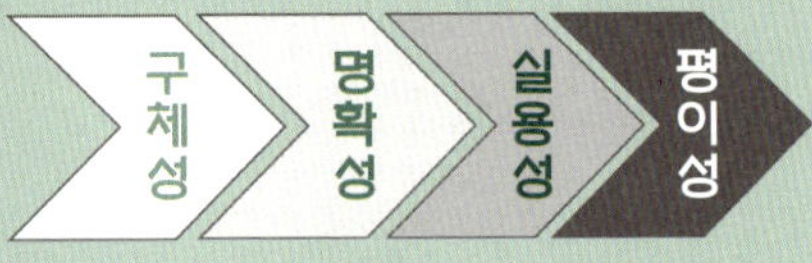

  구체성 : 교수할 내용을 모두 구체적으로 기술하여 작성해 놓으면 충실한 교육을 진행할 수 있다.

  명확성 : 교육 중 명확하게 볼 수 있도록 깨끗하고 글씨를 정확히 크게 작성한다.

  실용성 : 교수활동에 실질적으로 사용할 수 있도록 작성한다. 교안은 교안을 위한 것이 아니라 교육을 위한 것이다.

  평이성 : 쉽고 이해하기 쉽도록 하는 데 중점을 두고 작성한다.

- **교안의 구성요소**

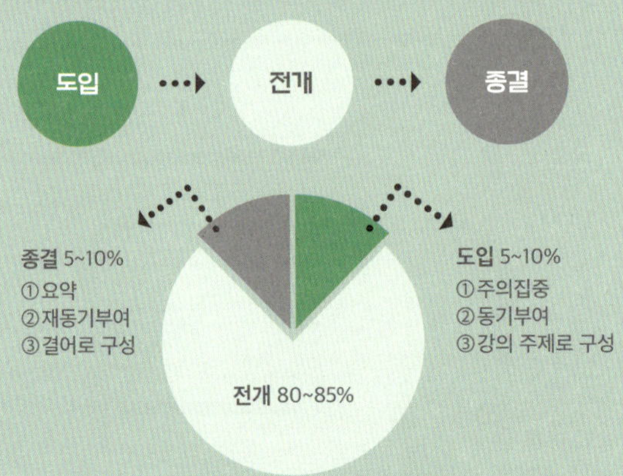

2. 교육 매체 및 보조자료

말로만 교육하면 3시간 후 70% 기억, 3일 후에는 10%, 보여주기만 하면 3시간 후 72%, 3일 후엔 20%, 말을 하면서 보여줄 때 3시간 후 85%, 3일 후에 65%를 기억한다. 교육 중 적절한 매체와 보조자료는 필수 요소라고 볼 수 있다.

- **시각자료 개발의 원칙**

  단순성, 일관성, 이미지화, 컬러화의 원칙에 따라서 적절하게 개발하여 사용할 때 교육의 효과를 극대화할 수 있다.

Part III

교회교육교수법 실시

Do

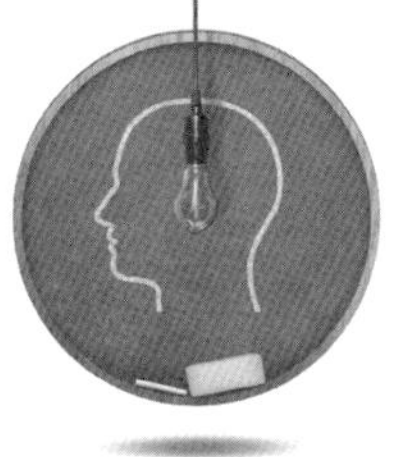

05

교회교육교수법의
여러 가지

05

교회교육교수법의
여러 가지

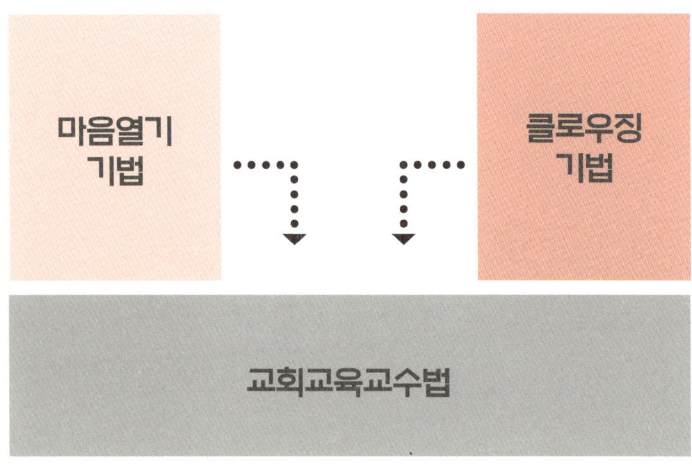

학습자의 마음을 열기 위해 다양한 교수기법을 사용하자

학습자들이 마음의 문을 열어야 주님과 더불어 풍성한 것들을 먹고 누리며 참된 진리 안에 거할 수 있다. 편안하고 안전하다는 확신은 사람의 마음을 열게 한다. 친밀감과 즐거움을 느낄 때, 어색함이 깨질 때 함께 하고픈 생각이 들 것이다. 5장에서는 교육을 실시하는 동안 친밀감을 형성하기 위해 필요한 여러 가지 기법들을 소개한다.

1. 마음열기 기법, 클로우징 기법

가. 마음열기(Opening Skills)

　교회에서 효과적인 교육진행을 위해 교회교육리더는 먼저 학습자의 마음을 열어야 한다. 교육을 시작할 때 학습자의 마음열기를 위한 방법이 아이스브레이크(Ice-Break)이다. 말 그대로 하면 '얼음을 깨는 것'이다. 처음 만나면 서로 서먹서먹하고 어색하기 때문에 이를 해소하기 위해 실시하는 분위기 조성이라고 보면 된다. 여러 방법을 통해 학습자 상호 간의 친밀감을 도모하고 닫혀 있던 마음의 문을 열도록 해주는 것을 먼저 한 후 교육을 시작하는 것이 좋다. 충분한 마음열기를 한 후 시작하면 학습자들은 교육에 더 주의집중할 수 있다. '시작이 반'이라는 말처럼 좋은 워밍업은 참가자들이 이 교육에 어떻게 참여할지를 결정하게 하는 효과가 있다.

1) 선입관 깨트리기

　교육에 임하기 전 학습자들은 미리 생각을 한다. 중고등부나 유초등부 학습자들은 교회교육리더의 첫 멘트가 "잘 지냈니?" "기도 많이 했니?" "학교 생활 어떠니?" 등으로 시작하리라 예상한다. 이렇게 멘트가 시작된다면 오늘도 지루하고 딱딱할 거라고 생각한다. 새신자 교육에 참가한 학습자는 흔히들 경건함과 엄숙함으로 교육이 시작될 것으로 생각할 것이다. 그렇다면 선입관을 깨트릴 수 있는 실수담이나 세상적인 일을 말하면서 시작하면 어떨까? 교육은 학습자와 교회교육리더의 친밀감을 통해 이루어지기 때문에 친밀감 형성을 위해 선입관을 깨트리는 첫 시작을 잘 준비해야 한다.

'코람데오'(Coram Deo) : 하나님 앞에서

어느 날 공과공부의 주제는 'Coram Deo'였다.

아이들의 표정은 '또 뻔한 얘기!' 딱 그것이었다. 바로 질문을 던졌다.

"이 자리에 나 대신 하나님이 앉아 계시면 어떨것 같아?"

"기분 좋을까?" "좋으면 얼마나 좋을 것 같아?"

"너희는 어때?"

"난 하나님이 계속 계시면 좀 불편할 것 같아."

아이들이 빵 터졌다.

이어서 자유롭게 이야기를 하면서 코람데오를 깊이 있게 나눌 수 있었다. 아이들은 식상한 표현과 방법을 지루해한다. 이럴 때 현장감 있는 질문을 던져 집중을 유도하면 주제 속으로 쉽게 빨려 들어간다.

2) 네트워크 촉진하기

교육에서 학습자 간의 네트워크는 마음을 열게 하는 데 중요하다. 예배시간에도 옆에 있는 성도를 마주 보면서 "사랑합니다" "오늘 잘 오셨습니다" 등으로 네트워크를 촉진시키는 교회교육리더가 있다. 유초등부나 중고등부에서 첫 시간에 오프닝을 잘하는 것은 더욱 중요하다. 교회교육리더에 따라서는 학습자가 스스로 자신을 소개하기를 요구한다. 그러나 대부분 사람들은 앞에 나와 자신을 소개하라고 하면 많이 어색해한다. 여기서는 어색함이 덜한 자기소개 방법으로 '바꾸어 소개하기'를 제시한다.

(가) 바꾸어 소개하기(다이오드 소개법)

사람들은 앞에 나와서 자신을 소개하라고 하면 많이 어색해하는데, 바꾸어서 상대를 소개하도록 하면 친밀감도 촉진되고 스스로 소개할 때보다 웃음이 많이 나와 교육장의 분위기가 밝아지므로 친밀 분위기 조성에 매우 효과적이다.

바꾸어 소개하기 기법

- 1열 원형으로 둘러앉는다.
- 둘씩 짝을 지어 먼저 자기를 소개한다. 소개 후 상대에 대해 알고 싶은 점을 인터뷰하면서 서로의 정보를 수집한다.
- 두 사람이 서로의 정보 탐색이 끝난 후 전체에게 소개받은 상대를 소개한다.

인터뷰 사례

- 두 사람이 가위·바위·보를 해서 이긴 사람이 먼저 인터뷰를 시작한다.
- 한 사람의 인터뷰가 끝나면 서로 바꾸어 인터뷰를 완성! 문항은 자유롭게 만든다.

  1. 이름은 무엇입니까?
  2. 현재 살고 있는 곳은 어디입니까?
  3. 가족에 대해 설명한다면?
  4. 지금까지의 여행 중에서 가장 기억에 남는 여행은?
  ※ 위와 같이 몇 개의 기본 문항은 제시해 주는 것이 좋다.

인터뷰한 내용을 가지고 자신의 파트너를 소개하는 시간을 갖는다. 본인이 직접 자신을 소개할 때보다 소개의 내용이 훨씬 풍성하고, 서로간의 친밀이 깊어지는 좋은 효과를 볼 수 있는 기법이다.

Tip) 전체를 향해 소개할 때는 소개받는 사람은 일어나고 소개하는 사람은 앉는다. 두 사람이 모두 일어나는 경우, 소개받는 사람보다 소개하고 있는 사람, 즉 말하고 있는 사람에게 시선이 집중되기 때문이다.

(나) 누구인지 찾아내기

청년부 프로그램에 적용하면 더욱 다양하게 활용될 수 있는 기법이다. 먼저 정보를 던지고 누구인지 찾아내게 하는 게임이다. 다음과 같은 예들이 있다.

- 외동딸이나 외동아들인 사람

- 마라톤 경주에 나가 본 사람

- 고등학교 때 합창단 했던 사람

- 연인이 있는 사람

- 과거에 스키 선수로 출전해 본 사람

Tip) 누구인지 찾아내기 기법의 질문은 만들기에 따라 다양한 층의 학습자들이 가볍게 참여할 수 있는 마음 열기 방법이다.

아이스브레이크의 원칙

- 가벼운 동작으로 할 수 있는 것
- 시간은 5분 이내가 적당하다.
- 가능하면 주제와 연관시킨다.
- 참가자들의 상황에 적합한 내용을 선택(나이, 직업, 분위기 등)

아이스브레이크는 집중과 친밀이 주 목적이므로 부담스런 접근은 금물이다.

3) 내용과의 관련성

오프닝은 전달할 내용과 관련성 있게 하는 것이 중요하다. 교육 주제와 관련된 간단한 블랭크 퀴즈로 주제에 집중할 수 있게 만들어 주는 방법도 있다.

교육 주제 : 기도

기도를 잘하기 위해서는   을/를 잘해야 한다.

문장을 가리키며 "네모 안에 들어갈 내용은 무엇인가요?"라고 묻는다.

쉽게 대답할 수 있는 내용이므로 여러 사람이 대답할 수 있도록 유도한다. 간혹 엉뚱하고 재밌는 단어가 나오기도 하는데, 그때마다 학습자들은 즐거워하며 편안한 분위기가 조성된다. 준비된 몇 가지 답이 나오면 교육 중에 함께 읽도록 하고 준비한 사례들로 자연스럽게 주제로 들어간다.

4) 자긍심을 유지시키는가?

마음을 열기 위해 오프닝을 할 때 교회교육리더에 따라서는 학습자들에게 무안을 주면서 전체를 웃게 만드는 경우도 있는데, 이것은 다른 사람을 위해 당사자의 마음을 닫는 결과가 되기도 하고, 무안을 주는 교회교육리더를 바라보는 다른 학습자들도 '교육 받으면서 내가 당할 수도 있겠다'는 부정적인 생각을 줄 수도 있다. 어떤 스킬을 사용하든 학습자의 자긍심을 높여주는 멘트를 잊지 말아야 한다.

5) 알파벳 찾기, 자음 찾기

주어진 문장 안에서 주어진 시간 동안 해당 알파벳이나 해당 자음을 찾는 게임이다. 흥미를 유발하며 학습 분위기를 유연하게 만들어 준다. 맞춰 보라고 하면 다양한 답이 나온다. 정답을 맞춘 사람이 있으면 다 같이 박수를 쳐 준다. 집중의 정도에 따라 찾는 개수가 현저히 차이가 나므로 집중할 때와 그렇지 못할 때 습득의 깊이가 얼마나 큰지 스스로 깨닫게 된다.

20 아래 문장 속에서 20초 동안 알파벳 't'가 몇 개인지 찾아 내기

> And thou shalt love the LORD thy God with all thine heart, and with all thy soul, and with all thy might. And these words, which I command thee this day, shall be in thine heart.

30 아래 문장 속에서 30초 동안 자음 'ㄴ' 글자가 몇 개인지 찾아내기

이스라엘아 들으라 우리 하나님 여호와는 오직 유일한 여호와이시니 너는 마음을 다하고 뜻을 다하고 힘을 다하여 네 하나님 여호와를 사랑하라 오늘 내가 네게 명하는 이 말씀을 너는 마음에 새기라 신명기 6장 4절 - 6절

[그림 5-1] 알파벳 찾기, 자음 찾기 게임

나. 클로우징 스킬(Closing Skills)

클로우징은 프레젠테이션이 끝난 후 오늘의 프레젠테이션을 평가할 때 가장 오랫동안 기억나는 부분이다. 따라서 클로우징을 기획할 때는 보다 특별한 구성과 세심한 주의가 필요하다. 스티브 잡스가 키노트 프레젠테이션마다 즐겨 사용해서 이제는 그의 트레이드마크가 되다시피 한 'One More Thing'이란 세션도 역시 마지막에 등장한다.

그날 프레젠테이션의 가장 핵심이 되는 내용을 마지막까지 아껴 두었다가 펼쳐놓은 'Save the best for last' 기법이 바로 이것이다. 유능한 교회교육리더는 효과적으로 프레젠테이션을 종료한다. 그리고 교육을 어떻게 종료하고 다음의 내용이나 주제와 연결시킬 것인지 계획을 세운다.

여기서는 교회교육 대상자에게 적용할 수 있는 클로우징 사례를 소개한다.

1) 오늘의 키 러닝(Key Learning) 찾기

① 주어진 글자판에서 배운 내용 중 생각나는 단어를 무엇이든 찾아내게 한다. PPT를 사용했던 전체 교육 종료시에는 슬라이드에 띄워서 찾게 하고, 소그룹 활동시에는 미리 인쇄물로 준비해서 둘씩 짝을 지어 같이 찾아내게 해도 좋다.

② 다섯 개 이상 찾은 사람 손 들기를 시작으로 가장 많이 찾은 사람을 찾아낸다.

③ 찾은 단어를 낭독하게 하고 다 같이 박수를 쳐준다.

④ 교회교육리더는 찾은 단어를 중심으로 교육내용을 정리하며 마무리한다.

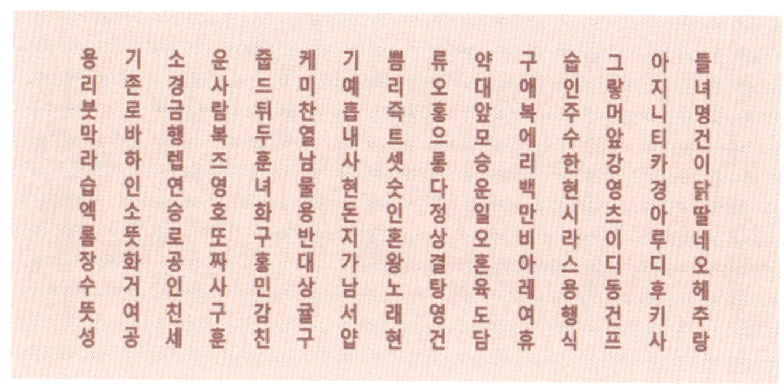

출처 : 이의용·오정근·한건수 (2014), 떨리는 강사 설레는 강사, 350.

2) 성찰을 통한 정리기법 - 액션러닝 방식 : 배운 점/실천할 점/궁금한 점

① 포스트잇을 사용해 각자가 배운 점, 실천할 점, 궁금한 점을 3가지씩 적는다.

② 작성된 포스트잇을 모조전지에 붙인다.

③ 모조전지의 포스트잇을 발표하게 하여 배운 점, 실천할 점, 궁금한 점에 대한 공유의 시간을 갖는다.

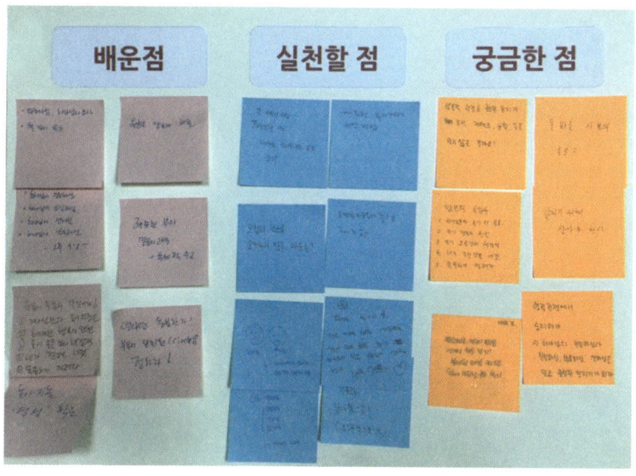

Tip) 인원이 많으면 팀별로 모조전지에 붙이게 하고, 인원이 적을 때는 전체 인원을 참여하게 한다.

3) ERRC 방식 (Eliminate/Raise/Reduce/Creation)

Eliminate(제거): 가치혁신 관점에서 제거해야 할 것

Raise(증대): 보다 향상시켜야 할 것

Reduce(감소): 좀 줄이고 자제해야 할 것

Creation(창조): 새롭게 창조해야 할 것

① 포스트잇을 사용해 각자가 제거할 점, 증대시킬 점, 감소시킬 점, 창조적 아이디어를 3가지씩 적는다.

② 작성된 포스트잇을 모조전지에 붙인다.

③ 모조전지의 포스트잇을 발표하게 하여 제거할 점, 증대시킬 점, 감소시킬 점, 창조적 아이디어에 대해 공유하는 시간을 갖는다.

4) 스탠드아웃(Stand Out)

자신의 가장 중요한 가치를 발표함으로써 자기선언의 기회를 가지는 종료기법이다.

(가) 가치선언

발표자가 일어나 자신의 삶의 가치에 대해 이야기하면(자기선언), 다른 학습자들은 발을 구르고 박수를 침으로써 분위기를 업 시켜서 열정이 넘치게 만들어준다. 이때 좌우에서 칭찬과 격려의 이야기를 해주는 것도 효과적이다.

(나) I am~

"나는 어떤 사람이다." 자신의 장점과 단점을 발표하면 옆 사람이 역설적으로 단점이 장점이 되도록 피드백해주는 것이다. 이런 피드백을 통해 새롭게 자기선

언을 할 수 있도록 도와준다.

(다) I Can~

"나는 무엇을 할 수 있다." 자신이 가진 특기를 앞 사람에게 발표하는 것이다. 학습자 중에 용기 있는 자는 특기를 직접 시연하는 경우도 있다. 분위기를 고조시키고 친밀을 형성하는 데 좋은 계기가 된다. 자신의 특기를 발표함으로써 다른 사람은 가지지 않은 장점을 스스로 확인하며 자긍심을 갖게 되기도 한다.

(라) I Will~

"나는 ______ 뒤 무엇을 하고 있을 거야." 자신의 결심이나 의지, 비전을 발표한다. 학습자들이 중학생이라면 "난 30살에 ______ 을 하고 있을 거야!"라는 식으로 말이다.

결단을 발표하게 해도 좋다. 자신의 미래를 생각해 보는 좋은 기회가 될 것이다.

두 줄로 서서 자기 앞 사람에게 자신을 선언하는 작업을 계속 반복한다.

초기에는 'I am', 중간은 'I Can', 정리는 'I Will'로 선언하도록 한다.

5) 공 던지며 클로우징

교육의 클로징 기법으로, 오늘의 키 러닝(Key learning)에 대해 공 던지기를 이용하며 할 수 있다.

① 교회교육리더가 먼저 한 사람에게 공을 던진다.

② 공을 받은 사람은 오늘 교육한 키 러닝이나 생각나는 것이 무엇인지 하나씩 말한다.

③ 다음으로 던지고 싶은 사람에게 공을 던진다. 공을 던질 때는 한 번도 공을 받지 않은 사람을 상대로 던져야 한다.

2. 교회교육리더에게 날개를 달아주는 교수기법

교수기법에서는 먼저 교회교육리더로서 예수님은 어떤 교육 접근법을 사용하셨는지 살펴보고자 한다.

가. 최고의 교육리더이신 예수님의 공감교수법

예수님은 가장 뛰어난 교회교육리더셨고 많은 사역을 감당했다. 많은 사역 가운데 아주 중요한 비중을 차지하는 것이 가르치는 일이셨다. 교육은 예수님의 사역에서 그만큼 중요한 부분이다. 실제로 사람들은 예수님을 하나님 나라의 복음을 전할 때도 선생이라고 불렀고 병자를 고쳤을 때도 선생이라고 말했다.

> 그러므로 너희는 가서 모든 민족을 제자로 삼아 그들에게 세례를 베풀고 내가 너희에게 분부한 모든 것을 가르쳐 지키게 하라
>
> (마태복음 28:19-20)

- 교육목적(Why): 지키도록
- 교육내용(What): 내가 너희에게 명한 모든 것
- 교육자(Who): 너희는
- 교육대상(Whom): 이 세상 모든 사람들
- 교육현장(When / Where): 가서
- 교육방법(How): 내 제자로 삼아, 세례를 베풀고

예수께서는 놀랍게도 2천 년 전에 현대의 여섯 가지 교육 행위에 대한 해답을 이미 밝혀 주셨다. 진정한 교육자는 바로 예수 그리스도이다.

간음한 여인을 앞에 두고

당시 종교 지도자들은 "모세는 율법에 이러한 여자를 돌로 치라 명하였거니와 선생은 어떻게 말하겠나이까?" 하고 물었다.

예수님이 대답할 수 있는 방법은 두 가지였을 것이다.

모세의 율법상에 아무런 문제가 될 리 없는 "돌로 치라"라고 말씀하시는 것이 첫 번째이다. 그러나 예수께서 돌로 치기를 원하셨을 리는 없다. 종교 지도자들은 의인을 구원하려 오신 것이 아니라 죄인을 구원하러 오신 예수께서 "돌로 치지 말라"의 대답을 하시리라 생각했을 것이다. 그렇게 되면 로마 종교법을 어긴 자로 죄인이 되는 상황이었다.

그러나 예수는 너무나 담담하게 '너희 중에 죄 없는 자가 먼저 돌로 치라'라고 말씀하셨다.

사람들이 하나 둘씩 자리를 떠난 후 간음한 여인에게 다가가 "너를 정죄하지 아니하노니 가서 다시는 죄를 범하지 말라" 하셨다.

예수님은 한 마디의 질문으로 군중들과 종교 지도자들의 마음에 찔림을 주셨고, 죄에 허덕이던 여인에게 자기반성과 성찰의 마음을 주시며 진리로 인도하셨다.

1) 스스로 진리를 발견토록 하는 예수

예수님은 베드로가 믿음에 대해 배울 수 있도록 물위를 걸어오라고 하셨다 (마 14:25-33). 베드로가 스스로 발견하기를 원하셨다. 예수님은 물에 빠져가는 베드로의 손을 잡아 올리신 후 그에게 "왜 의심하였느냐?"라고 물으셨다. "의심하지 말라"고 말씀하실 수도 있었겠지만 베드로가 스스로 깨닫기 원하셨기 때문에 예수님은 이처럼 질문하셨다. 사람은 누구나 스스로 진리를 발견했을 때 가장 확실히 배운다는 것을 예수님의 교육방법에서 배울 수 있다. 이런 과정에서 교회교육리더는 정답을 제시해 주는 자리에서 떠나 방법을 알려주고 도와주는 촉매제 역할을 배울 수 있다.

2) 눈높이에 맞춘 교육

예수님은 대상에게 가장 적합한 상황과 말이 무엇인지 정확히 아시며 눈높이에 맞춰서 접근하셨다. 유대지도자들이 예수님을 시험하기 위해 간음한 여인을 데리고 왔을 때 "죄 없는 자가 먼저 돌로 쳐라"라는 말씀을 하심으로 그의 약점을 노리는 반대파들의 집요한 추적을 물리치셨다. 인간의 마음을 누구보다 잘 이해하셨기 때문이다.

나. 효과적 교수기법

흔히 교육을 잘한다고 하면 유창하게 말을 한다거나 강단에서 긴장하지 않고 여유 있고 세련된 행동을 취하는 것으로 생각한다. 그러나 교회교육리더가 아무리 세련된 행동을 취하고 매끄럽게 언어를 구사하더라도 정작 학습자에게 어떤 변화도 생기지 않는다면 실패한 교육이 되는 것이다. 물론 교회교육리더로서의 역할을 잘하기 위해서는 세련된 강단 스킬이 필요하다.

다만 학습자의 학습목표 성취라는 기본적인 목적에 관심을 두지 않고 강단 스킬에만 초점을 두는 것은 교육에서 경계해야 할 일이다.

여기서는 교육을 진행하면서 필요한 교회교육리더의 태도 부분인 교육기법에 대한 내용을 제시한다.

교수기법은 학습자가 교육내용을 효과적으로 학습할 수 있도록 하기 위해 교회교육리더가 발휘해야 하는 스킬이다. 교수기법은 교육내용과 학습자 사이의 차이를 연결시켜 주는 고리역할을 한다. 교회교육리더가 교육을 진행하면서 기본적으로 학습자들에 대한 주의집중방법과 관찰 방법, 강단 스킬을 통해서 학습만족도 효과는 향상될 수 있다.

1) 주의집중 방법 (Attending Skills)

주의집중이란 교회교육리더가 학습자에게 관심을 기울이고 있음을 그들에게 신체적으로 표현하는 것을 의미한다. 학습자에게 그들을 하나하나의 개성이 있는 인격체로 간주한다는 사실을 알려줌으로써, 학습자와의 친밀한 유대감을 형성할 수 있다는 점이 주의집중 기술의 특징이다.

교회교육리더는 주의집중 기술을 통해 학습자로부터 많은 정보를 얻을 수 있다. 즉, 교회교육리더가 서 있는 위치에서 학습자의 행동을 관찰함으로써 교수 활동 결과를 측정하는 데 중요한 단서를 제공하는 정보를 얻을 수 있다.

또한 학습자와 대화를 통해 그들과의 친밀한 상호작용을 촉진시킬 수 있다. 교회교육리더가 학습자에게 많은 관심을 기울이고 있다는 것을 보여주는 주의 집중 방법은 〈표 5-1〉에 제시하였다.

〈표 5-1〉 학습자의 주의를 집중시키는 방법

바람직한 행동	바람직하지 않은 행동
· 모든 학습자와 얼굴을 볼 수 있는 자세와 위치 · 학습자들과 계속적인 눈 맞춤 · 학습자를 향한 움직임(걸음) · 웃는 얼굴 · 긍정적 의미로 고개를 끄덕이는 행동 · 실습이 진행되는 동안 학습자들의 진행상황을 알기 위한 강의실 순회 · 자연스러운 표정을 가지고 학습자와 대화	· 학습자에게 등을 보이는 행동 · 특정 개인만 주시하는 행동 · 눈 맞추는 것을 피하거나 너무 자주 혹은 너무 빠르게 학습자들을 훑어보는 행동 · 학습자와의 거리가 너무 먼 경우 · 종이를 이리저리 뒤적이거나 학습자와 이야기를 나누고 있는 도중 시계나 다른 쪽으로 시선을 두는 경우 · 목소리가 너무 작은 경우

2) 관찰 방법(Observing Skills)

관찰 방법은 교육 진행 과정상에서 많은 정보를 제공한다. 여러 차례 관찰을 통해 얻은 결과를 토대로 교육을 계속 진행시킬지 혹은 학습자 요구를 반영 시킬지에 대한 결정을 내릴 수 있다. 관찰 기술을 사용하는 데는 3가지 단계가 있다.

1단계 : 학습자의 얼굴, 자세, 움직임을 본다.

2단계 : 관찰한 것을 바탕으로 추측했던 학습자의 기분을 좀 더

구체화시킨다.

3단계 : 추측한 학습자의 기분, 느낌에 적절한 행동을 취한다.

학습자의 단편적인 행동이 느낌의 척도가 될 수 있지만, 교회교육리더가 관찰해서 얻은 다양한 자료들을 근간으로 현재 학습자의 느낌을 추론해야 한다. 교회교육리더가 일시적인 느낌으로 어떤 행동을 취하든, 관찰한 결과를 토대로 판단하든 간에 결과는 현재 혹은 앞으로의 학습에 영향을 미칠 것이다.

〈표 5-2〉 학습자의 몸짓 언어에서 의미 파악하기

몸짓	언어
눈을 찌푸림	내용이 언짢다는 표현
눈을 감음	피곤하거나 듣고 싶지 않다는 의미
입을 꼭 다묾	강한 결의를 나타낸다.
고개를 끄덕거림	정서적으로 공감한다는 표시
뒷머리를 긁음	불만이나 난처함, 수줍음 등을 표현하고 있다.
손을 이마에 댐	무안하거나 불안감을 갖고 있을 확률이 높다.
팔짱을 낌	부정적인 견해로 불편한 심정을 표현하는 것이다.
눈살을 찌푸림	의견에 찬성하지 않는다.
웃으며 시선 접촉	관심이 있다.
손과 팔다리를 가지런히 둔	관심이 있다.
창밖을 봄	흥미가 없다.
고개를 갸웃거림	의문을 가지고 있다.
중얼거리며 뭔가 쓰려 함	답변하고자 한다.
턱 밑에 양손 끝을 모음	자신감을 나타냄
뒤로 젖혀 앉음	말이 엉뚱한 곳으로 흐르고 있다는 불만 표시
목소리를 갑자기 낮춤	관심을 표명하고자 한다.

3) 학습자의 표정을 읽자

교육 중에 학습자들이 교육과 관련 없는 불필요한 동작을 하고 있거나 멍하게 무기력하게 응시하고 있지는 않은지 살펴야 한다. 혹 이러한 행동을 보인다면 학습자가 교육내용에 흥미가 없다는 뜻이므로 학습자들이 교육에 집중할 수 있도록 대처해야 한다.

교육에 대해 현재 만족스러운 표정이다. 계속 같은 방법으로 교육을 할 수 있다.

현재 교육에 불만족스러운 표정이다. 교회교육리더가 같은 방법으로 교육을 계속 진행하면 학습자들은 지루하다는 생각을 한다. 따라서 유머나 매체 등으로 변화를 주어 진행한다.

따분한 표정. 교육장 분위기가 완전히 가라앉아 있는 상태이다. 이때 교회교육리더는 스팟기법을 사용해 교육장 분위기를 활력 있게 만든다.

학습에 대해 의욕이 없어 졸고 있는 표정이다. 주의를 집중시킬 수 있는 간단한 체조, 멘트, 노래 등을 실시해 학습자를 집중시킨다.

학습자의 표정이 시큰둥하다거나 졸거나 산만하면 다음과 같은 요령으로 주의력을 집중시켜 교육을 진행해야 한다.

4) 교육 중 문제 상황 대처법

교육을 하다 보면 학습자가 흥미를 잃고 지루해하거나 하품을 하면서 조는 경우가 있다. 옆 사람과 소곤소곤 이야기를 나눌 수도 있다. 아니면 쉬는 시간이 아닌데도 휴대전화를 받거나 화장실에 가기 위해 밖으로 나가는 학습자도 있다. 교회교육리더는 이러한 문제 상황에 적절히 대처해야 한다.

(가) 지루함을 나타낼 경우

학습자가 교육에 집중하지 않고 옆 사람과 이야기하거나 멍하니 있거나 하품을 하면 지루하다는 표시다. 이럴 때는 학습자의 주의를 환기시키는 조치를 취한다.

- 교육내용의 중요성과 필요성을 다시 한 번 제시한다.
- 스피치나 제스처에 변화를 준다. 갑자기 목소리를 크게 하거나 느리게 하든지 잠시 말을 멈추어 본다.
- 학습자에게 가까이 다가가 본다.
- 모두가 참여할 수 있는 간단한 신체운동이나 옆 사람들과 잠시 이야기를 나눌 수 있는 시간을 가져 상황에 변화를 준다.
- 학습내용에 흥미를 가지도록 적절한 예시나 예화, 경험담, 사례, 최신 자료 등을 제시한다.
- 학습내용에 대해 전체 질문이나 지명 질문을 해서 긴장하게 한다.
- 퀴즈를 내고 답을 맞춘 학습자에게 칭찬이나 간단한 보상을 한다.
- 교육의 순서를 바꿔 재미있는 내용이나 쉬운 내용을 먼저 한다.
- 시청각 자료를 활용하거나 토의, 팀프로젝트, 액션러닝, 사례연구, 역할연기, 게임훈련 등 모두가 참여할 수 있는 교수방법을 활용한다.
- 장년부 설교 시간이라면 현재 이슈가 되는 것을 예로 들거나 유머를 사용해 주의를 환기시킨다.

학습자는 이해가 잘 안 될 경우 고개를 갸웃거리거나 손을 턱에 괴든지 입을 가린다. 이때는 우선 질문을 통해 어떤 부분이 이해가 잘 안 되는 지 확인하고, 쉬운 예를 들어주거나 부연설명을 한다. 교회교육리더는 자기에게 쉬운 내용이라고 해서 학습자들도 이미 알고 있을 것이라고 단정하면 안 된다. 한편 학습자들끼리 학습내용에 대해 간단히 의견 교환을 하는 시간을 갖도록 한다. 이때 교회교육리더는 해당 학습자에게 다가가 개별적으로 질의응답을 한다. 이런 현상은 중등부나 고등부에서 많이 나타난다.

(다) 잡담을 하는 경우

교육 도중에 학습자들이 잡담을 하는 경우가 종종 있다. 옆 사람과 소곤소곤하거나 소리 나게 떠드는 것이다. 이때 교회교육리더는 잡담을 하는 학습자에게 온 신경이 다 가서 제대로 교육을 하지 못할 수도 있다. 이럴 경우 어떻게 해야 할까?

- 그 사람을 존중해 준다. "지금 이야기하고 있는 학생, 다시 한 번 되풀이해 볼까요?" "이해가 잘 안 되는 점이 있습니까? 어느 대목인가요? 그것은…" 등으로 반응하는 것이 좋다. 그러나 어떤 경우에도 직접적인 표현은 삼가야 한다.
- 잡담을 하는 사람을 이야기 속에 등장시킨다.
- 잡담을 하는 사람 뒤에 가서 서 있는다.

(라) 교육 중 말이 많은 학습자가 있을 경우

학습과 관련된 내용으로 지나치게 말이 많은 학습자들이 종종 있다. 정보를 많이 갖고 있거나 과도하게 열성적인 경우에는 말이 많아질 수 있다. 이때 비난조로 대응해서는 안 된다. 말이 많은 학습자에게 발표할 기회를 부여하거나 질문을 해서 학습에 적극 참여케 하여 학습의 효과를 높여 나가는 것이 하나의 방법이다.

(마) 스마트폰 사용 등으로 교육 집중이 잘 안될 경우

교육 시작 전에 스마트폰 사용으로 교육에 지장을 많이 받는다고 이야기하면서 미리 협조를 부탁한다. 팀별 활동을 할 경우 휴대전화 사용시 팀의 성과에 영향을 주거나, 디지털 시대의 휴대전화 기본예절에 대해 언급한다.

5) 시선(Eye Contact)

입으로 나오는 말처럼 눈에서 나오는 빛은 의사를 전달한다. 그러므로 교회교육리더의 시선은 항상 학습자에게 가 있어야 한다. 학습자들의 눈동자를 바라보면, 그들이 제대로 이해하고 있는지 흥미를 가지고 있는지 등을 알 수 있다. 비록 하나의 집단으로 학습자를 대하지만 개별 학습자에게 말한다는 생각으로 시선을 접촉해야 한다. 한 사람을 향해 한 번에 1, 2초가량 눈을 보면서 말하고, 그 후에 눈을 돌려 다른 사람의 눈을 바라본다. 그렇게 골고루 시선을 주어 교육실에 있는 모든 학습자가 교회교육리더의 시선을 받는다는 느낌을 주어야 한다. 학습자 수가 많을 때는 그룹 단위로 시선을 주는데, 오른쪽에서 전면으로 다시 왼쪽으로 시선을 옮긴다. 사각 지역에 있는 학습자에게는 의식적으로 시선을 보낸다. 교회교육리더의 시선은 단순히 바라보는 것이 아니라 내용을 확실히 전달하기 위한 노력이어야 한다. 교회교육리더가 눈을 맞추는 것을 피하거나 너무 자주 혹은 너무 빠르게 학습자들을 훑어보는 행동은 바람직하지 않다. 특히 특정 개인을 주시하는 행동에 주의해야 한다. 영유아부, 유치부, 유년부나 초등부 학습자 등과 같이 연령이 낮을수록 교회교육리더의 시선 처리에 더욱 민감하다. 시선 처리는 몇 가지 원칙을 세우고 사용할 때 학습자와 골고루 교감할 수 있는 효과를 볼 수 있다.

- 좌에서 우로, 우에서 좌로 자연스럽게 시선을 처리한다.
- 좌나 우를 보더라도 시선을 고정할 때는 중앙으로 돌아와야 한다.
- 공감하는 사람을 주시하여 봐주어야 한다.

- 교재나 스크린에 머물지 않도록 주의한다.
- 강의장을 4등분하여 시선을 처리한다.

6) 적당한 거리

교회교육리더는 학습자와 어느 정도의 거리를 유지해야 할까? 사람과 사람 사이의 물리적 거리는 친밀감이 깊을수록 가까워지는 경향이 있다. 교회교육리더는 학습자와 가장 편안하면서도 소통이 잘될 수 있는 거리를 유지해야 한다. 에드워드 홀(Edward Hall)은 사람과 사람 사이의 거리를 〈표 5-3〉에서 네 가지로 구분했다.

교육시에 교육자의 동선은 학습자가 집중도와 적당한 긴장감을 갖는 데 효과가 있다. 교회 내에서 어떤 공간 안에서 강의 형식으로 교육을 실시할 때는 〈표 5-3〉의 동선 거리 감각을 의식하여 학습자들에게 다가가면 좋다.

〈표 5-3〉 학습자와의 거리가 주는 의미

거리	영역 구분
60cm 이내	친밀 영역
120cm 이내	개인 영역
330cm 이내	사회 영역
330cm 이상	공공 영역

소그룹 내에서 교육을 진행할 때 늘 뒷 자리의 보이지 않는 곳을 찾는 사람이 있다. 그것은 그 학습자의 마음이 열리지 않아서인 경우가 많다. 공간적인 접근을 시도하면서 상대가 필요로 하는 거리를 모르는 눈치 없는 사람이 되어서는 안 된다. 상대의 거리 감각을 존중해 주어야 한다. 적절한 거리에서 존경을 표현하며 표정을 통해 친밀함을 드러내야 한다. 상대와의 거리를 좁히는 데는 다소의 시간이 필요하다. 가까운 거리로 다가갈 때도 학습자의 마음을 살펴야 할 것이다.

7) 움직이며 말할 것(Move)

인간은 동적인 존재이다. 그런데 동적인 존재들은 본능적으로 움직이는 물체에 주의집중을 한다. 그러므로 교육 중에는 때에 따라 움직이는 것이 좋다. 가만히 서서 교육을 하는 것보다 교회교육리더가 움직이면서 교육을 하면 학습자들이 더욱 주의집중을 잘한다. 교육을 하면서 강단에서 움직일 때에는 서너 걸음 정도 천천히 양옆으로 움직이면 좋다. 특별히 강조할 내용이 있을 때에는 한두 걸음 정도 앞으로 걸어 나가는 것도 효과적이다. 교육시 자연스런 이동에 있어서는 교탁 사용의 4형식을 예로 들 수 있다.

- 1형식 : '단순형'이라고 부르는데, 교탁에서 자리를 떠나지 않고 그 자리에서만 교육을 한다.
- 2형식 : '자리바꿈형'이라고 부르는데, 교탁을 중심으로 왼쪽이나 오른쪽으로 자리를 바꾸어 가면서 교육을 한다.
- 3형식 : '완전형'이라고 부르는데, 학습자들이 있는 곳으로 가 보면서 교육을 한다.
- 4형식 : '혼합형'이라고 부르는데, 1형식, 2형식, 3형식을 혼합해 사용한다.

어떤 형식이라도 움직임이 습관적이거나 급하면 산만한 느낌을 주게 된다. 주제의 변화나 강조할 내용이 있을 때 이동을 시도하면 집중도를 높이는 데 좋은 효과가 있다.

8) 교회교육리더의 표현능력

현대는 커뮤니케이션의 시대이며 스피치의 대중화시대이다. 우리는 매일같이 시민으로서, 직장인으로서, 지도자로서, 교회교육리더로서 많은 사람을 상대로 말을 하면서 살아간다. 특히 교회교육리더의 스피치는 교육내용을 학습자들에게 전달하는 수단이므로 더욱 중요하다.

(가) 언어 구사법

- 음성의 크기는 장소와 환경에 따라서 말하도록 한다.
- 또렷하고 정확한 발음으로 한다.
- 바르고 고운 말을 한다.
- 알아듣기 쉬운 말을 한다.
- 침착하고 여유 있는 태도로 말한다.
- 화법에 맞게 말한다.
- 참 인격에서 우러나오는 진실된 말이어야 한다.

  (학습자 무시, 지나친 자기 과시적인 언어는 삼간다.)
- 말하기 리듬에 변화를 준다.
- 반응에 따른 내용과 시간을 적절히 활용할 줄 알아야 한다.

(나) 스피치의 3대 원칙

말을 할 내용이 준비되었다면 어떤 음성 표현으로 다가가야 학습자들의 집중을 끌 수 있는가를 연구해야 한다. 같은 노래를 불러도 누가 어떤 창법으로 부르는가에 따라 느끼는 감동이 다르다. 스피치도 마찬가지다. 아무리 좋은 내용이라도 주의집중을 끌 만한 음성 표현이 안 된다면 학습자들의 귀를 열기는 어려울 것이다. 음성 표현에는 세 가지 원칙을 고려하면 좋은 효과를 볼 수 있다.

① 강조법

말의 한 구절이나 전체는 보통으로 표현하고 그중에서 가장 중요한 부분만 강조한다. 예를 들어 보자.

큰 고래가 요나를 │ 꿀꺽 │ 삼켰습니다.

이것을 학습자에게 전달할 때 똑같은 톤으로 이야기하면 학습자는 아무것도 듣지 않는다. 그중에서 '꿀꺽'을 강조하려면 꿀꺽에 대해서 평소보다 크게 하든지 작게 하든지 변화를 주어 강조를 해야 한다. 이렇게 하면 학습자들은 '꿀 꺽'이라는 단어는 잘 기억할 수 있다.

또 다른 예를 들어 보자.

이것을 설명할 때 큰 골리앗과 작은 다윗이 중요한 부분이라면 '큰 골리앗과'는 평소보다 크게, '작은 다윗이'는 평소보다 작게, '마주 보고 있습니다'는 평상시 톤으로 하면 학습자들은 큰 골리앗과 작은 다윗만을 기억하게 된다. 교육시 '큰 골리앗'은 높임 강조, '작은 다윗이'는 낮춤 강조, '마주 보고 있습니다'는 보통으로 하면 학습자들은 변화를 준 단어를 잘 기억한다.

교회교육리더는 착각을 한다. 이야기하는 모든 것을 학습자가 다 듣는다고 생각하는데 이것은 착각이다. 교회교육리더가 이야기하는 것 중 강조하는 부분만 들어줘도 그 학습자는 좋은 학습자이다.

② 소리의 원근법

우리가 이야기할 때 많은 수의 사람들에게 속할 때에는 크게, 적은 수의 사람들에게 속할 때에는 작게, 멀리 있는 사람에게는 크게, 가까이 있는 사람에게는 작게 부른다. 바로 이것이 소리의 원근법이다. 그림이나 판서에도 원근법이 있듯이 소리에도 원근법이 있다. 예수님이 옆에 계실 때 제자들은 어떻게 불렀을까? 예수님의 모습처럼 잔잔히 "예수님" 하고 불렀을 것이다. 그러나 군중 속에 계신 예수님을 부를 때는 큰 목소리로 "예수님" 하고 불렀을 것이다. 유라굴라 광풍을 만나 다급해진 제자들은 예수님을 어떻게 불렀을까? 다급한 소리로 목청을 돋우어 "예수님" 하고 크게 외쳤을 것이다.

예를 들어 소리의 원근법을 실습해 보자.

예수님   예수님   예수님

여기서 제일 앞에 있는 예수님은 가까이 계신 예수님을 부를 때, 두 번째 예수님은 적지 않은 군중 속의 예수님을 부를 때, 세 번째 예수님은 많은 군중 속에 계실 때나 너무 다급한 상황에서 부를 때이다. 교육을 진행할 때도 소리의 원근법을 잘 활용해야 한다.

③ 감정 표현법

우리는 이야기할 때 단순한 목소리만 내지 않고 말하려는 내용을 머릿속에 그리면서 감정을 잡아 열성껏 표현한다.

모 방송국에서 성우를 선발할 때 나온 문제다. 어느 곳에서 강도를 만나 뒤에서 강도가 따라오고 앞에는 큰 강이 있고 그 강에서 나룻배가 막 떠나려고 하고 있다. '나룻배를 타면 살고, 나룻배를 못 타면 죽는 상황'에서 나룻배를 불러보라는 것이 문제이다. 이때 어떤 응시자가 좋은 점수를 받았을까? 그 급한 상황을 자기 목소리에 담은 응시자이다. 즉 그냥 나룻배를 부르는 게 아니라 뛰어가면서 헉헉거리며 "나… 나룻배…"라고 불러 단순한 목소리만 내지 않고 감정까지 전달했기 때문이다. 교육에 있어서 교회교육리더도 상황에 따라 감정표현법을 활용하여 진행하여야 한다.

(다) 침묵 이용

강단에 서면 침묵이 길게 느껴지기도 하지만 때론 침묵의 활용이 매우 좋은 교육방법이 된다. 열심히 교육을 하다가 갑자기 이야기를 멈추고 침묵이 흐르면 학습자들은 긴장하여 집중하게 된다. 이처럼 침묵을 적절히 이용하면 중요한 사항을 강조할 때 효과적이다. 중요한 사항을 설명하기 전에는 학습자들의 주의를 집중시킬 수 있고, 설명한 후 침묵을 하게 되면 학습자들은 배운 내용을 반추하는 시간을 갖게 된다. 교육시 말하는 속도가 빠르다고 느끼는 경우, 교육 중간에 한 번씩 쉬어주는 것은 교육 속도 조절에 효과적이다.

칭찬은 마음을 움직이는 힘이 있다. 칭찬을 할 때는 '전체가 주목하고 있는 상태에서' '구체적인 행위에 대해' 하는 것이 좋다. 그렇게 할 때 보는 사람이나 칭찬 받는 사람 모두가 칭찬 받는 이유에 대해 명확히 알고 한 번쯤 자신을 돌아보는 기회가 될 수 있다. 그러나 공개칭찬을 할 때 주의해야 할 점은 칭찬의 이유가 누구나 인정할 수 있도록 타당해야 한다는 것이다. 칭찬을 할 때는 사소한 것도 놓치지 않고 표현해 주어야 동기부여가 잘 일어난다. 예를 들면, 이전보다 발전한 것, 그룹에 유익된 행동들, 이전 교육 이후 변화된 것, 협동심을 발휘한 것, 참여도 등이다. 교수자가 학습자에게 관심을 가진다면 칭찬할 거리는 얼마든지 보일 것이다.

(마) 움직이는 것의 효과

- 읽기를 통해서는 10% 학습
- 들은 것을 통해서는 30% 학습
- 보면서 들은 것을 통해서는 50% 학습
- 스스로 말한 것을 통해서는 80% 학습
- 활동하면서 말한 것을 통해서는 90% 학습

이와 같이 움직이는 것의 효과가 학습에 큰 영향을 준다는 것을 알 수 있다. 그러므로 학습자들은 수동적인 자세만 취하게 하고 교회교육리더 혼자서 교육을 하는 것은 비효율적이다.

(바) 제스처(Gesture Images)

제스처는 표현하려는 내용의 전달력과 집중의 효과를 높인다. 제스처에서 숫자는 작게 동작은 크게 하는 것이 효과적이다. 예를 들어 '남산 위에 둥근 달이 떴습니다'의 제스처를 취할 때 둥근 달을 조그맣게 하는 것보다는 양팔을 벌려 크게 하는 것이 효과적이다. 또 가능하면 한 손을 이용하기보다 양손을 이용해 제스처를 하는 것이 효과적이다.

(사) 제스처의 사용 범위

제스처는 어떠한 크기로 사용해야 효과적일까? 어떤 사람의 제스처는 소심하게 보이며, 어떤 사람의 제스처는 과장되어 부자연스럽게 보인다. 그렇다면 자연스럽고 멋있게 보이는 제스처는 어떤 것일까? 제스처 사용 범위에 대해서는 여러 견해가 있으나 알기 쉽게 그 기준을 간단히 소개한다. 자신의 몸을 기준으로 생각해 보자. 위로는 머리, 아래로는 허리, 옆으로는 양어깨를 중심으로 하면 직사각형이 된다. 일 대 일의 대화나 좌담을 할 때는 직사각형 안에서 제스처를 사용하는 것이 편하고 보기 좋다. 그러나 많은 학습자를 대상으로 하는 스피치에서는 이 직사각형 밖으로 제스처를 크게 사용하는 것이 원칙이다. 대중 강의에서 제스처의 동작을 작게 사용하면 소심하고 촌스러워 보인다. 학습자의 규모가 클수록 제스처도 비례해서 크게 써야 멋있게 보인다.

제스처

제스처

1. 무엇을 가리킬 때는 손바닥을 보이면서 손을 뻗어라.
2. 손바닥을 많이 사용한다.
3. 무엇인가를 강조하고 싶을 때 손등을 보인다.
4. 평소에 손을 자유롭게 놀 수 있게 연습하라.
5. 모든 메시지에 제스처를 넣을 필요는 없다.

마이크는 메시지를 전달하는 중요한 매개체이다. 마이크를 잘못 사용하면 메시지의 전달이 제대로 될 수 없다. 마이크를 사용할 경우에는 작은 소리에도 신경을 써야 한다. 마이크의 감도가 뛰어나 작은 잡음도 모두 들리기 때문이다.

마이크를 사용하는 이유는 학습자에게 내용을 잘 전달하기 위해서이다. 개인적인 이유로 마이크를 사용하지 않는 것은 바람직하지 않다. 마이크를 잡을 때 줄을 돌리거나 마이크를 꺾어 잡는 등 소위 노래방 스타일은 지양해야 한다. 마이크 상태는 사전에 점검한다. 마이크를 테스트하는 방법은 가볍게 두드려 보면서 상태를 확인하는 것이 바람직하다. "아아! 마이크 테스트, 하나, 둘, 셋…." 이러한 시험은 하지 않아야 한다.

① 유·무선 마이크

- 마이크는 꽉 움켜잡지 말고 살포시 첫 번째, 두 번째 손가락 사이에 잡아준다.
- 손바닥을 살짝 떼고 잡아준다.
- 겨드랑이를 살짝 붙여준다(살짝 붙이면 내 몸이 어디에 가 있어도 마이크는 내 입을 따라 움직이게 된다).

② 핀 마이크

- 심장 주변에 단다.
- 재킷을 입고 있다면 재킷 위에, 넥타이를 매고 있다면 넥타이 위에 단다.
- 옷으로 마이크를 가리지 않도록한다.
- 어느 방향으로 고개를 많이 돌리는지에 따라 핀 마이크 위치를 달리 한다.

(자) 리모트 컨트롤러 사용방법

- 시선 고정을 위해 슬라이드에 대한 멘트 후 화면 전환한다.
- 손을 뻗어 화면을 향해 리모트 컨트롤러를 누르지 않는다.
- 화면 전환은 누르는 듯, 마는 듯 자연스럽게 한다.

- 레이저포인터로 줄을 긋거나 동그라미를 그리는 행동을 과도하게 하지 않는다.

(차) 시간 관리

① 시간 초과는 금물

시간이 초과되면 학습자는 교육을 잘 듣지 않으므로 교회교육리더는 빨리 교육을 종결하는 것이 좋다. 가끔씩 설교 시간을 초과하는 교역자가 있다. 물론 은혜의 말씀이지만 성도(학습자)들은 마치는 시간 외 초과 설교를 하면 그때부터는 은혜로 경청하는 자세보다는 '언제 마칠까?' 라고 생각하는 경우가 많다.

② 시간이 부족하지 않게

정해진 시간을 엄수하는 것이 학습자에 대한 교회교육리더의 책임이다. 그래서 교육 시간보다 늦게 시작한다든지 끝나는 시간보다 빨리 끝내는 것은 하지 않아야 한다.

③ 시간을 의식하며 교육할 것

시간을 의식하며 교육한다고 해서 너무 시계를 자주 보지 않도록 한다. 시계를 자주 보면 학습자들이 '저 교회교육리더는 빨리 끝내고 싶은 모양이구나' 라고 생각할 수 있다.

(카) 유머의 활용

교육시 유머를 사용하면 뇌파가 내려가서 학습효과에 도움이 된다. 바람직한 유머는 학습자가 예측할 수 없는 내용을 내포하며 건전한 내용이어야 한다. 유머는 내용을 전달하면서 자연스럽게 삽입해야 하며, 유머의 소재는 일상생활에서 찾는 것이 좋다. 즉, 다른 사람의 이야기나 신문, 잡지, 책을 통해 힌트를 얻을 수도 있고 인터넷에서도 많은 소재를 얻을 수 있다.

세계 역사상 최고의 찬사를 받은 연사들과 요즈음 매스컴에서 잘나가는 교육리더들의 공통적인 특징은 훌륭한 유머 감각을 갖고 있다는 것이다. 이렇게 유머의 사용은 바람직하지만 상황이나 내용, 학습자에 따라 사용하지 않아야 하는 경우도 있다. 또한 자신이 없을 경우에는 사용하지 않는 것이 바람직하다. 오히려 어설프게 잘못 사용된 유머는 좋지 못한 결과를 초래할 수 있다. 그리고 너무 유머를 자주 사용하거나 지나치게 사적인 내용을 많이 다루면 오히려 역반응을 나타낼 수도 있다.

(타) 피해야 할 표현

교육내용이 아니라면 가능한 신체적·정치적 내용은 민감한 부분이므로 교육 중 되도록 언급을 피하는 것이 좋다. 잘못하다간 오해의 소지가 있다.

(파) 이미지트레이닝

교육시에 횡설수설하지 않고 자기가 전달하려는 내용을 확실히 전달하며, 주어진 시간 내에 정확히 끝내기 위해서는 이미지트레이닝을 할 필요가 있다. 이를 뒷받침 해주는 실험결과가 있다. A팀 농구선수는 실제로 체육관에 가서 한 시간 연습을 한 팀이고, B팀은 이미지트레이닝만 한 팀 즉, 농구의 실제 현장을 머릿속에 그려 보면서 이미지로 농구를 연습한 팀이다. C팀은 아무것도 하지 않은 팀이다. 그 후에 A팀의 슛 성공률을 보니까 90%, B팀은 84%, C팀은 60% 정도 됐다. 이 사실은 무엇을 의미할까? 슛의 성공률을 높이기 위해서는 A팀처럼 실제 연습을 해야 하는데 교육에서는 그렇게 시연하기는 어렵다. 그러므로 B팀처럼 이미지트레이닝을 하는 것도 좋은 방법이다. 교육 전에 전체 교육을 머릿속으로 그려 보면 교육이 훨씬 효과적일 수 있다.

〈표 5-4〉는 교수능력화법을 체크할 수 있는 표이다. 부족한 부분은 보완하여 능력 있는 교육리더가 되어야 한다.

〈표 5-4〉 교수능력화법 체크리스트

No.	체크항목	Y	N
1	교육 전 자신의 최고의 미소를 거울로 확인하고 있는가?		
2	배에 힘을 주어 입을 가능한 한 크게 벌려서 소리 내는 연습은 하는가?		
3	학습자 앞에서 소곤소곤 이야기하지 않고 가슴을 펴고 쩌렁쩌렁하게 잘 들리는 목소리로 이야기를 하고 있는가?		
4	자신이 이야기하는 속도 즉, 일 분 동안에 말하는 글자 수(속도)는 어느 정도인지 알고 있는가?		
5	이야기할 때 의식적으로 이야기에 사이를 두고, 완급을 염두에 두면서 교육하고 있는가?		
6	자신의 개성이 무엇이고, 언제 발휘되는지를 스스로 알고 잘 활용하고 있는가?		
7	자신의 사고방식이나 열의를 학습자에게 전하고 싶다는 자세로 임하고 있는가?		
8	최근의 신문이나 잡지에서 눈에 띄는 기사를 오려서 정리하고 있는가?		
9	대중적인 화제에 관심을 가지고 있으면서 이야기의 소재로 활용하려는 마음가짐을 가지고 있는가?		
10	자신만의 독특한 사례라고 생각되는 이야기를 세 가지 이상 준비해 놓고 있는가?		
11	자신을 분발시키는 플러스의 자기 암시의 말을 준비하고 있는가?		
12	첫 말과 마지막 말은 반드시 준비하고 있는가?		

Chapter 5. 교회교육교수법의 여러 가지

1. 마음열기 기법, 클로우징 기법

- **마음열기(Opening Skills)** : 학습자의 마음을 열고 상호간 친밀감을 형성하는 것이 포인트이다. 여러 방법을 통해 먼저 학습자 상호간의 친밀감을 도모하여 닫혀 있던 마음의 문을 열도록 한 뒤에 교육을 시작하는 것이 좋다. 충분한 마음 다스리기를 한 후 시작하면 학습자들은 교육에 더 주의 집중할 수 있다.

선입견 깨뜨리기	네트워크 촉진하기	내용과 관련하기	자긍심 높여주기	동기와 몰입도 고취

- 이런 원칙들을 생각하며 Opening을 하고 교육을 시작하면 학습의 효과도 증대될 것이다.

- **클로우징 기법(Closing Skills)** : 교육이 끝난 후 가장 오랫동안 기억나는 부분이다. 유능한 교회교수자는 효과적으로 교육을 종료한다. 종료 후 다음 내용이나 주제와 어떻게 연결시킬 것인지, 학습자들이 교육받은 내용을 어떻게 잘 적용할 것인지를 생각하게 한다.

  - 강의 내용 요약 정리
  - 성찰하며 느낀 점 정리
  - 교육 통한 실천 요소 점검

2. 교회교육리더에게 날개를 달아주는 교수기법

가. 최고의 교육리더이신, 예수님의 공감교수법

- 스스로 진리를 찾아가도록 기다리며 성찰을 돕는 예수를 최고의 모델로 삼는다.

나. 효과적 교수기법

교수기법	내용	교수기법	내용
주의집중 방법	• 학습자와의 친밀성 • 학습자로부터 정보습득 • 교육활동 결과 측정 • 친밀한 상호관계	시선 처리	• 좌에서 우, 우에서 좌 • 다시 중심으로 • 공감자 눈 맞춤 • 교재나 스크린에 고정 x • 강의장을 4등분
관찰 방법	• 1단계:학습자 얼굴, 자세 • 2단계:학습자 기분 • 3단계:느낌에 적절한 행동	적당한 공간 언어	• 60cm 친밀 영역 • 120cm 개인 영역 • 330cm 사회 영역 • 330cm 이상 공공영역
학습자의 표정읽기	• 학습자의 표정, 몸짓언어에서 의미 파악	움직이는 동선	• 1형식　• 2형식 • 3형식　• 4형식
교육 중 문제 대처	• 지루해하는 경우 • 내용 불이해 표현 • 잡담하는 학습자	교육리더의 표현력	• 스피치 기법 • 제스처 • 칭찬교육 • 시간관리 • 이미지 표현

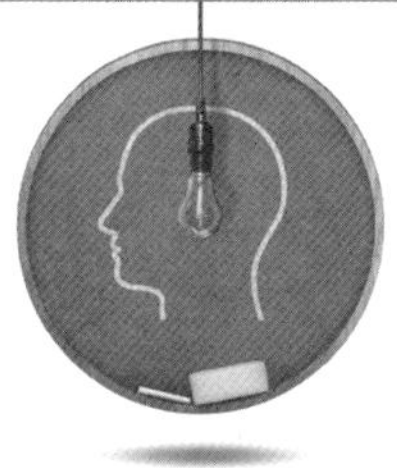

06

교회교육지원가, 퍼실리테이터(Facilitator)의 역할

06

교회교육지원가,
퍼실리테이터(Facilitator)의 역할

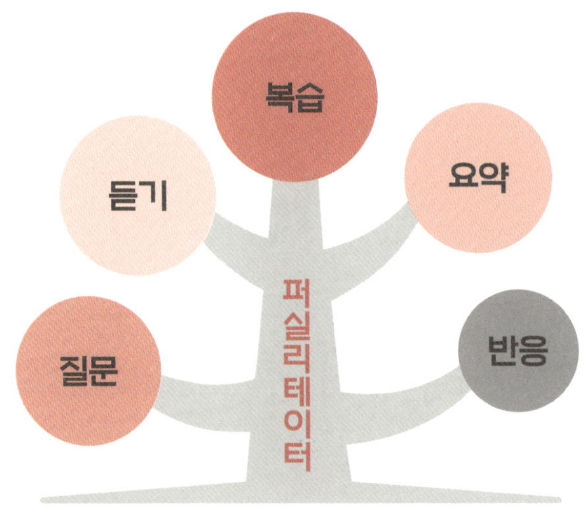

교회교육리더는 퍼실리테이터의 역할이 필요하다
퍼실리테이터는 구성원들의 능력과 잠재력을 이끌어내는 지원가이다

공동체 안에서 소속감은 참여를 통해 형성된다. 자신의 의견이 공동체원들에게 전달되고 때로는 개인의 생각이 전체의 의견으로 개진될 때 깊은 소속감을 형성할 수 있다. 교육지원(Facilitation)은 모든 참석자가 자유롭게 의견을 제시하고 효과적으로 의사결정에 참여할 수 있도록 회의나 워크숍을 기획하고 진행하는 일을 의미한다.

공공의 목표가 있고 모인 사람들이 함께 참여하여 시너지를 내고, 목표를 잘 이끌어 내도록 돕는 일인 것이다. 결국 교육지원의 바탕은 소통이며 서로에 대한 신뢰가 바탕이 되지 않고는 성취하기 어려운 일이다.

교육지원을 달성하기 위해 지원과 조력을 하는 사람이 교회교육지원가(Facilitator)이다. 교회교육지원가는 교육내용이 학습자에게 잘 전달될 수 있도록 전달방법들을 연구하고, 제공될 과제들을 분석하고 워크숍 형태의 참여교육을 이끌어간다. 성공적인 교수 전달을 하기위해서는 필요한 과제를 정확히 추출하고 참가자가 스스로 해결책을 찾아 실행 할 수 있도록 도와주어야 한다.

이런 의미에서 교회교육지원가는 조력자(Helper)와 지원가(Supporter)의 역할을 수행하는 자이다. 이 역할을 잘 수행하기 위해서는 질문기술, 듣기기술, 복습기술, 요약기술, 반응기술 등이 요구되는데, 각 구성원들이 가진 능력과 자원을 최대한 잘 이끌어 정리하는 조력자로서 꼭 필요한 기술들을 반드시 갖출 때 학습자들의 능력을 최대한으로 끌어 줄 수 있다.

교육지원가의 기본 능력

가장 기본적인 능력은 경청능력

한쪽에 치우침이 없는 중립성

객관적으로 사물을 보는 능력

다른 사람의 견해를 편견 없이 들을 수 있는 능력

다양한 관점에서 사물을 볼 수 있는 관찰력

현상에 대한 분석력

인간관계 능력

논리적인 사고 능력

질문으로 참여자의 의견을 이끌어 내는 능력

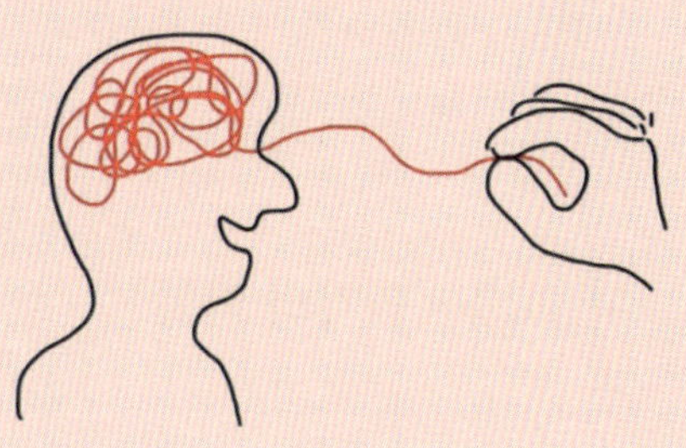

1. 교육지원가의 역할

가. 교육지원의 효과

- 학습자 개개인의 잠재력을 이끌어 낸다.
- 개인이나 그룹 전체가 모두 높은 실행력을 갖게 된다.
- 협력할 때 혼자보다 더 좋은 아이디어를 얻을 수 있다.
- 능동적인 학습 분위기를 만들어 교육의 효과를 최대한으로 끌어 올린다.
- 전체 학습자의 참여와 기여도를 높여서 팀워크를 촉진한다.
- 상호학습이 가능하다.
- 벽면이나 화이트보드를 활용하면 개인이 아니라 집단의 기억장치가 되므로 전체의 기억과 생각을 공유할 수 있게 된다.
- 아이디어가 확산된다.
- 사람들이 모여 있는 거의 모든 영역에 적용 가능하다.
- 즐겁고 참여적이며 교육의 효과를 높일 수 있다.
- 모두가 참여하므로 결과에 대해 갈등이 일어날 소지를 줄일 수 있다.
- 창조력이 발산된다.
- 잠재력을 극대화할 수 있다.
- 좋은 교육을 하기 위해서는 준비를 많이 해야 한다.
- 교육 진행자의 중립성이 중요하다.

나. 교육지원가의 역할

- 교육지원가는 질문, 듣기, 복습, 요약, 반응의 기술을 충분히 준비해야 한다.
- 교육지원가는 진행 전문가이다. 해답 제시자가 아니므로 꼭 해당 교육 분야의 전문가가 아니어도 된다.

- 결과물에 대한 관심이 아니라 팀 전체, 각 구성원들에게 관심을 갖고 각 구성원들을 성장시켜 주는 새로운 리더십이다.
- 집단의 지혜를 존중하고 미래를 함께 그려 나간다.
- 내용을 이끌어내는 것보다 구성원들의 의사결정을 돕고 이끌어 내는 역할이다.

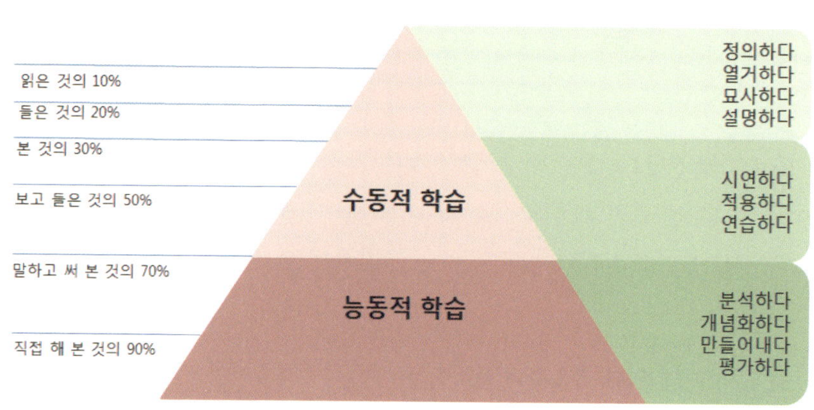

[그림 6-1] 학습활동의 효과 단계 : 떨리는 강사 설레는 강사 이의용, 오정근, 한건수 2014 : 290

2. 질문기술(Questioning skill)

제대로 된 질문은 사람의 생각을 움직이게 한다. 일방적으로 들을 때 학습자가 학습내용을 기억하는 데는 한계가 있다. 가만히 듣고만 있을 때는 생각과 판단을 하는 전두엽의 자극이 적다. 생각은 자극을 통해 나오며, 그 자극은 변화를 일으킨다. 교회교육리더는 학습자들의 생각을 열어주고 그 생각을 교육의 목적지까지 무사히 갈 수 있도록 적절한 질문을 해주어야 한다.

가. 질문의 효과

1) 내용 점검 : 질문의 일차적인 목적은 확인이다. 제시한 내용들을 잘 습득했는지 확인하는 과정을 통해 학습자들은 내용을 정리하고 요약하여 내면화하는 과정을 거칠 수 있다. 이것은 반복학습 이상의 효과를 가질 수 있다.

2) 무지의 자각과 탐구 의욕의 유발 : 질문을 통해서 학습자들은 자신이 알고 있는 것과 모르는 것을 분명히 알 수 있게 된다. 이 과정을 통해 학습자들은 자신의 결함을 보완하고자 하는 의지를 갖게 될 것이다.

3) 사고력 신장 : 질문은 학습자들이 다양하게 생각할 기회를 제공한다. 질문을 하고 응답을 하는 과정을 통해 생각하는 힘을 기르고, 전문가와 다양한 의견을 교환함으로써 비판하고 성찰하는 능력을 기를 수 있다.

4) 교회교육리더와 학습자의 상호작용 : 질문은 적극적인 상호작용이 이루어지는 기초이다. 자극하고 응답하는 과정을 통해 적극적이고 지속적인 상호작용이 가능해진다.

5) 주의집중과 동기유발 : 학습자에게 질문을 하면 학습자는 수동적으로 듣기만 하면 되는 것이 아니라 적극적으로 참여해야만 되므로 스스로 학습해야 할 필요를 느낀다. 다양한 유형의 질문은 학습자의 호기심을 불러일으킬 수 있다.

6) 적절한 피드백 제공의 기준 형성 : 질문을 통한 응답은 학습자들의 학습 중 성취수준을 파악하게 하며 적절한 피드백 내용을 찾을 수 있게 해준다.

예수님의 질문

"요한의 아들 시몬아 네가 이 사람들보다 나를 더 사랑하느냐?"
예수님은 물으셨다.

예수님의 이 질문은 베드로의 마음을 움직이게 했다.
새벽 닭 울기 전 예수를 세 번 부인하던 자신을 돌아보게 했고
예수를 사랑한다고 자신 있게 말하던 자신이 진짜 사랑했는지
부끄러움으로 다시금 예수를 깊이 생각하게 하였고,
부활하신 예수께서 이제 곁을 떠나실 텐데
자신은 어떤 삶을 살아가야 하는지
그동안 예수께서 가르치시고 보이셨던 삶을 묵상하게 했다.

나. 방법에 따른 질문 유형

1) 전체질문

특정한 사람에게 질문하지 않고 학습자 전체에게 질문하는 방법이다. 교회교육 리더는 전체에 질문을 한 후 최소한 8초는 기다려 주어야 한다. 우리는 전체질문에서 학습자의 사고력을 증진시키고 학습자의 참여를 유도하는 것이 목적인데, 교

회교육리더가 바로 답변을 하면 그러한 전체 질문의 효과가 없어진다. 8초 정도가 지났는데도 아무런 반응이 없다면, 교회교육리더는 누군가의 대답이 궁금해서 기다리는 학습자들에게 대신 답을 제공해 주어야 한다.

2) 직접질문(지명질문)

지명질문을 할 경우에는 학습자가 난처해지지 않도록 어렵지 않은 질문을 한다. 일반적으로 질문에 대해 대답을 잘할 수 있는 학습자에게 질문한다. 예를 들면, 얼굴 표정이 밝고 교육 중에 고개를 끄덕인다든가, 유머를 하면 웃음을 보이며 반응을 하는 학습자에게 질문을 한다. 반대로 대답이나 반응이 너무 없는 학습자에게 질문하는 것도 좋은 방법이다. 누구나 대답할 수 있는 아주 쉬운 질문으로 접근하여 친밀을 유도하고 교육에 집중할 수 있도록 자신의 존재감을 확인시켜 주려는 의도를 담고 질문하는 것이다.

3) 중개질문

학습자 중에 이상한 질문을 해서 교회교육리더를 당황스럽게 하는 경우가 있다. 즉, 교육내용과는 무관한 정치, 종교, 신체적인 부분 등에 관한 질문을 할 때가 있다. 그런데 교회교육리더가 대답하기 곤란하다고 대답을 하지 않고 질문을 무시하면 학습자는 이내 마음을 닫아 버린다. 이런 경우에는 교회교육리더가 직접 대답을 하지 않고 다른 학습자들에게 질문과 답을 유도하는 방법이 있다.

4) 반대질문

교회교육리더가 대답하기 곤란한 질문을 해올 때 질문한 학습자에게 반대질문을 하는 것이다. 학습자는 그 질문에 대해 어떻게 생각하는지 예의바르게 질문하고 대답을 유도한다. 질문을 하는 사람들은 대부분 그 일에 대해 의견을 갖고 있는 경우가 많다. 그래서 역질문을 하면 신나게 자신의 의견을 이야기하고 만족하는 경우가 종종 있다.

다. 좋은 질문법

1) 질문의 목적을 분명하게 하라

학습자들이 질문에 대답하지 못하는 것은 답 자체가 어렵기 때문일 수도 있지만 질문 자체를 이해하지 못하는 것일 수도 있다. 질문을 간결하고 명확하게 하여 학습자들이 충분히 이해하도록 하는 것이 중요하다.

2) 명료화 질문방법을 사용하라

명확화·상세화를 위한 질문은 지금 막 끝난 말에 대해 더 많은 정보와 더욱 완전한 설명을 요구하는 것이다.

- 완전한 정보를 이끌어 내기 위해
- 오해를 방지하기 위해
- 언급된 요점을 명확히 하기 위해
- 상대방의 언급에 대해 흥미를 나타내기 위해 사용한다.

  예)" 무슨 뜻인지 알 것 같은데 예를 두 가지만 더 들어주십시오."

3) 간접질문 방법을 유도하라

간접질문은 의문문의 형태를 취하지 않으면서 학습자로 하여금 자연스럽게 대답을 유도하는 것으로, 질문처럼 느껴지지 않는 질문법이다.

〈표 6-1〉 간접질문 예시

직접질문	간접질문
본문에서 베드로는 왜 화를 냈을까요?	○○가 베드로 입장이라면 어떻게 했을지 궁금하네요
전도 해보셨어요?	전도하다 어려웠던 경험이 있었어요?
이 문제를 어떻게 풀었습니까?	이 문제를 어떻게 해결했는지 궁금합니다.

4) 개방형 질문을 하라

개방질문이란 대화의 특정 포인트에 대한 특정 대답을 듣기 위한 것이라기보다 광범위하고 다양한 대답을 유도하기 위한 질문이다. 학습자들의 폭넓은 생각을 끌어내기 위해서는 폐쇄질문보다는 개방질문을 해야 한다.

〈표 6-2〉 개방질문과 폐쇄질문 요약

	개방질문(Open Question)	폐쇄질문(Close Question)
개념	· 자유응답형 질문으로 응답자가 할 수 있는 응답의 형태에 제약을 두지 않고 자유로운 표현을 할 수 있도록 열어주는 방법이다.	응답할 만한 내용을 교회교육리더가 제시해 놓고 응답자가 택할 수 있도록 질문하는 것이다.
장점	· 강제성이 없으므로 다양한 대답이 나온다. · 응답자가 자신의 생각을 자유롭고 상세하게 언급할 수 있다. · 질문을 통해 예기치 못한 정보를 얻는다. · 대화 전개가 용이하다. · 학습자에게 많은 통제권을 줄 수 있다.	· 응답항목이 명확하여 신속한 대답이 가능하다. · 조사시간이 개방형보다 신속하다. · 상이한 해석이나 편견이 없다. · 응답 거부율이 적다.
단점	· 무 응답률이 높을 수 있다. · 응답의 세세한 부분이 유실될 수 있다. · 응답 표현상의 차이로 상이한 해석과 편견이 개입될 수 있다.	· 몇 개의 한정된 범위에서 답을 선택해야 하기 때문에 응답자의 의견이 충분히 나올 수가 없다. · 정보가 차단되어 제한된 정보만 나올 수 있다. · 대화순환이 안 되어 분위기가 정체된다. · 교회교육리더가 주도권을 갖는다.
질문	'어떻게' '무엇을' '설명해 줄 수 있을까요?' '생각을 말씀해 주실 수 있어요?' '어떻게 느끼시나요?' 등	'~ 했습니까?' '그렇습니까?',

개방형 질문과 폐쇄형 질문의 예

폐쇄형 : 베드로가 예수님을 부인했습니까?

개방형 : 베드로는 **왜** 예수님을 부인했다고 생각하시나요?

폐쇄형 : 성경암송을 못해 왔습니까?

개방형 : 성경암송을 하기 어려운 **무슨** 일이 있었습니까?

폐쇄형 : 아까 말했는데 못 들었나요?

개방형 : 당신을 이해시켜 드리고 싶은데, 제가 **어떻게** 하는 것이 좋을까요?

라. 개방질문과 폐쇄질문의 수준

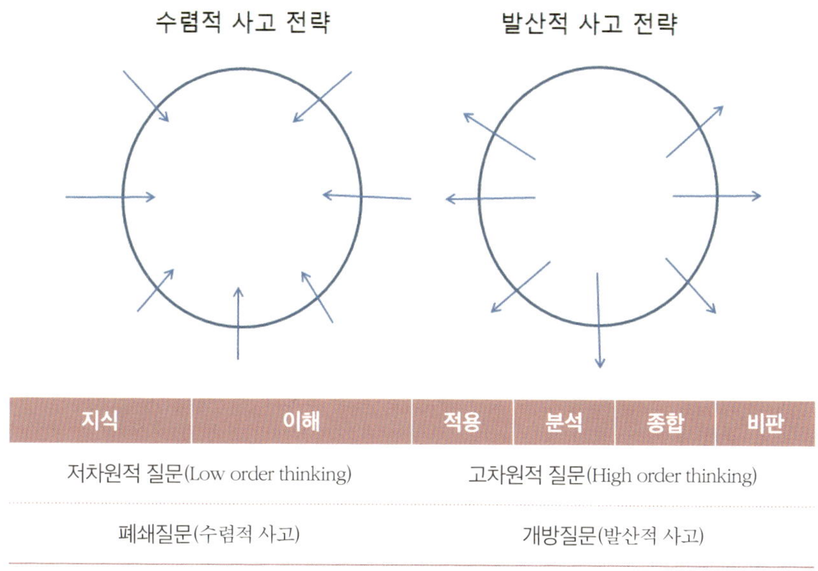

지식	이해	적용	분석	종합	비판

저차원적 질문(Low order thinking)			고차원적 질문(High order thinking)		
폐쇄질문(수렴적 사고)			개방질문(발산적 사고)		

마. 좋은 대답을 이끌기 위한 효과적 질문 방법

연설가이자 저널리스트인 이언 쿠퍼의 효과적 질문 방법을 통해 교회교육리더로서 질문을 하기에 적합한 방법들을 생각해 보자.

1) 가장 적합한 질문 대상자를 찾아내라

질문할 때 누구에게 하는 것이 가장 좋을지 생각하고 물어야 한다. 질문을 던지고 반응을 끌어 내지 못해서 오히려 분위기를 다운시킨 경험이 있을 것이다. 적합한 사람을 찾으려면 평소에 관심이나 관찰이 잘 이루어져야 한다.

2) 타이밍을 잘 맞춰서 질문하라

가장 효과적인 대답을 이끌어 내려면 적시에 질문을 해야 한다. 교육 중 집중을 하지 못하거나 졸거나 하는 학습자에게 질문을 던지는 교회교육리더가 간혹 있다. 이러한 경우는 질문에 대한 적대감을 갖게 하는 요인 중 하나이다. 질문에 대한 긍정적 감정을 갖게 하려면 가장 잘 대답할 수 있는 사람에게 가장 잘 대답할 수 있는 상황에 질문을 하고 좋은 대답을 이끌어 내는 것이 좋다.

3) 예수님이라면 어떻게 할 것인가를 질문하라

선과 악의 기준이 모호한 상황에서는 '예수님이라면 어떻게 할 것인가?'를 질문하라. 의외로 예수님의 방법을 명쾌하게 깨닫게 되는 계기가 된다. 이런 질문 앞에서 학습자는 진리가 예수님 안에만 있음을 알아 갈 것이다.

4) 질문 자체에 부정적 표현을 하지 말라

좀 어려운 듯한 질문을 할 때 상대를 배려한다는 마음으로 "○○야! 이 문제에 대답해 줄 수 있을까? 좀 어렵겠지?" 식의 질문을 하는 경우가 종종 있다. 이런 질문 앞에서는 어려울 것 같다는 대답을 하기가 수월해진다. "○○야 !! 이 문제는 너라면 할 수 있을 것 같은데, 대답해 주겠니?" 이런 질문을 받는다면 옳은 답을 찾으려는 긍정적 반응이 나타난다.

5) 칭찬을 건네고 친밀감을 쌓는 질문을 하라

진정성을 담은 목소리와 상황에 대한 칭찬을 하면서 건네는 질문은 친밀감을 형성하는 최고의 도구가 된다. 예를 들면 "지난주에 제출한 과제가 정말 깊이가 있더구나! 어떻게 그런 생각을 하게 되었니?" 하고 질문을 한다면, 상대의 자존감도 높여주면서 좋은 대답을 이끌어 낼 수 있다.

6) 상대방에게 승낙받기 쉬운 질문을 하라

뭔가를 요구할 때는 상대방이 승낙하기 쉬운 작은 것을 요구하며 질문하라.
작은 일이기에 물어보기도 쉽고 상대가 요구를 거절하는 것 자체가 어려워서
승낙을 얻어 낼 수 있다.

바. 어려운 상황을 벗어나게 하는 질문 방법

교회에서 소그룹 활동이나 교육을 진행
할 때 진행을 어렵게 만드는 상황이 발생
하기도 한다. 이럴 때 상황을 통제하기보
다는 지혜로운 질문으로 다가서면 상황을
보다 긍정적으로 변화시킬 수가 있다.

1) 발언의 기회를 독점하는 사람에게

지식이 많거나 의욕이 넘치거나 매사에 주도적인 사람이 질문을 독점하는 경
우가 있다. 이때 교회교육리더가 통제적 발언으로 접근하면 의욕을 꺾거나 마
음을 상하게 할 수 있다.

"○○ 님은 대단하시네요. 경험이 아주 풍부하시군요.

다른 분들을 위해 제가 말씀 내용을 요약해 드려도 좋겠습니까?"

"그럼, 다른 분들의 의견은 어떠십니까?"

"혹시 다른 관점으로 생각하시는 분은 없으신가요?"

"지금 말씀하신 내용은 뒤부분 XX 세션에 적합한 내용이네요.

그 세션에서 나누어 주세요. ~"

이렇게 해서 리더가 직접 통제나 개입을 하기보다 참가자들이 함께 다룰 수

있도록 기회를 넘겨주는 것이 좋다.

중요한 것은 어떤 경우라도 절대로 발언자에게 냉소적이거나 무시하는 태도
를 보여서는 안된다는 사실이다.

2) 무조건 반대하거나 부정적 발언을 하는 사람에게

이런 경우는 소그룹 전체에 부정적 영향을 주게 된다. 학습자들을 통해 예측
하기 어려운 상황을 만나게 되는 일은 종종 있을 것이다. 그러나 이 상황을 질
문으로 극복해 보자. 너무 비판적이며 공격적인 사람에게는 다음 예시와 같은
질문으로 접근해 본다.

"그렇다면 반대 의견을 주신 ○○ 님의 의견을 들어볼까요?"

"○○ 님의 의견은 일리가 있습니다. 그러다면 ○○ 님의 의견대로 되었을 경우
어떤 이점과 단점이 있을까요?"

"그럼, 어떻게 하면 주제에 맞게 진행될 수 있을까요?"

그럼에도 부정적 열기가 가속된다면 잠시 휴식을 선언하고 휴식 시간을 통해
개인적으로 이야기를 나눠 보는 것도 좋은 방법이다.

3) 성격이나 의견이 다른 사람들 간에 자주 충돌하는 사람에게

교회교육리더는 이러한 상황에서 주제로 관심을 끌어들이는 것이 가장 중요
한데, 몇 가지 질문을 통해 관심 영역을 바꿔 나가는 것이 좋다.

"A안과 B안이 충돌이 일어나는데 과연 다르기만 할까요? 두 의견 사이에 공통
점을 함께 찾아보는 것은 어떨까요?"

"○○ 님은 어떤 관점으로 문제를 보고 계십니까?"

"먼저 두 분의 의견을 적어 보시고, 그런 후에 또 다른 분의 의견을 들어보도록

4) 표현력이 부족해서 당황하거나 긴장하는 사람에게

이런 경우에는 무시하지 말고 교회교육리더가 표현을 정리하거나 요약을 도와주는 것이 좋다.

최대한 화자의 마음이 상하지 않도록 지혜롭게 이끌어 나가야 한다.

출처 : https://brunch.co.kr/@brunchjwshim/34

3. 듣기기술 (Listening Skill)

말 잘하는 교회교육리더가 좋을까 ? 말은 어눌해도 잘 들어주는 교회교육리더가 좋을까? 사람을 움직이는 가장 중요한 무기는 입이 아니라 귀다. 교육지원가의 기본은 경청이다. 특히 적극적인 경청을 잘해야 학습자들이 교육에 집중하게 된다. 상대방이 갖고 있는 정서, 태도, 느낌, 자세 등을 상대방 입장에서 들어주는 것이 바로 적극적인 경청의 핵심이다. 사실 교회교육리더는 교육을 진행하는 데 있어서 내용 전달에 대한 집중, 전체적인 시간

관리, 다음 활동 계획, 전체 학습자들의 분위기 파악 등 해야 할 일이 너무 많기에 집중해서 경청을 한다는 것이 쉽지 않다. 그러나 경청은 교회교육리더가 꼭 갖추어야 하는 제 일의 기술이다. 사람들은 이야기를 잘하는 사람보다 이야기를 잘 들어주는 사람을 좋아하고 신뢰한다. 교육과정에서 교회교육리더의 기본 자세는 자신의 기분이나 생각에 따라 반응하기에 앞서 학습자들의 생각이나 기분에 초점을 두고 경청하려고 노력하는 것이다. 학습자들이 말하고 있는데 잘못 알아듣거나 중간에 말을 잘라버리는 것은 학습자와의 의사소통을 단절시킬 수 있다. 효과적인 듣기기술을 살펴본다.

가. 적극적 듣기의 요령

1) 패러프레이징(Paraphrasing)
- 상대의 이야기를 자기표현으로 바꾸어서 다시 말하는 것이다. 상대방에게 "내가 당신의 이야기를 이렇게 전달 받았습니다"라는 것을 확인시켜 준다. 누군가가 이야기를 했을 때 다른 학습자들은 정확히 못 들을 수가 있다. 이것을 교회교육리더가 다시 정리해서 말하면 자기 생각만 하느라 남의 말을 놓친 참석자들을 이어주는 촉진자 역할을 해줄 수 있다.

2) 공감(Sympathy)
- 상대의 기분을 읽어주면서 공감한다.
- 공감한다는 것은 상대의 감정을 '수용'하는 것이지 그것이 옳다고 '동의'하는 것은 아니다.

3) 질문(Question)
질문은 화자의 말을 잘 듣고 있다는 확신을 주는 행위이다. 사람의 집중은 한계가 있고, 사람의 생각은 차이가 있다. 그렇기 때문에 화자가 말하는 내용을

다 이해하면서 듣는다는 것은 사실상 불가능한 일이다. 이해가 안 가거나 듣다가 놓친 것 같으면 질문을 하면서 확인하는 것이 꼭 필요하다.

4) 중립적 듣기 자세

전체 교육 중에는 중립을 지키는 것이 중요하다. 학습자가 말한 주요 요점을 정리하여 다시 말해주되 학습자의 견해에 대해 충고나 동의, 반대의 개입은 하지 않는 것이 좋다. 그러나 개인적으로 학습자가 의견을 제시하거나 질문을 해올 때는 그에 맞는 의견이나 조언을 해도 무방하다.

나. 적극적 경청의 적절한 활용

1) 상대방의 모든 발언에 대해 모두 적극적으로 경청할 필요는 없다. 경우에 따라서는 승인이나 침묵의 반응을 보일 수도 있다.

2) 외적인 정보나 자원을 제공해 주어야 하는 문제인 경우에는 적극적 청취만으로는 부족하다.

3) 적극적 청취는 상대방의 감정을 '수용'하는 것이지 그것이 옳다고 '동의'하는 것은 아니다.

4) 적극적 청취만으로 문제가 해결되는 것은 아니다. 그러나 이것은 문제를 정의하고 해결책을 모색하는 데 필수적인 단계이다.

다. 경청 실습

실습 (1)

1. 둘씩 짝을 맺는다.
2. 가위·바위·보로 말을 하는 사람을 A, 듣는 사람을 B로 역할을 나눈다.
3. 이야기할 주제를 보여 준다.

4. 복습 기술(Review Skill)

학습자 모두가 내용을 습득했는지 확인하는 것이 필요하다. 또한 학습자들이 충분한 양의 정보를 획득했다고 해서 학습의 전이가 자동적으로 일어날 것이라고 생각하는 교회교육리더는 없을 것이다. 의미 있고 효율적인 학습의 전이는 교회교육리더가 잘 도와줄 때만 일어난다.

가. 복습의 규칙

1) 예고하지 말고 그냥 한다

복습을 한다고 굳이 말할 필요 없이 해야 한다. 복습을 한다고 하면 학습자들이 즐거운 가운데서 복습을 하도록 하는 것이 필요하다.

2) 다양한 방법을 사용한다

복습을 할 때는 다양한 기법을 활용하는 것이 효과적이다.

3) 성공적이 되도록 잘 준비한다

교회교육리더는 복습을 할 때도 성공적이 되도록 준비가 필요하다.

4) 안전감을 갖게 한다

학습자에게 긴장감을 주면 활발한 복습이 일어나지 않으므로 학습자들이 안전감을 가지고 복습을 하도록 한다.

5) 핵심 포인트를 복습하고 강화시키는 방법을 준비한다

나. 90/20/8의 법칙 기억

성인을 기준으로, 90분은 이해하면서 들을 수 있지만 그 이상은 이해할 수가 없다. 어떠한 교육도 90분을 넘지 않고, 20분마다 변화를 주며 8분마다 학습자들이 참여할 수 있는 방법으로 교육을 진행하면 학습자들은 자연스럽게 복습의 기회도 갖게 된다(밥파이크의 창의적 교수법 매뉴얼, 19).

다. 복습 기법

1) 파트너와 복습

- 교회교육리더는 한 단위(20분 기준)의 교육이 끝나면 파트너(짝꿍)에게 현재까지 학습한 내용에 대해 서로 설명을 해주라고 한다.
- 파트너에게 가르치는 일이 끝나면 자신의 파트너가 설명을 참 잘했다고 생각하는 사람은 손을 들어 보라고 한다.
- 교회교육리더는 손을 든 사람의 파트너에게 다시 한 번 전체에게 설명을 해보라고 한다.

교육에 참여하는 것은 배움의 과정을 시작하는 일이고, 다른 사람을 가르치는 것은 배움을 완성하는 일이다. 즉, 학습은 자신이 알고 있는 것을 타인에게 전달할 때 가장 효과적으로 나의 지식이 된다.

2) 리뷰와 리비짓(Review와 Revisit)

리뷰와 리비짓은 복습에 해당한다. 리뷰는 교회교육리더가 학습한 내용을 학습자에게 다양하게 전달하는 방법이다. 리비짓은 학습자들끼리 다양한 방법으로 복습을 하는 것이다. 재미있는 방법으로 학습자들끼리 복습을 할 수 있다면 더욱 효과가 있다(권순현, 2013).

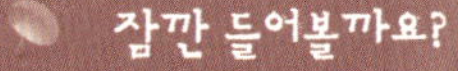

뜨거운 감자

① 감자 모양의 물건과 학습한 중요 핵심 제목 몇 가지를 기록하여 준비한다.

② 팀별로 준비, "시작!"이라는 멘트를 하면 돌리게 하는데, 오른쪽으로, 왼쪽으로 돌리게 한다.

③ 돌리다가 교회교육리더가 "스톱!" 하면 그 순간 뜨거운 감자를 잡고 있는 학습자가 팀원들에게 기록되어 있는 핵심 내용 중에서 하나를 선택해 설명을 하면 된다.

이런 방법으로 몇 번을 반복하면 교육한 핵심 내용을 재미있게 게임을 하면서 복습할 수 있다. 그리고 마지막으로 한 번 더 교회교육리더가 핵심 내용을 정리해 주면 된다. 이런 방법은 복습 중에서 리뷰와 리비짓을 모두 활용한 경우이다.

3) 학습경험 연결

이 기법은 이전, 이후 학습경험을 연결하기 위한 효과적인 전략이다.

① 포스트잇에 현재까지 학습한 내용 중 자신에게 와 닿는 키워드를 적게 한다.

② 작성된 포스트잇을 손바닥에 붙이게 한다.

③ 학습자 전체를 일어나게 해서 다른 사람과 인사를 하면서 손바닥의 포스트잇을 보여주면서 설명하게 한다.

④ 학습자 수가 25명 이내이면 전체 학습자와 공유하게 하고, 25명 이상이면 그룹으로 나누어 공유하게 한다.

⑤ 공유한 포스트잇은 다시 볼 수 있도록 벽에 붙인다.

4) Q&A Game

교회 내에서도 대부분의 부서들은 한 학기 마무리 시간이 있다. 아니면 몇 주 단위로 주제가 종결되는 시점이 있다. 이때 사용하면 좋은 게임법이다.

① 교회교육리더는 진행된 과정에 대해 미리 요점을 정리하여 핸드아웃을 만들어 온다.

② 학습자에게 요약한 핸드아웃을 나누어 준다.

③ 2~4명이 한 조가 되도록 작은 소그룹으로 나눈다.

유인물 읽을 시간을 준다.

④ 각 조별로 10개의 객관식과 5개의 주관식 문제를 만들게 한다.

⑤ 상대 조와 문제를 교환하고 문제를 풀게 한다.

⑥ 문제를 출제한 팀이 채점하고, 상대 팀에게 오답에 대한 정답을 설명하도록 한다.

⑦ 교회교육리더는 한 번 더 최대한 간단히 정리하며 격려를 아끼지 않는다.

Q&A Game을 진행하는 동안, 요약 핸드아웃을 통해 그동안 배운 주제를 점검하고 문제를 내보면서 다양한 각도로 한 번 더 주제에 접근하게 된다. 상대방의 문제를 풀면서 놓친 부분을 더 찾아내게 되며, 상대 조에게 오답을 설명해 줄 때 주제학습에 대한 자기 내면화가 이루어진다.

라. 마인드 맵(Mind Map)

인간의 뇌는 약 1조 개가 넘는 신경세포로 구성되어 있고, 각 신경세포는 주변을 둘러싸고 있는 신경세포와 수백 가지의 방법으로 상호 연결할 수 있는 능력이 있다. 우리가 생각을 할 때마다 각 신경세포간의 연결 물질인 시냅스를 자극하여 연결 반응을 일으킨다. 이렇게 함으로써 새로운 연결과 관계가 가능해지는데, 이것은 논리적으로 예측할 수 없는 것이다. 마인드맵은 우리로 하여금 표준적인 노트 메모나 개요로는 할 수 없는 개념과 개요들이 어떻게 연결되는지를 공간적으로 보여준다. 혼자서나 파트너와 할 수도 있고 그룹으로도 할 수 있다.

1) 마인드맵의 기본 요소

① 중심생각에서 시작하라.

전체를 빈 종이의 중간에 적어라. 12시 방향에 가장 처음 떠오르는 생각들을 적고 난 후에 그것과 관련된 내용들을 작성하고, 더 이상 주제와 생각나는 내용이 없으면 1시의 방향으로 가서 시작한다. 시계가 한 바퀴 도는 것처럼 작성한다.

〈그림 6-2〉 마인드맵의 기본 요소

② 자유롭게 흘러 나가게 한다.

세 번째나 네 번째의 핵심 내용들을 작성하다가 갑자기 첫 번째의 핵심 내용이 생각날 수도 있다. 하지만 걱정하지 말라. 일단 멈추고, 돌아가서 그 생각을 추가하고 난 후에 계속 진행한다.

③ 핵심 단어만 사용하라.

쓰는 속도보다 생각하는 속도가 훨씬 빠르다. 그렇기 때문에 핵심 개념을 바로 바로 생각하면서 개념을 잡을 만한 핵심 단어를 적는다.

④ 이미지를 활용해도 효과적이다.

⑤ 연결할 수 있는 것들을 자유롭게 연결하라. 두 가지의 주제가 서로 연관되어 있으면 간단히 화살표로 연결시키면 된다.

⑥ 자유롭게 정보를 빼고 더하라.

마인드맵은 바로 자신, 우리를 위한 도구이다. 다른 사람을 위한 것이 아니므로 자유롭게 정보를 빼고 더할 수 있다.

⑦ 짧은 시간에 집중하여 작성한다.

2) 침묵의 마인드맵

다수의 참석자들도 의견을 내놓을 기회를 제시하면서 생각을 연결하게 한다. 일반적으로 토의식으로 진행하다 보면 말이 많은 사람들이 주도를 하는 경우가 많다. 침묵의 마인드맵은 말수가 적은 사람이나 많은 사람이나 동등하게 침묵이라는 동일선상에서 의견을 내놓게 되므로 전체가 자유롭게 참여할 수 있는 기법이다. 특히 집중력이 약해져서 소란스러워지기 시작했을 때 침묵하면서 마인드맵을 완성해 가는 것은 아주 흥미로운 기법이다.

규칙

마인드맵 시간이 종결될 때까지 침묵한다.
대주제 옆에 가지치기를 위한 소주제는 각 조 조장이 기술한다.

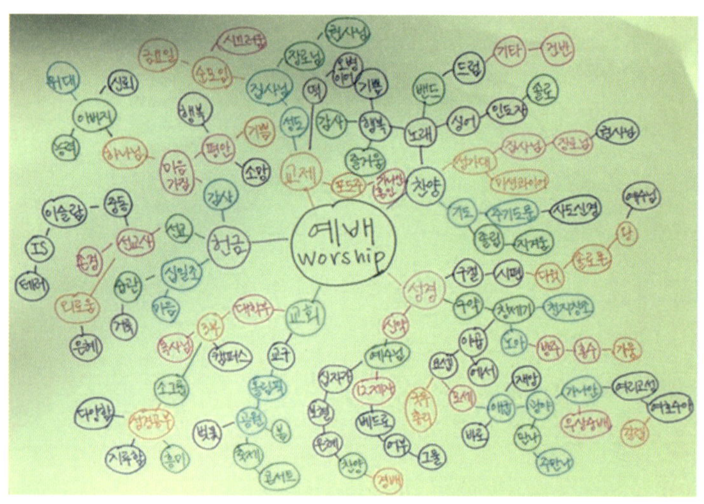

① 우선, 여러 장의 전지를 이어서 붙이거나 대형 롤지를 벽에 붙인다.

② 참석자들에게 배운 주제를 환기시키고 중앙에 주제문을 크게 적는다.

③ 참석자들에게 다른 색상의 마커펜을 한 개씩 지급한다.

④ 주제 질문에 답하는 형식으로 가능한 많은 아이디어를 적되, 원을 그리고 원 하나에 하나의 아이디어를 적는다.

⑤ 다른 참석자의 아이디어를 읽어보면서 생각나는 것을 자유롭게 그러나 침묵하면서 이어 그린다.

⑥ 주어진 시간이 지나면 다 함께 결과물을 검토하고 패턴을 확인하거나 주요한 아이디어를 선정하는 방법으로 진행한다.

⑦ 침묵의 아이디어가 진행되는 동안 가벼운 음악을 틀어준다.

⑧ 가장 많은 동그라미를 그린 색상을 선발해서 해당자에게 오늘 배운 내용의 스토리를 발표하도록 한다.

⑨ 교회교육리더가 마무리를 해준다.

5. 요약기술 (Summarizing Skill)

요약기술은 교육내용을 이해시키는 데 너무나도 효과적인 수단이다. 여러 가지 내용들을 장황하게 설명만 하다 보면 학습자들은 지금까지 뭘 얘기했는지, 그래서 뭐가 중요하다는 얘기인지 핵심을 파악하기가 어려울 때가 많다. 실제 교육을 할 때나 프레젠테이션 또는 회의를 할 때 이러한 요약기술을 잘 활용하면 청중들로 하여금 생각을 정리하게 하는 데 큰 도움을 줄 수 있다. 교육 중 요약은 너무나도 중요한 스킬이다. 특히 마지막 단계에서 그 교육내용에 대한 핵심 요약은 절대로 생략해서는 안 될 가장 중요한 요소 중 하나다(편세경, 2013).

가. 활용 목적

1) 언급된 것을 이해한다는 사실을 나타내기 위해
2) 이미 언급된 것을 부각시키고
   '개작되는 것'을 막기 위해
3) 중요한 것을 알아차리게 하기 위해
4) 토의가 새로운 분야로 진행되도록 하거나 또는 해결책을 모색할 수 있도록 하기 위해
5) 학습의 출발점, 즉 지난 교육(시간)에서 거론된 내용을 확정하기 위해

나. 요약이 필요한 경우

주로 어떠한 상황에서 요약이 필요하고 또 요약을 해야만 할까? 요약이 필요한 경우는 크게 네 가지 정도로 구분할 수 있다.

1) 교육 중 여러 가지 내용이 혼재되어 정리가 필요할 때다.

이럴 때 "지금까지 언급된 사항들을 한 번 정리해 보면~"이라는 식으로 지금

까지 나왔던 내용들의 핵심을 몇 가지로 요약해 준다.

2) 다음 단계로 넘어가기 전에 전 단계의 내용을 재정리할 필요가 있는 경우다.

이럴 때 "제가 앞 단계에서 AA, BB, CC를 설명 드린 바 있는데요~"라는 식으로 다음 단계로 넘어가기 전에 앞 단계의 핵심 사항을 다시 한 번 정리해 준다.

3) 교육의 마지막 단계에서 지금까지 했던 교육내용 중 가장 핵심적인 사항들을 다시 한 번 정리해 주는 경우이다.

"오늘 저의 교육 중 다른 것은 몰라도 DD, EE, FF 이 세 가지는 꼭 기억해 주시기 바랍니다."라는 식으로 요약을 한다.

4) 교육 마무리 단계에서 청중이 질문을 했을 경우다.

그 질문 내용이 길거나 개수가 많을 때에 "아~ 네, 방금 질문하신 것을 정리해 보면 결국 '품질 유지 방안'과 '배송 지연시의 대처 방안', 이렇게 두 가지를 질문하신 거 맞죠?"라는 식으로 질문의 요지와 핵심을 확인하고 정리해 준다.

이렇게 함으로써 질문을 하지 않은 다른 청중들도 그 질문의 요지가 무엇이었는지 다시금 정리하게 되고 그 질문을 공유하게 되는 것이다.

<표 6-3 > 핵심 전달을 위한 요약기술

항목	주요 내용
요약이 필요한 상황	• 여러 가지 내용이 혼재가 되어 정리가 필요한 경우 • 다음 단계로 넘어가기 위한 전 단계의 내용을 재정리할 필요가 있는 경우 • 교육의 마지막 단계에서 핵심을 다시 한 번 정리할 필요가 있는 경우 • 질문의 내용이 길거나 항목이 많을 때 질문의 요지를 정리할 필요가 있는 경우
효과적인 요약을 위한 팁	• 엘리베이터 테스트: 미리 30초 전후의 시간에 내용 요약 준비 • 매직넘버 '3': 많지도 적지도 않은 '3'이라는 숫자를 적절히 활용 • 구체적인 내용을 설명하기 전에 '몇 가지' 라는 식으로 말하고자 하는 내용의 항목을 먼저 제시

인간이 가장 기억하기 좋은 완전한 숫자는 '3'이다. 그러므로 가급적 '3'이라는 숫자를 잘 활용해야 한다. 이 '3'이라는 숫자와 더불어 요약을 위한 매우 효과적인 습관 중 하나는 내용을 설명하기 전에 먼저 '몇 가지'라고 얘기하는 습관이다. 이 습관은 생각 외로 그 효과가 매우 크다.

예를 들어 어떤 내용을 설명할 때 "저는 이 단계에서 가장 큰 문제점 세 가지를 먼저 말씀 드리고자 합니다" 또는 "저는 이 상황에서 적용해 볼 수 있는 해결책은 결국 이 세 가지라고 생각합니다"라는 식으로 내용을 말하기 전에 '몇 가지' 라고 먼저 얘기하는 것이다.

나. 종 류

- 요약기술 - 우리가 무엇을 말하고 있는가?
- 정리기술 - 우리가 어디쯤 가고 있는가?

다. 연결시의 요약(Bridging)

화제나 학습활동을 교육목표에 따라 연결시키기 위해 요약하는 것
- 연결시 요약은 교육지원가가 하나의 활동이나 화제에서 다른 방향으로 전환시킬 때 필요하다.

연결시 요약 요령
- 내용이 지금 어디에 있고 어디로 가고 있는지를 설명한다.
- 다음에 어떤 내용이 전개되는지를 설명한다.
- 그것이 학습목표나 테마에 관련있는지 설명한다.
  "자, 지금까지 우리는 그 문제에 대해 발생 가능한 원인을 몇 가지 알아 보았습니다. 다음은 관점을 바꾸어 그러한 문제가 어떤 이점을 가져다 줄 수 있

• 연결시의 요약은 다른 사람이 한 내용을 받아 자신의 의사를 표현할 때도
필요하다.

6. 반응 기술(Feedback skill)

피드백은 학습자의 행동에 대한 반응이다. 교육에 있어서 학습자 반응에 대
한 결과는 바람직한 행동을 강화시키거나 약화시킨다. 학습자는 제공된 정보
를 바탕으로 지식을 재구성하고 인지적 조정과 부가정보에 의해 학습을 향상
하게 된다. 따라서 피드백은 교육과정에서 학습자의 결함을 교정하고 학습자
가 목표를 향하도록 하는 학습자 형성의 기능을 한다는 점에서 매우 중요하다.
'경영학의 아버지'라고 불리는 피터 드러커는 "역사상 알려진 유일하고도 확실
한 학습 방법은 피드백이다"라고 말했다. 아무리 좋은 이야기를 듣고 감동을 받
았다 해도 습득한 지식과 감동이 실제 자신의 삶에 적용되지 않는다면 진정한
의미의 학습이라고 볼 수 없다. 제공된 정보를 바탕으로 변화와 목표를 향한 학
습자 형성의 기능을 갖게 된다는 것은 교육의 본질적인 의미이다.

피드백은 사람을 변화시키는 강한 힘이 있다. 교회교육리더와 학습자는 학
업에 있어서 서로 정보가 필요하다. 교회교
육리더는 학습이 의도하는 대로 잘 진행이
되는지, 학습자는 자신이 배우는 것이 기준
에 비추어 어떠한지를 알고자 하기에 피드
백이 필요하다. 아무리 교회교육리더가 설
명을 잘해도 학습자가 충분히 소화해 내지

못한다면 아무런 의미가 없다. 교회교육리더는 교육 중에 강화, 형성평가, 요점 정리 등과 같은 적절한 피드백을 제공해 주어야 한다. 또한 교육 후에도 다양한 방법으로 피드백을 제공해 줄 때 교육의 본질적 효과, 즉 변화를 볼 수 있다.

가. 피드백의 목표

① 피드백은 학습의 방향을 제공하고 학습목표를 달성할 수 있는 올바른 방법을 인식하게 하여 학습의 효과를 높인다.
② 교회교육리더와 학습자 간의 신뢰를 높인다.
  피드백은 자신이 미처 생각하지 못한 부분을 일깨워 주기도 하고 긍정적인 행동 방향을 찾게 하는 좋은 효과를 갖게 함으로써 학습자와 교회교육리더의 관계가 더욱 돈독해질 수 있으며, 이러한 관계 형성은 서로에게 긍정적인 작용을 한다.
③ 학습동기의 부여 및 학습자를 학습과정에 적극적으로 참여하게 한다.
④ 학습자의 학습과정에서 발생할 수 있는 문제를 효과적으로 처리할 수 있는 정보를 제공하는 것을 목적으로 한다.

나. 효과적인 피드백

1) 피드백의 준비
• 준비된 피드백과 즉흥적인 피드백
• 교육장에서 피드백 준비(모니터링)
  ① 감지(Sensitivity)
    학습자들의 학습에 대한 흥미 정도, 팀워크, 갈등, 참여도, 좌절 등 소그룹 활동의 정서적·감정적 측면을 감지하여 피드백을 준비함

② **경청**(Active Listening)

학습자들의 학습 정도, 주요 아이디어, 진도, 창의성, 반응 등 소그룹 활동의 주제 또는 과제 측면과 관련된 것에 대한 경청을 통해 피드백을 준비함

③ **개입**(Intervention)

소집단 활동이 좌절 상태에 있거나 학습지시를 잘못 이해했을 때, 논의 방향이 전혀 엉뚱한 곳으로 흘러갔을 때, 소집단의 요청이 있을 때 최소한의 관여와 함께 피드백을 준비함

2) 어떻게 피드백을 할 것인가?

- 긍정적인 피드백과 부정적인 피드백
- 긍정적인(건설적인) 피드백

  ① **동기부여**(Motivation)

  ② **격려**(Encouragement)

- 부정적인(파괴적인) 피드백

  ① **반감을 산다**(분위기를 저해한다).

  ② **동의**(수용)**하지 않는다.**

- 피드백의 세 가지 핵심요소

  ① **Fit**(특별한 사항에 관한 것이어야 한다).

  ② **Focus**(초점이 정확해야 한다).

  ③ **Timing**(적절한 시기에 이루어져야 한다).

- 피드백의 프로세스

  ① **분위기를 조성한다.**

  ② **무엇을 피드백 할 것인가를 명확히 말한다.**

  ③ **피드백 사항**(내용)**을 전개한다.**

  ④ **행위로 실천한 것을 강조하면서 마무리한다.**

인지심리학에서는 학습이라는 의미를 뇌 신경망의 흐름을 연구하여 과학적으로 해석했다. 학습이라는 것은 신경망의 연결 패턴을 변화시키는 것이다. 연결이 되지 않은 채 남아 있는 신경세포들은 지식을 저장하고 있다 하더라도 혼자서 제 기능을 발휘하지 못한다. 그러나 신경세포들이 자극을 받으면 활성화되고, 함께 활성화된 신경세포들끼리 연결된다. 신경세포들을 활성화시켜 움직이게 하는 힘은 피드백을 통해 자극받는 경우 커지게 된다. 따라서 학습이 효율적으로 이뤄지려면 각각의 개념들에 활성화되는 신경세포들이 잘 연결될 수 있도록 해줘야 한다.

그렇다면 어떤 방법으로 자극을 줄 때 잘 연결될 수 있을까? 근접한 세포끼리 활성화를 이룰 때 연결의 가능성은 높아진다. 또한 이전 기억이 들어간 신경세포의 활성화가 약해지기 전에 근접 세포들이 활성화되면 잘 연결될 수 있다. 결국 피드백은 '빠르게' '자주' 해주는 것이 가장 효과적이다.

다. 효과적인 피드백을 위한 가이드

1) 행위를 설명한다.

2) 피드백은 특별한 것이어야 한다.

3) 'I-Statement'를 사용해서 자신이 느끼는 바를 공유한다.

4) 행위가 끝난 다음에 바로 피드백한다.

5) 변화될 필요가 있는 행위에 대해서만 피드백한다.

6) 명확히 해야 한다.

라. 피드백의 종류

1) 학습자 스스로의 피드백

문맹 지역 인도 타밀나두에 있는 아이들에게 인터넷이 되는 PC를 마을에 설치해 두었다고 한다. 아이들은 한 달 만에 어느 누구의 도움도 없이 스스로 비서 수준의 PC 및 인터넷 활용능력과 영어 이해능력을 가지게 되었다. 이 놀라운 이야기를 기억하는가? 인간의 엄청난 학습력을 볼 수 있는 경이로운 소식이었다. 이 아이들을 일깨워 준 것은 바로 피드백이었다. 아이들은 이 호기심어린 물건으로 수도 없는 시행착오와 셀 수 없는 시도를 통해 컴퓨터의 작용 패턴을 알아냈고, 그렇게 밝혀낸 능력은 매우 탁월하였다. 상호작용이었다. 인터랙티브하게 피드백을 제공할 수 있는 인터넷 PC는 순식간에 아이들의 정복 대상이 되어 버린 것이다.

사람에게는 누구나 타고난 학습 능력이 있다. 반복적인 시행착오, 그 과정을 통해 스스로 묻고 시도함으로써 탁월하게 학습해 내는 능력이 있다. 교회학교 교육과정을 통해서도 스스로를 점검하는 기회를 제공하는 것은 다른 어느 경우보다도 탁월한 효과를 가질 수 있다. 기도, 묵상을 통해 자신을 돌아보는 기회를 가진다는 것은 크리스천이 누릴 수 있는 놀라운 특권이다. 말씀 앞에 자신을 비추어 거울을 보는 것같이 자신을 들여다 보면서 스스로 성장해 나갈 것이

고등부 교사 동료가 즐거운 소식을 전해 온 적이 있었다. 고등부 예배를 드리고 분반공부를 하던 중 여행의 유익을 나눈 적이 있었단다. 아무 말이 없던 학생 중 하나가 방학 중 해외여행을 스스로 기획하고 여행을 시도했다고 한다. 여행을 하면서 자신을 돌아보고 삶을 점검하며 변화와 성취를 경험한 멋진 모습이 되어 나타난 학생 이야기를 하며 참 즐거워했었다. 혼자 여행하며 갖은 어려움을 다 겪었다던 그 학생의 표정과 모습이 희망차게 변화된 이유는 어디에 있는가? 스스로의 삶을 피드백하며 스스로가 깨우쳐 맞지 않던 옷을 집어 던지고 편안함을 입고 서 있는 모습 속에서 자연스러움을 보았기 때문일 것이다. 자신을 가장 잘 아는 사람은 나 자신이다. 그러기에 어찌 보면 말씀 앞에 투명하게 비춰지는 자신의 내면을 점검하고 스스로에게 확인과 격려를 주며 한 걸음 발자국을 딛고 나아가는 것은 가장 멋진 변화를 이끌어 내는 일이다.

다. 교회교육리더는 학습자가 스스로를 피드백 해 나갈 수 있도록 방법을 제시해 주는 것이 중요하다.

2) 학습자간의 피드백

피드백은 꼭 교회교육리더나 코치 등에 의해서만 이루어지는 것은 아니다. 같은 동료끼리의 피드백이 주는 영향은 다른 어느 경우보다도 파워풀하다. 학습자들은 서로서로 피드백을 줄 수 있고 또 그렇게 하는 것이 좋다. 뉴질랜드의 연구팀에 의하면 초등학생들이 학교생활에서 받는 피드백 중에 80% 이상은 동료 학생들로부터 온다고 한다. 그런데 안타까운 것은 학생들 간의 피드백은 80% 이상이 잘못된 피드백이라는 점이다. 학습에서 뿐 아니라 삶에서 또래들이 차지하는 비중은 매우 크다. 그렇다면 학생들끼리 적절한 피드백을 주고받을 수 있도록 조건을 잘 만들어 제공하면 큰 효과를 얻을 수 있는 셈이다.

동료 교수법(Peer Teaching)은 교회교육리더의 지도 아래 학생들이 서로 가르치고 배우게 하는 방법이다. 이 방법으로도 완전학습과 거의 비슷한 효과를 볼 수 있다. 학생들에게 있어 서로 의견을 나누고 참고하며 변화할 수 있는 시간들을 효율적으로 만들어 가는 것은 중요한 과제이다. 성공적인 교육의 핵심은 다름 아닌 학습자와 함께하는 교육이다. 그러나 현실적으로 보면 무엇보다 학습자들의 참여와 상호작용이 부족한 실정이다. 어떻게 하면 교육에서 학습자들을 수동적인 청취자가 아닌 주도적이고 능동적인 참여자로 유도할 수 있을까?

마. 피드백시 유의사항

1) 효과적인 피드백

- 행동을 분명하게 묘사할 때
- 행동이 끝난 즉시 할 때
- 피드백 하는 사람이 받는 사람에게 곧바로 할 때

- 피드백 하는 사람이 "나는…" 식으로 자기주장을 분명히 하며 자기 생각이나 느낌, 반응에 분명히 책임지는 태도가 있을 때
- 피드백 하는 사람의 솔직한 감정이 표현될 때
- 받아들이는 사람이 분명하게 전달받았는지 확인이 되었을 때
- 정보를 구하기 위하여 적절한 질문을 할 때
- 상대의 행동이 나에게 미친 영향을 분명히 할 때(당신이 내 얘기를 중단시키고 당신 얘기만 했을 때 나는 당신과 이야기하기가 싫어졌습니다. 만약 당신이 이런 태도를 계속한다면 나는 당신과 더 이상 이야기하고 싶지 않을 것 같습니다.)
- 받아들이는 사람이 요구했거나 적어도 수용하는 자세는 되어 있을 때
- 받아들이는 사람이 자기가 원한다면 수정이 가능한 행동일 때
- 이야기의 요점이 피드백 하는 사람과 받는 사람 두 사람의 욕구에 다 같이 관계가 있을 때, 이것이 두 사람의 관계를 맺는 과정이라는 점이 분명하게 인식되어 있을 때, 두 사람의 역할이 언제든지 바뀔 수 있을 때
- 진행되는 과정에 의미가 있고 도움이 되는 내용일 때

2) 비효과적인 피드백

- 짐작하거나 평가하거나 비판하거나 일반화할 때
- 지연되거나 몇 번 지켜보고 있다가 하는 피드백
- 간접적이며 다른 사람을 통해서 전달하는 피드백
- 자기주장을 분명히 하지 않을 때: '나는'이라는 말 대신 '우리들은' '일반적으로' '모두가' 따위를 사용하고 있을 때
- 감정이 왜곡되거나 부정되어 분명하게 전달되지 않았을 때
- 보내는 사람은 '상대방이 알아들었겠지' 하고 짐작만 하고 있을 때
- 함정이 있거나 대답을 유도해 내는 질문일 때
- 받아들이는 것이 강요되었을 때
- 받아들이는 사람이 자기 자신도 컨트롤하기 어려운 상황일 때

- 받아들이는 사람이 자기 자신도 분명하지 않아 상대의 감정을 건드리지 않거나 상대의 감정을 건드리지 않으려고 너무 신경을 쓸 때
- 받아들이는 사람이 거부할 권리가 주어지지 않을 때
- 진행되는 과정에도 도움이 안 되고 이야기하고자 하는 내용이 아닐 때

교회학교 유년부 교회교육리더 교육지원 스킬 예제

공과 제목 : 어떤 열매를 맺어야 할까요?

본문 말씀 : "내 안에 거하라 나도 너희 안에 거하리라 가지가 포도나무에 붙어 있지 아니하면 스스로 열매를 맺을 수 없음 같이 너희도 내 안에 있지 아니하면 그러하리라" (요 15:4).

오늘 말씀의 제목은 '어떤 열매를 맺어야 할까요?' 입니다.
오늘의 말씀은 요한복음 15장 4절 말씀입니다.
이 그림 아시나요? 맞아요. 씨 뿌리는 사람 이야기예요.

이 이야기에서 예수님은 우리가 열매를 맺기를 바라실까요? 아니면 열매를 맺지 않기를 바라실까요?
맞아요. 예수님은 우리가 열매 맺기를 바라세요. 우리는 다 나무예요. 우리가 다 예수님에 붙어서 열매 맺기를 바라시는 거예요.
그런데 우리는 진짜 나무가 아니예요. 그렇죠? 그래서 사과 열매를 맺을 수도 감 열매를 맺을 수도 없어요.

그럼 우리는 어떤 열매를 맺어야 할까요? 여러분, 우리 지난달의 주제가 무엇인지 기억나나요? 많이 이야기했죠?
맞아요. '이상' 이야기예요 사실 선생님도 이상이 무슨 뜻인지 몰라 많아 찾아봤어요. 그런데 여기서 말하는 이상은 세상이 어떤 방향으로 나아가야 하는지를 알려주는 거래요. 다시 이야기하면 여러분이 다른 친구들이 보기에 모범, 본이 되는 삶을 살아야 한다는 이야기예요. 바로 그런 열매를 맺어야 하는 거예요.
쉽게 이야기하면 이렇게 여러 길이 있어서 사람들이 헤맬 때 "여기가 맞는 길이에요."라고 이야기할 수 있어야 한다는 말이죠.

선생님이 학교에 있으니까 예를 들어 볼게요. 여러분, 학교에서 우유 다 마시죠? 선생님이 하루에도 이런 상황을 아주 자주 봐요. 들어보세요.

자. 만약에 내가 우유를 먹어요. 그리고 나는 오늘 나온 우유를 다 먹었어요. 그리고 그 우유곽을 통에 넣었어요. 그런데 점심시간이 지나고 나니까 내 자리에 빈 우유곽이 있는 거예요. 그럼 어떻게 하죠? 맞아요. 짝에게 우유곽을 주며 "이거 내 거 아니야" 이렇게 하죠. 그럼 내 짝은 또 "내 것도 아니야" 하면서 다시 나에게 밀지요. 그렇게 왔다 갔다 하다가 싸우게 돼요. 아주 자연스러운 거예요. 그런데 다시 아까로 돌아가서 내 자리에 우유곽이 있어서 짝에게 주었는데 짝도 자기 것이 아니라고 할 때 그냥 내가 그 우유곽을 통에다 가져다 놓는 거예요. 왜냐하면 나는 다른 사람과 다른 모범이 되는 삶을 살기 때문이죠.

또 하나 예를 들게요.

선생님 교실에 이런 쓰레기통이 있어요. 그런데 그림처럼 이렇게 쓰레기가 쌓여 있었어요. 그런데 선생님이 치우기 전까지 아무도 치우지 않는 거예요. 그런데 그중 한 친구가 선생님이 시키지도 않았는데 자기가 알아서 치워 정리한 거예요. 근데 그 친구가 바로 교회 다니는 친구였어요.

바로 이런 거예요 다른 사람과 다르게 나는 예수님 믿는 사람이니까 이렇게 살아야 한다고 알려주는 거예요. 바로 그런 열매를 맺어야 한다고 이야기 하는 거예요.

(교실에서 따돌림 당하는 친구에게 말을 걸어주는 우리가 되어야 한다는 이야기도 들려줌.)

그런데 이렇게 행동하는 것이 쉬울까요? 아니에요. 보통 사람이라면 당연히 우유곽 안 치우지요. 내가 버린 것도 아닌데 쓰레기 주울 필요는 없죠. 그래서 이렇게 행동 하는 것이 절대 쉽지 않아요. 그러니까 우리는 예수님께 붙어 있어야 되는 거예요.

이 그림 보이죠? 이렇게 포도나무가 붙어 있으면 다음 그림에 어떻게 될까요?

맞아요. 열매가 맺여요. 그런데 나무에 붙어 있지 않으면? 열매를 맺지 못하는 거예요.

이렇게 우리도 예수님께 꼭 붙어 있어야지 아까 선생님이 이야기한 그런 행동의 열매를 맺을 수 있어요. 절대 우리 힘으로 할 수가 없어요.

여기 친구가 쓴 일기가 있어요(읽어준다).

이런 마음이 드는 이유는? 바로 예수님께 이 친구가 붙어 있기 때문이에요.

우리 유년부 친구들도 예수님께 꼭 붙어 있어서 그림처럼 많은 열매를 맺을 수 있었으면 좋겠어요. 다 같이 기도하겠습니다.

Chapter 6. 교회교육지원가, 퍼실리테이터(Facilitator)의 역할

1. 퍼실리테이터의 역할

- 진행 전문가로서 팀 전체, 각 구성원들을 성장시켜 주는 새로운 리더십이다.
- 내용을 끌어내는 것보다 의사결정을 돕고 이끌어내는 사람이다.

2. 퍼실리테이터에게 필요한 기술들

기술	내용
질문 기술	• **전체질문** : 학습자 전체에게 하는 질문, 질문 후 8초 정도는 기다리고 답이 없는 경우 교수자가 답을 제시해 준다. • **지명질문** : 어렵지 않은 질문을 하되 대답하면 감사와 칭찬의 표현을 충분히 한다. • **중개질문** : 학습자 중에 이상한 질문을 하는 경우 무시하지 않되 다른 학습자 들에게 그 질문의 답을 유도한다. • **반대질문** : 대답하기 곤란한 질문을 하는 학습자에게 스스로는 어떤 의견인지 반대로 묻는다. 의외로 신나게 의견을 이야기 하곤 한다. • **간접질문** : 의문문이 아니라 평서문의 표현을 사용해 대답을 유도한다. • **개방질문** : 단답형의 대답보다는 광범위한 설명을 이끌어낸다.
듣기 기술	• Paraphrasing : 상대의 이야기를 자기표현으로 바꾸어 다시 말한다. • Sympathy : 상대의 기분을 읽어주며 공감하는데, 이때 공감은 '수용'이지 '동의' 가 아니다. • Question : 질문은 화자의 말을 잘 듣고 있다는 확신을 주는 행위이다. • Balance : 중립적으로 듣는 자세가 중요하다. 충고나 반대, 개입의 반응은 조심해야 한다. 사람마다 생각이 다 다르기 때문이다.
복습 기술	• 성인을 기준으로 90분은 이해하며 들을 수 있고, 20분마다 변화를 주면 효과적이며, 8분마다 학습자를 참여시킬 때 교육의 효과가 극대화된다. • 20분에 한 번씩 변화를 줄 때 현재까지의 학습내용을 정리하는 식으로 진행하면 기억에 오래 남는 교육이 될 것이다.
요약 기술	학습자들이 교육의 내용을 정리하게끔 돕는 효과가 있다. 특히 마지막 단계에서는 반드시 교육의 핵심내용을 요약해야 한다.
반응 기술	여기서 반응은 학습자의 행동에 대한 반응이다. 학습자에게 적절한 반응을 해주면 바람직한 행동을 강화시킬 수 있다. 교육 중에 강화, 형성평가, 요점정리 등과 같은 적절한 피드백을 제공할 때 본질적 효과, 즉 변화를 볼 수 있다.

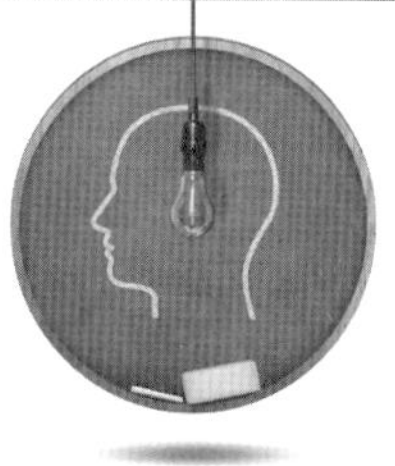

07

교회교육교수방법 살펴보기

07

교회교육교수방법 살펴보기

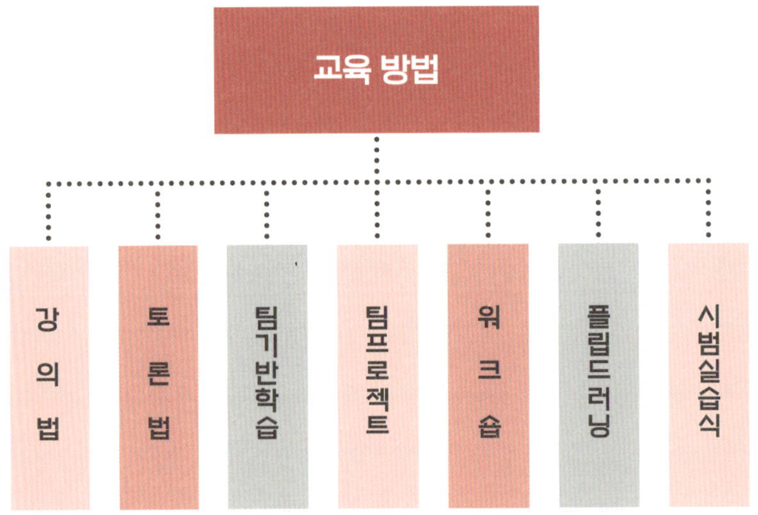

교회교육리더는 교육의 효과를 높이기 위해 다양한 교육방법을 사용해야 한다

1. 강의법

가. 강의법의 의미

강의법은 교육 현장에서 가장 오래된 수업방법이며, 교회교육리더 중심의 교수·학습 형태로서 교회교육리더가 가르칠 내용을 체계적으로 설명하여 학습시키는 수업방법이다. 교역자의 설교도 강의법으로 볼 수 있는데, 이처럼 강의

법은 교회에서 그동안 가장 많이 사용되었다. 설교 외에도 공과공부, 구역예배, 교회 프로그램 등에서도 적용되었다.

강의법은 일반적인 교회교육리더의 설명을 학습자가 수동적인 태도로 경청만 함으로써 활발한 상호작용이 일어나기 힘들다. 즉, 교회교육리더 개인의 표현능력과 전달기술에 의존해서 진행되기 때문에 전달기법이 다른 교육방법보다 중요하다.

장년부 대예배 설교시간 외에는 강의법으로 교육을 진행하면서 다양한 기법을 활용해 학습자와 상호작용을 하면서 효과적인 교육방법으로 진행할 수 있다.

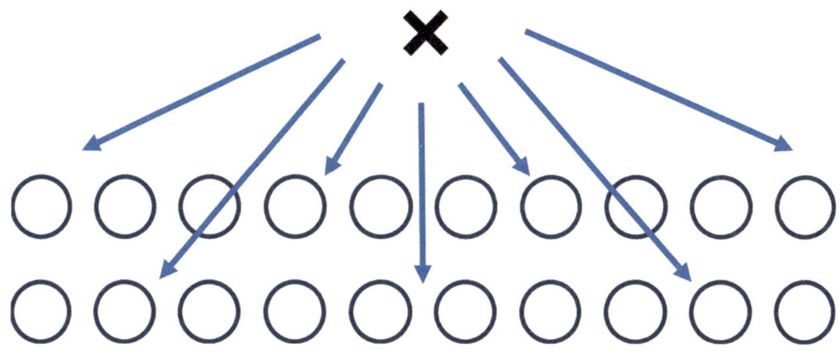

[그림 7-1] 교회교육리더 · 학습자 상호작용 패턴

나. 강의법 절차

강의법은 교회교육리더 개인의 표현능력과 전달기술에 의존해서 진행되기 때문에 교수기법과 교회교육리더의 열의 있는 태도가 필요하다.

〈표 7-1〉은 강의법 절차이다.

〈표 7-1〉 강의법 절차

학습 절차		주의사항
1단계 **도입**	· 교회교육리더와 학습자 간의 관계설정, 주의집중 · 동기부여 · 어떻게 강의를 진행할지 설명 · 무엇을 배우게 될지 설명	· 성실하고 열의 있는 태도 · 일상적인 습관에 유의 · 학습자들의 참여를 유도 · 다양한 매체 활용 · 전달방식의 다양화
2단계 **전개**	· 내용을 연역적·귀납적 방법으로 제시 · 주의집중을 위한 자극의 다양화 · 중요한 내용을 반복해서 설명	
3단계 **종결**	· 요약 정리 · 재동기 부여 · 다음 시간에 배울 것과 준비해야 할 것을 알려줌	

다. 강의법 교수 전략

1) 학습자의 수동적인 태도로 활발한 상호작용이 일어나기 힘들기 때문에 질문을 함으로써 학습자들과 의견을 교환한다.

2) 옆 사람(짝꿍)과 이야기할 시간을 갖게 한다.

3) 그림이나 사진, 슬라이드 등 다양한 매체 자료를 활용한다.

4) 교안의 구성에 따라 진행한다(도입, 전개, 종결).

잠깐 들어볼까요?

주제: 선한 사마리아인

대상: 중등부

1. 좋은 이웃은 어떤 이웃일까: 전체 질문

2. 선한 사마리아인의 비유에서 참된 이웃은 누구인가?: 짝꿍끼리 서로 이야기하게 한다.

3. 미워할 수밖에 없는 사람, 사랑하기 어려운 사람을 용서해준 경험이 있는 사람을 찾아서 경험담을 이야기하게 한다.

4. 학습자 중에 발표할 사람이 없다면 교회교육리더가 본인의 경험이나 다른 사람의 사례를 들려준다.

2. 토론법(Discussion)

토론은 어떤 주제에 대해 교수와 학습자 또는 학습자들 간에 언어를 매체로 의견을 상호 교환하는 수업방법을 의미한다. 교회교육에서는 초등부 수업부터 토론 수업이 가능하다.

토론식 교수법은 강의법이 갖고 있는 한계를 극복하고 학습자들의 참여를 유도하기 위해 사용하는 것으로 역동적인 상호작용을 통해 정보와 의견을 교환하고 결론을 이끌어 내는 교수방법의 하나이다. 또한 다른 어떤 교수방법보다 상호작용적이고 학습자 중심적인 방법이며, 학습자들의 의사전달 기술과 비판적 사고능력을 기르기 위한 교수방법 중 하나이다.

가. 토론식 교수법의 특징(Cruickshank 외, 1995)

- 단순한 질의응답과는 달리 토론은 대화를 통한 상호작용에 의해 학습자들의 적극적 참여를 이끌어 냄으로써 효과를 향상시킨다.
- 토론을 주도하는 교회교육리더는 상황에 따라 다양한 역할을 수행한다. 활발한 상호작용으로 토론이 진행된다면 교회교육리더는 단지 관찰자의 역할을 수행하는 반면, 토론이 활발하게 진행되지 못하면 집단의 일원으로 토론에 참여할 수도 있다. 대부분 교회교육리더는 토론의 촉진자나 조정자의 역할을 수행한다.
- 토론 참여자들의 특성이나 토론 집단의 크기에 따라 토의의 성격은 달라질 수 있다. 작은 규모의 소집단으로 토의가 이루어질 수도 있고, 참여자 모두가 함께 참여하는 대규모의 토론이 될 수도 있다.
- 토론이 효과적으로 진행될 수 있도록 토론 집단의 배치가 적절하게 이루어져야 한다. 토론에 참가하는 참여자들은 대개 원형으로 앉도록 배치하는 것이 좋으며, 토론 주제나 참여자의 특성에 따라 집단의 구성이나 배치가

달라질 수 있다.

나. 토론식 교수법의 장단점 및 유의점

1) 장점

- 학습자들의 적극적·자발적 참여를 유도할 수 있다.
- 타인과 지속적인 상호작용으로 창조적인 사고능력 배양과 협동적 기술 및 태도 가 함양된다.
- 유초등부나 중고등부, 청년부 등에 출석을 한 것이 오래지 않아 서먹할 때 협동적 토론 수업을 통해 교회 적응에 도움이 될 수 있다.
- 집단역학의 작용으로 집단 시너지 효과를 얻을 수 있다.
- 적극적인 구성원 의식과 집단에 대한 긍정적 태도를 갖게 된다.

2) 단점

- 시간이 소요된다.
- 적극적인 몇몇 학습자에 의해 주도되고 나머지는 무관심하기 쉽다.
- 철저한 사전 준비와 규칙 개발, 체계적 관리가 요구된다.

3) 무엇을 주의해야 하는가?

- 교회교육리더는 자신의 역할 변화를 파악한다.
- 모든 학습자들이 참여하도록 한다.
- 활발한 토론이 되도록 준비를 철저히 한다.

가르치는 교회교육리더의 입장에서는 계획자, 진행자, 정보 제공자, 조언자, 상담자, 그리고 평가자로서 역할 변화가 필수적이다. 토론식 교수법을 활용할 때는 목적이 무엇이고, 무엇을 배울지에 관해 학습자들에게 설명해 주고, 토론의 유형에 따라 역할을 분담시킨다. 그리고 필요한 정보를 제공하고 학습자들

간에 생길 수 있는 갈등과 비난을 통제해야 한다. 한편으로 토론이 적극적인 일부 학습자에 의해 주도되고 나머지 학습자들은 소외될 수 있으므로 학습자들의 참여와 관리에 신경을 써야 한다. 교회교육리더는 진행자로서 소외된 학습자들에게 발언권을 주거나 질문을 유도하는 등 토론을 원활히 진행시켜야 한다.

어느 교수방법이든 철저한 준비는 꼭 필요하지만 토론식 수업에서 주제 선정, 자료준비, 진행방법 등에 특히 세심한 준비가 필요하다(권성호, 2000: 264-265).

다. 토론식 교수법의 절차

토론식 수업을 효과적으로 진행하기 위하여 거쳐야 할 절차를 살펴보면 〈표 7-2〉와 같다(권이종·이상호, 2001: 210)

〈표 7-2〉 토론수업의 단계

단계	내용
토론 시작 단계	자연스러운 토론 분위기를 조성하는 단계로 토론에 대한 전반적인 안내를 통해 토론의 목적을 소개하고 토론방법을 결정하는 단계이다.
전개 단계	다양한 의견이 개진되는 과정으로, 자유롭게 자신의 의견을 표현하고 상대방의 의견을 충분히 듣는 단계이다.
정리 단계	다양하게 토론된 내용들을 종합하여 주제별로 정리하는 단계이다.
설명 및 생각 단계	전체 토론 과정 중에서 가장 긴 시간을 할애하는 단계로, 토론의 지도자와 참여자가 함께 토론의 내용을 검토하는 시간이다. 이 단계에서는 대부분의 토론 참여자들이 장시간의 토론으로 인해 많이 피로한 상태이므로 가장 합리적인 결론을 찾도록 해야 한다.
종합 단계	지금까지의 토론 내용을 총 정리하고 결론과 해답을 찾아 종합하는 단계이다.

라. 토론을 위한 아이디어 도출 및 수렴 기법

토론과 회의, 팀 학습을 위해서는 다양한 아이디어를 도출해 내야 한다. 필요한 아이디어를 만들어 낼 때 기본 요령을 갖춘다면 더 큰 효과를 거둘 수 있다.

아이디어를 도출하는 방법은 크게 자유연상법과 강제연상법으로 구분할 수 있다. 자유연상법은 주제에 대해 생각나는 대로 자유롭게 발상하여 아이디어를 도출하는 방법이고, 강제연상법은 주제와 무관한 그림이나 단어를 강제로 주제와 연결시켜 발상하는 방법이다(장경원·고수일, 2013). 팀 구성원들이 아이디어를 도출할 때 처음에는 팀원의 아이디어가 지속적으로 증가하지만 내용에 익숙해질수록 아이디어는 감소한다. 그러나 팀을 이끄는 리더가 팀원들에게 새로운 자극을 제시하면 2차 아이디어 도출이 이루어질 수 있다. 따라서 교회교육리더는 팀원들이 새로운 아이디어를 도출할 수 있도록 아이디어 도출 기법을 활용하면서 수업을 진행해야 한다.

1) 브레인스토밍(brainstorming)

브레인스토밍은 창의력 훈련의 한 방법으로 활용되어 왔다. 'brain'은 두뇌이며 'storming'은 회오리를 일으킨다는 의미로, 기존의 사고방식이나 개념에서 벗어나 자유롭게 사고하며 아이디어나 의견을 끌어내는 방법이다. 어떤 문제나 과제에 대해 집단 구성원들이 집중적으로 그 해결방안을 모색하기 위해 두뇌를 활용하도록 하는 집단사고 방법이라 할 수 있다. 자유롭고 제한 없이 의견이나 대안을 교환해 해결방안을 함께 모색하면서 어떤 하나의 아이디어가 다른 아이디어들을 연상 작용처럼 이끌어 내도록 함으로써, 한 개인으로는 생각지 못했던 기발한 아이디어들을 이끌어 낼 수 있다는 점이 특징이다.

브레인스토밍은 미국의 한 광고대행회사의 오스본(Osborn)이 처음으로 사용하여 많은 성과를 거두면서 1950년대 이후로 널리 사용하게 되었다. 브레인스토밍 기법은 다양한 분야에서 널리 사용된다. 교회에서도 6~12명 정도의 집단을 대상으로 하는 교육에 사용하면 효과적일 것이다.

(가) 브레인스토밍의 원칙

① 자유분방한 아이디어나 의견을 낸다.

② 타인의 아이디어나 의견을 비판하지 않는다.

③ 질보다 양 위주의 많은 아이디어나 의견을 권장한다.

④ 타인의 아이디어나 의견을 조합하여 새로운 아이디어나 의견을 창출한다.

⑤ 빠른 속도로 아이디어를 내며 순환하다가 벨이 울리면 발언을 중지한다.

⑥ 엉뚱하고 역동적인 아이디어를 환영한다.

⑦ 다른 사람의 의견에 덧붙여 첨언하는 것은 무방하다.

⑧ 진행자는 격려하는 역할을 하며 되도록 부정적인 말이나 비판적 피드백으로 자유로운 사고를 제한하지 않도록 한다.

⑨ 제기된 의견이나 생각에 대한 판단은 나중에 하며, 특히 타인이 의견을 말하는 순간에는 절대로 평가하지 않아야 한다.

(나) 브레인스토밍의 단계

브레인스토밍은 위의 규칙들을 숙지한 후 5단계를 거쳐 실시하게 된다. 이때 가능하면 다과를 준비하고 원형으로 둘러앉아 한 사람이 한 번씩 아이디어를 내도록 한다. 또한 긴장감을 늦추지 않고 빨리 순환하도록 하며 개진된 의견들을 기록한다. 브레인스토밍은 다음과 같은 경우에 활용하면 더욱 효과적이다.

① 집단 구성원의 창의성과 상호자극을 최대한 허용하고자 할 때

② 과거의 패턴에서 벗어나 새로운 가능성을 탐색할 때

③ 어떤 행동의 과정이나 결과에 대한 예측을 하고자 할 때

④ 어떤 문제에서 간과되는 부분을 최소화하고자 할 때

⑤ 집단 구성원의 의견을 수렴하여 집단의 주요 방침이나 정책을 변경하고자 할 때

⑥ 아무런 제한없이 역동적인 아이디어를 찾고자 할 때

<표 7-3> 브레인스토밍의 단계

단계	내용
1단계	과제를 정한다.
2단계	진행자와 기록자를 정한다.
3단계	진행자의 주도 아래 차례로 아이디어를 낸다.
4단계	토의 기록을 참여자들에게 제시하고 보완·분석한다.
5단계	아이디어나 의견을 구체화시킨다.

그러나 브레인스토밍은 수준이 높지 않은 아이디어들에만 맴돌 수도 있으며, 또 개진된 아이디어의 약 10% 미만이 최종적으로 유용하다는 통계를 볼 때 시간 낭비라는 비난도 있다. 그밖에도 아이디어를 낸 개인에 대한 보상을 하기 어렵고 참여자 집단 전체에 대한 인정만 할 수 있다는 제한점도 있다.

<브레인스토밍 실습>

■ **1단계** 그룹을 편성하고 역할을 분담한다.
　　-**역할** : 사회자, 서기, 발표자, 그룹원
■ **2단계** 그룹별로 아래의 주제 중 하나를 선정해 브레인스토밍법에 맞춰 토의를 시작한다.
　　-**시간** : 약 10분
　　-**주제 예** : 어떻게 하면 선한 사마리아인처럼 이웃을 도울 수 있을까?
　　　　　　예수님 사랑의 실천방법(공과공부)
　　　　　　교회식당 잔밥 줄이는 법, 청년부 활성화, 구역예배 활성화 (일반 회의)
■ **3단계** 서기는 모조전지 또는 컴퓨터에 토의 결과를 기록한다.
■ **4단계** 브레인스토밍의 결과 최선안을 선정한다.
　　-**선정 방법** : 브레인스토밍 결과로 나온 아이디어 중 우수한 아이디어를 5개로 압축한다. 압축한 아이디어에서 중요성, 효과성 등의 기준에 의해 최선안을 선정한다.
　　-**요령** : 다수결이 아니라 충분히 서로 협의해서 상대방의 의견을 수렴하여 선정한다.
■ **5단계** 발표한다.
　　-**발표 방법** : 발표자가 전체 나온 아이디어가 몇 개이고 그중 5개로 압축된 것을 발표한 뒤 최선안으로 된 아이디어를 발표하고 최선안으로 선정된 이유를 발표한다.

2) 브레인라이팅(brain writing)

브레인라이팅은 1968년 로르바흐(Rohrbach)가 개발한 창의성 기법이다. 침묵 가운데 각 개인이 발상하도록 하면서 아이디어 회의를 진행하는 방식으로, 6-3-5 법칙 또는 635법칙이라고 부른다. 다른 사람이 작성한 아이디어를 보고 새로운 아이디어를 도출하기 때문에 아이디어 릴레이라고도 한다. 창의성기법으로 초등부, 중고등부, 청년부에서 활용하면 효과적인 아이디어를 재미있게 도출할 수 있다.

(가) 브레인라이팅 장점

① 침묵의 회의다. 참가자들은 말을 하는 대신, 시트에 자신의 아이디어를 조용히 적는다. 다음에는 아이디어 시트를 옆 사람에게 전달하고, 옆 사람은 앞사람이 적어낸 아이디어를 참고로 다시 새로운 발상을 덧붙인다. 다른 사람들 앞에서 자기 의견을 말하기 두려워하거나 꺼리는 사람들에게는 효과적인 아이디어 발상 기법이다.

② 단시간에 대량의 아이디어를 모을 수 있는 간단한 아이디어 발상법이다. 6명이 기본 방법으로 아이디어를 모을 경우, 108개의 아이디어를 낼 수 있다.

③ 참가자 전원이 평등하게 참여할 수 있다. 아이디어 발상 시간이 전원에게 균등하게 주어지므로 발언이 몇몇 사람에게 치우치는 문제를 극복할 수 있다.

④ 지위나 입장이 달라도 눈치 보지 않고 발표할 수 있다. 지위와 상관없이 발상 시간이 똑같이 주어져서 평등한 아이디어 회의가 진행된다.

⑤ 처음 만나는 사람들과 얼마든지 가능하다. 진행 규칙만 이해하면 바로 회의를 시작할 수 있어 누구든지 워밍업 필요 없이 바로 실행할 수 있다.

⑥ 정확한 기록을 남긴다. 직접 적기 때문에 정확하게 기록을 남길 수 있다.

(나) 진행방법

① 브레인라이팅 전용 시트로 A4나 A3 용지와 의견을 적을 수 있는 포스트

잇을 준비한다

② 참가자는 원칙적으로 6명으로 제한한다.

③ 한 라운드에 각자 3개의 아이디어를 작성한다

④ 한 라운드를 끝내는 시간을 5분으로 한다.

5분이 지나면 1라운드는 종료된다. 각자의 시트를 왼쪽 사람에게 전달하고, 오른쪽 사람으로부터 다른 시트를 받으면 다시 2라운드가 시작된다. 이런 방법으로 6라운드까지 진행하면 108개의 아이디어가 나온다.

(다) 아이디어 수집 정리

① 수집된 아이디어는 팀별로 수집 정리하는 방법, 참가자가 직접 부착하는 방법 등 상황에 따라 다양한 방법으로 유사한 것끼리 모아 분류할 수 있다.

② 분류된 유사한 아이디어를 포괄하는 키워드를 적어 제일 위에 붙인다.

③ 지금까지 나온 아이디어 중 가장 좋은 아이디어를 결정하는 방법으로, 한 사람이 한 장의 시트에서 나온 아이디어 중 2-3개를 고르도록 한다. 그런 다음 왼쪽으로 시트를 넘기고, 오른쪽으로부터 다른 시트를 받아 점수를 준다. 점수를 줄 때는 투표용 스티커를 활용할 수 있다.

④ 이러한 과정을 통해 가장 많은 점수(스티커)를 받은 아이디어를 채택하면 된다.

3) 랜덤워드(random word)

랜덤워드는 주제와 무관한 단어를 자극으로 활용하는 강제연상법기법의 하나이다. 선택한 랜덤워드의 특성을 15개 내외로 브레인스토밍을 한 후, 이 특성과 논의하려는 주제를 강제로 연관시키는 방식으로, 창의적인 아이디어를 만들어 낸다. 반드시 무작위로 단어를 선택해야 하고 주제와 무관하며 참석자들이 일상생활에서 접하는 단어를 활용하도록 한다.

 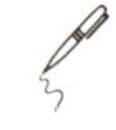

(가) 랜덤워드의 진행방법

① 주제와 무관한 하나의 단어를 선택
   한다.

② 이 단어를 가운데 쓴 후, 그 둘레에
   그 단어의 특성을 15개 내외로 쓴다.

③ 각 특성들과 주제를 강제로 연관시
   켜서 아이디어를 낸다.

④ 아이디어를 내는 과정에서 적절한
   아이디어가 더 이상 안 나오면 다른
   단어로 바꾼다.

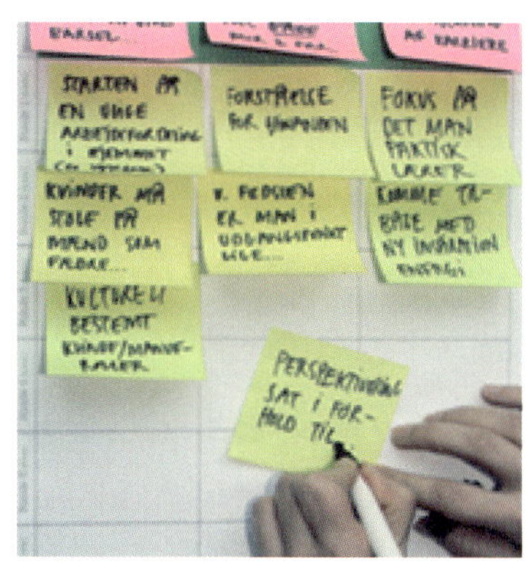

[그림 7-2] 브레인라이팅 기법

4) 디딤돌

디딤돌은 강제연상법의 하나로 랜덤워드를 조금 더 재미있게 진행할 수 있는
방법이다(장경원·고수일, 2013).

(가) 디딤돌 진행 방법

① 전지나 이젤 패드에 피자처럼 8칸을 그린다.

② 아이디어 도출을 위한 질문을 작성해 원 안에 붙인다. 질문은 'What
   Question + 연결/결합/ 유추'의 형태를 갖도록 작성한다. 즉, '무엇을 하
   면~을/를 해결할 수 있을
   까? 어떻게 하면 ~을/를 할
   수 있을까?'

   예를 들면 주제를 "어떻게 하
   면 전도를 잘할 수 있을까?"

   "어떻게 하면 성경공부를 열
   심히 할 수 있을까?"

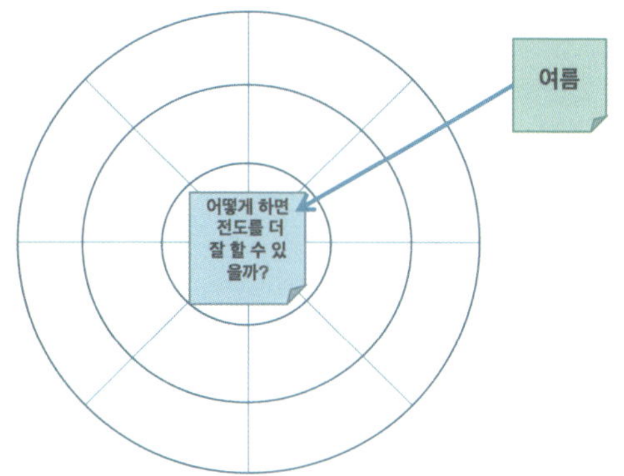

③ 즉흥적으로 떠오르는 단
어(명사)를 써 질문위에 붙
인다. 예를 들면 사과, 시
계, 여름 등과 같은 단어
이다.

④ 동그라미 안에 있는‘여름’
의 단어를 중심으로, 떠오
르는 다양한 것을 포스트
잇에 자유롭게 작성하여
동그라미의 8개 칸을 채
운다.

⑤ 디딤돌이 되어줄 단어가
완성되면 다시 원래의 질
문이 보이도록 ‘여름’의
단어를 제거한 후, “디딤
돌을 연결/결합하면 무엇
을 할 수 있는가?”를 질문
하며 본래의 질문에 대한
아이디어를 작성하여 나
머지 칸을 채우면서 아이
디어를 도출한다.

⑥ 도출된 아이디어가 만족
스럽지 않거나 충분하지
못하면 디딤돌의 단어를
교체하여 추가 아이디어
를 도출할 수 있다.

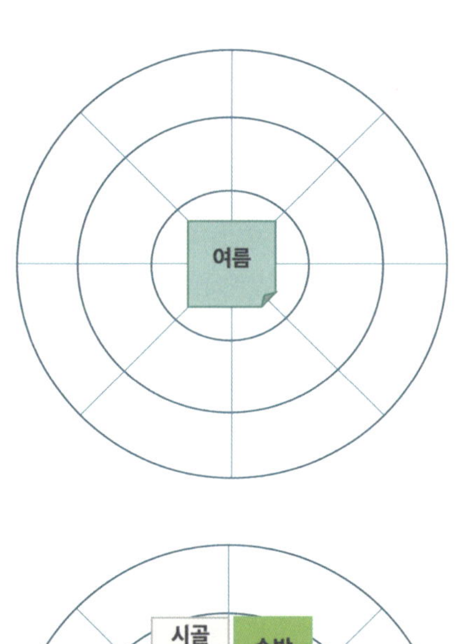

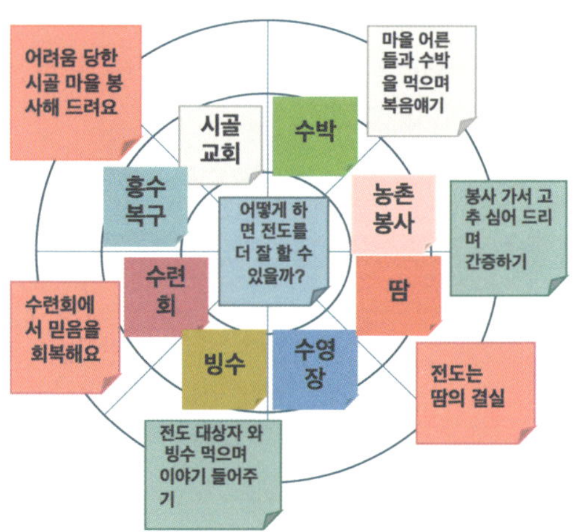

3. 팀기반학습

팀기반학습은 팀워크를 바탕으로 팀 목표 달성을 위해 구성원 각자의 다양한 경험과 아이디어를 공유하면서 주어진 문제를 해결해 나가는 집단학습이다. 그리고 학습활동을 하는 데 있어서 목표 달성을 위한 과제, 개인별 평가와 팀별 평가 교회교육리더의 피드백 등의 진행 절차가 있는 학습법이다. 팀 차원의 학습은 개인 차원의 학습이 잘된다고 저절로 보장되지 않는다. 개인학습을 촉진시켜 그 결과가 팀 차원으로 승화되고 발전되기 위해서는 팀학습활동을 촉진시키는 팀 차원의 집단적 조건과 환경이 지원되어야 한다. 따라서 여기서 팀기반학습은 학습팀이 최상의 성과를 산출하기에 유용한 학습법이라 팀 구성과 팀 활성화에 대한 부분을 중심으로 살펴보고자 한다.

팀기반학습 그 자체는 소그룹 토의와는 좀 구분이 된다. 특별한 교수전략, 다시 말해 학습활동을 하는 데 있어서 특별한 결합과 진행 절차, 즉 'process'가 필요한 학습법이다.

가. 팀기반학습의 특성과 원리

1) 팀기반학습의 특성

팀이라는 것은 함께 무언가를 이룰 조직이다. 일반 집단과는 구별되는 특성이다. 공동으로 '팀의 발전'이라는 목표를 가지고 서로가 높은 신뢰 관계를 형성해야 가능한 일이다. 따라서 팀이 발전적으로 변화하려면 함께하는 시간과 자원의 공유, 공동의 목표를 향한 과업의 시행, 그리고 개인별·팀별 성과에 대한 피드백이 필요하다.

2) 팀기반학습의 원리

일반적으로 팀기반학습에서 가장 우려하는 것은 일부 학습자들의 무임승차이다. 이를 방지하고 구성원 모두가 역할을 가지고 팀학습에 주도성을 가지고 참여하게 하는 것이 교회교육리더의 역할이다. 적절한 팀 구성과 구성원들의 역할 설정, 학습활동에 대한 성찰과 피드백 그리고 공정한 평가를 통한 개인과 팀의 발전을 촉진할 수 있는 원리를 적용해야 한다.

(가) 팀 구성과 책임부여

- 다양한 특성을 가진 학습자들이 골고루 구성될 수 있도록 인적 · 지적 자원을 배분한다.
- 구성원들이 수업 전 준비에 책임을 다했는지 꼭 평소 점검을 한다.
- 평가과정에서 팀 상호작용을 통한 학습을 촉진시킬 행동에 대해 어떠한 형태로든 포상을 하는 것은 동기부여를 일으키는 촉진제가 된다.

(나) 팀별 학습과제

효과적인 팀별 과제 개발에는 반드시 상호작용이 필요하다.

- 개인적 책임감 수준을 증진시키는가?
- 물리적인 근접성을 보장하는가?
- 빈번한 토론을 자극하는가?
- 즉각적이며 명백하고 의미 있는 피드백을 가져다주는가?
- 명백한 보상을 제공하는가?

(다) 즉각적인 피드백 제공

팀기반학습 성공의 핵심요소는 즉각적인 피드백 제공에 달려 있다 해도 과언이 아니다. 피드백은 내용 학습과 협력에 필수적일 뿐 아니라 팀 발전에 강한 영향력을 미친다.

팀기반 학습의 꽃은 학습자간의 피드백이다. 학습자간 피드백에 의해서 공동의 과업을 성취해 가는데, 팀이 과업을 이루어 가기 위해서는 각자의 역량을 골고루 사용해야만 한다.

학습자간의 피드백을 통해 각자 개인의 기여도가 산출되고 공평성의 문제가 도출되기도 하여 균형을 맞춰 가는 과정이 형성된다.

나. 학습팀 마음열기

구성원들이 비전을 공유하고 공동의 목표를 달성하기 위해서는 효율적인 의사소통 체계를 갖추어야 한다. 팀기반학습은 상호작용함으로써 성과를 달성하는 팀 체계에 바탕을 둔 교수·학습 방법이다. 바람직한 팀 구성과 팀 구성원들이 학습활동에 적극적으로 참여하기 위해서 팀 빌딩이 중요하다.

<표 7-4>팀기반 학습 순서

팀 구성	팀 빌딩	역할 설정 및 아이디어 도출	피드백
지적 자원 배분하기 네임텐트 만들기 구성원간 소개하기	팀명 만들기 팀 구호 만들기 그라운드룰 만들기	역할 설정 아이디어 도출	개인 차원 피드백 팀 차원 피드백

1) 팀 구성하기

(가) 팀 구성원의 다양한 특성 고려

- 다양한 시각과 경험을 가진 참가자들이 혼합될 수 있도록 고려한다.
- 구성원의 능력 수준이 비슷하도록 팀을 구성하는 것도 하나의 방법이다
- 어떤 팀은 적극적이고 역량 있는 구성원으로 구성되고 어느 팀은 다른 팀에 비해 저조할 수 있다. 따라서 교회교육리더가 OT 시간에 사전 조사나 정보 수집을 통해 자료를 분석하여 구성하는 것이 효과적이다.

만약 사전 조사를 하지 못한 경우나 사전 조사를 하여 팀을 구성했지만 팀을 바꿀 필요가 있다면 생일이 3월 이내 사람, 4월에서 6월, 7월에서 9월 등과 같은 방법을 활용할 수 있다.

〈그림 7-3〉 이질감과 동질감

(나) 적정 규모

일반적으로 4-6명을 적정 규모라고 말하지만 실제 무임승차를 막을 수 있는 최적의 인원수는 4명이다. 짝짓기나 시너지 효과는 짝수, 논쟁에는 홀수가 적절하다.

(다) 집단응집력 발달을 방해하는 요인 최소화하기

학습자들에게 구성하도록 하면, 대학부나 청년부는 사귀는 남녀가 같은 팀에 들어갈 수도 있고 친한 사람끼리 한 팀에 들어갈 수가 있다. 따라서 그렇지 않은 사람이 들어가면 이질감을 느낀다.

2) 네임텐트(명패) 만들기

명패를 만들어 테이블에 세팅한 후 돌아가면서 자연스럽게 자신을 소개한다.

① A4를 3번 또는 4번 접어서 명패를 만든다.

② 명패 중앙에 이름을 적고 네 모서리에 학습자의 특성에 따라 기억에 남는 교회활동, 성경인물 등 다양한 내용을 적는다.

〈그림 7-4〉 명패 작성 후 소개하는 모습

③ 명패가 완성되면 다른 사람이 잘 볼 수 있도록 명패를 책상 위에 올려놓는다.
네 모서리에는 학습자의 특성에 따라 내용을 바꾸어 작성할 수 있다.

교회 청소년들을 대상으로 작성할 때는 교회와 관련된 내용만 기록하게 하면
식상하게 생각하므로 그들이 좋아하는 연예인 등을 같이 기록하게 한다.
Tip) 팀을 구성한 후 소개한다.
명패 만들기는 교회교육에서 유년부 이상 활용 가능한 활동이다.

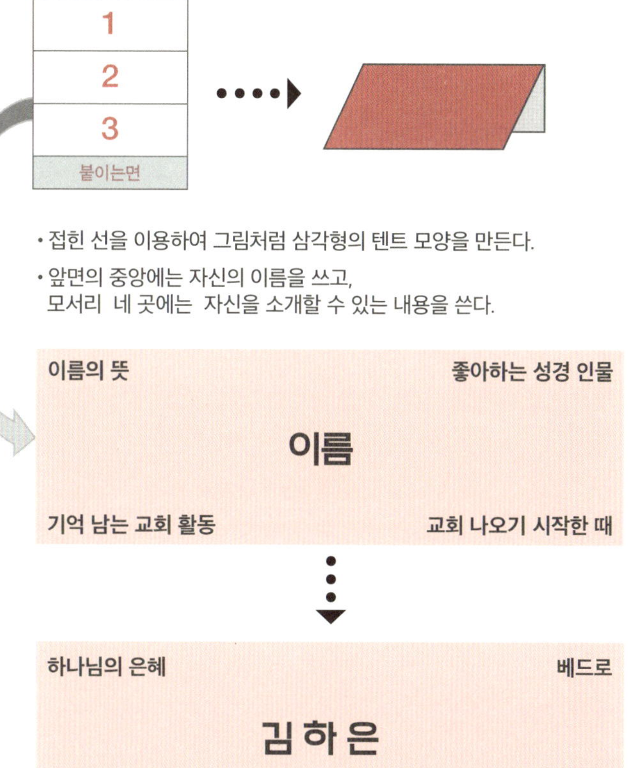

3) 그라운드룰 설정하기

팀을 구성하여 팀명을 정한 후에는 각 팀 구성원들이 꼭 지켜야 할 그라운드룰을 정하여 발표하도록 한다. 그라운드룰은 구체적으로 정하는 것이 바람직하다. 그라운드룰 설정은 유년부부터 가능하다.

<표 7-4> 그라운드룰 정하기

바람직한 사례	바람직하지 않은 사례
- 교육 시작 5분 전에 자리에 앉기 - 휴대폰은 전원을 끄거나 진동으로 하기 - 만나면 웃어주기 - 상대방의 의견 끝까지 들어주기 - 결석한 팀원에게 전화하기	- 교육시간 잘 지키기 - 교육시간에 조용하기 - 적극적으로 경청하기 - 즐겁게 수업하기 　(룰이 막연하다)

4) 명목집단법(Nominal Group Technique)

팀 활동에서는 개인의 의사와 아이디어 도출을 위한 방식은 명목집단법이 효과적이다. 명목집단법은 명목상으로는 팀이 하는 것처럼 보이지만 실제로는 구성원 개인이 하는 작업으로, 구성원 개인의 다른 구성원의 영향을 받지 않고 자신의 아이디어를 표현할 수 있는 방법이다.

즉, 개개인은 팀 속에 있지만 개별적으로 아이디어와 의견을 제시하는 것이다.

<표 7-5> 명목집단법 특징 및 효과

명목집단법의 특징 및 효과
명목상으로는 집단이지만 개인 작업 토론 시간 절약 개인 생각 정리, 유사 아이디어 분류, 팀별 토의결과 작성 불필요한 감정소모 방지 창의적 아이디어 촉진 모든 구성원들의 적극적인 참여 유도 활동을 통한 적극성과 활기 유도 타인 의견 경청 가능 아이디어 정리 및 분류 가능

Tip) 포스트잇을 활용한 명목 집단법

① 한 장에 개념/단어/아이디어는 한 가지씩만 적도록 한다.

② 네임팬, 칼라펜 등 두꺼운 펜을 사용하여 모두가 잘 볼 수 있도록 한다.

③ 팀별로 다른 색상의 포스트잇을 사용하면 효과적이다.

④ 포스트잇을 사용하면 시간을 절약할 수 있다. 개인의 생각을 정리하고 유
사 아이디어를 분류하고 그 결과를 정리하는 데 보다 효과적이다.

5) 팀 학습 활성화 기법

(가) 초상화 그리기

팀을 이루어 구성원들이 5-6명씩 앉아 서로의 초상화를 그려주면서 친밀감
을 높이는 방법이다. 이 방법은 혼자서 다른 사람의 초상화를 완성하는 것이 아
니고 팀원 전체가 완성하는 것이라 예쁘게 그렸건 못생기게 그렸건 부담감이
없다. 그리는 동안 서로의 얼굴을 보면서 그리다 보니 아는 사이든 모르는 사이
든 친밀감이 높아져 강의실 분위기도 아주 좋아진다. 벽에 붙인 초상화는 쉬는
시간에 보면서 많이 웃게 만든다.

이 방법은 유치부에서부터 장년부까지 할 수 있으며 초반 및 중반 어느 쪽에
활용해도 효과적이다. 수업 초반은 친밀감을 형성하는 데 효과적이고 수업 중
반에는 수업의 활력에 도움을 준다.

- A4 용지 제일 위에 자신의 이름을 적고 얼굴형을 커다랗게 종이 한가득 그
려놓는다.
- 사인(종, 손뼉 등)에 따라 시계 방향으로 옆 사람에게 자신의 얼굴형을 전달
한다.
- 서로 자신에게 전달된 이름의 사람을 보면서 눈을 그린 후 다시 옆 사람에게
전달한다.

- 전달 받은 사람 차례대로 코, 머리, 귀 등을 그려 넣는다.
- 이런 방법으로 얼굴을 모두 채워 그린다.
- 얼굴이 완성되면 각 팀의 팀장이 구성원들의 초상화를 강의실 벽면에 붙인다. 벽면에 붙인 초상화로 강의실은 갤러리가 되어 쉬는 시간에 관람할 수 있도록 하면 강의실 분위기가 활기차게 된다.

Tip) 시간이 되면 이름을 가려서 벽에 붙이고 초상화 주인공을 찾아보게 한다.

〈그림 7-5〉 초상화 그리기

(나) 등 뒤에 적어 주세요

이 활동은 첫인상에 대한 긍정적인 내용을 작성함으로 학습자들 간의 친화 도모를 위한 활동이다.

① A4 용지에 자신의 이름을 적고 테이프로 등 뒤에 붙인다.

② 자기 팀이 아닌 다른 팀에 가서 서로 인사하고 자신의 첫 인상을 받게 한다

③ 만나는 상대에게 첫인상을 적어준다.

④ 가장 먼저 받은 팀에게 포상을 준다.

⑤ 전체 인원이 20명 이하이면 팀별이 아닌 전체와 공유해도 좋다.

팀기반수업을 위해서는 무엇보다 팀을 효율적으로 구성하여 학습자의 능동적 참여가 이루어지도록 하는 것이 중요하다. 팀기반수업은 소극적이고 수동적인 학습자들이 능동적 참여를 하게 돕는 데에도 유용하지만 교수·학습의 질 개선을 위한 방법으로도 중요한 수업활동이다.

4. 팀프로젝트(Team Project)

팀프로젝트수업은 앞에서 살펴본 팀기반학습에서 팀 구성과 활성화를 토대로 이루어지는 교육방법 중 하나이다.

가. 팀프로젝트수업

프로젝트수업이란 학습자 스스로 구성한 문제나 주제에 대해 다양한 참고자료 및 현장경험을 통해 학습자 스스로 깊이 있게 공부하는 학습형태를 말한다. 교육현장에 프로젝트수업이 적용되기 시작한 것은 미국의 킬패트릭(Kilpatrick)과 듀이(Dewey)에 의해서다.

유아교육에서 고등교육에 이르기까지 광범위하게 적용되어 온 프로젝트수업의 효과를 알아보기 위한 많은 연구가 이루어졌다. 대부분의 연구들은 프로젝트수업이 연령과 대상을 초월해서 적용될 수 있으며, 그 효과 또한 긍정적임을 지적한다. 킬패트릭(1919)은 프로젝트의 본질을 '전심을 다하는 유목적활동'으로 규정하고, 목적 설정과 프로젝트 진행 과정에서 학습자 스스로가 주체적인 역할을 수행하고 스스로 내적 동기화되어 활동에 전념하게 된다는 점을 강조하였다(김대현 외, 1999).

프로젝트수업은 미래정보사회에서 활동할 학습자들이 꼭 갖추어야 할 창의적인 사고능력과 문제해결 능력을 길러줄 수 있는 하나의 대안적 학습방법으로도 제시될 수 있다. 그리고 문제해결법의 한 형태인데 여기서 '프로젝트'란 '내던지다, 앞으로 내놓는다'는 뜻으로, 마음속에 생각하고 있는 것을 밖으로 내놓고 객관화시켜 구체적으로 실현하려는 활동을 의미한다.

나. 프로젝트수업 과정 및 단계

1) 수업 과정

프로젝트수업은 학습자들이 보다 깊이 공부할 가치가 있는 내용, 특별히 관심 있는 내용에 대해 스스로 자료를 찾고 의문을 해결하면서 학습하는 것이다. 또한 이를 수행함으로써 새로운 학습자료를 접할 기회를 갖고, 학습에 대한 이해와 결과에서의 잘못을 수정할 수 있으며, 학습의 완성도를 평가할 수 있다. 이 과정에서 학습자는 독립적인 학습자로 성장하고 고차원적인 지식을 활용하게 된다. 따라서 프로젝트수업은 교수·학습의 새로운 방법으로 이해할 수 있을 뿐 아니라 고등교육의 수준에서 세미나, 실습, 실험연구 외에 목적을 보다 잘 실현시킬 수 있는 교수·학습방법으로 간주할 수 있다.

학습의 과정은 교회교육리더에 의해 주어진 학습목표에 따라 단원 내용을 학습하는 형태가 아니라 학습자들 스스로가 문제의식을 가지고 주제를 선정하는 단계에서부터 조사나 연구, 발표 및 평가에 이르기까지 학습의 전 과정에 걸쳐 참여하는 수업 모형이다.

2) 수업 단계

일반적으로 프로젝트수업은 4단계로 진행된다.

(가) 과제 또는 문제 선정 및 목적 설정

학습자들이 문제를 발견하여 충분히 인식하도록 하고, 만약 교회교육리더가 제시할 때에는 충분히 설명하여 학습자가 그 문제를 파악하도록 한다. 과제 선정 방법은 세 가지가 있는데, 첫째는 교회교육리더가 학습자에게 과제를 제시하는 방법, 둘째는 학습자가 과제를 자유로이 선정하는 방법, 셋째는 교회교육리더가 학습자들에게 여러 종류의 과제 목록을 제공하여 학습자가 그중 하나를 택하게 하거나 자신이 바람직하다고 인정하는 대체과제를 스스로 선택할 수 있도록 하는 방법이다. 유치부나 유년부 같은 경우는 교회교육리더가 미리 준비한 예비 주제망을 토대로 학습자와 교회교육리더가 함께 수업을 이끌어 나가야 한다. 이런 방법을 통하여 학습자들은 교회교육리더의 지도하에 과제를 선정해 학습 목표를 달성하게 된다.

(나) 과제 계획

과제 계획은 학습 성패의 조건이 되기 때문에 프로젝트수업에서는 계획 수립 단계가 가장 어렵고 힘들다. 학습자 대부분은 계획을 세우는 복잡한 절차를 생략하고, 즉시 실천 단계로 들어가려는 경향이 있기 때문에 교회교육리더는 세밀한 배려로 학습자에게 계획 수립의 중요성을 인식시키고 세심한 주의를 기울여 이 과정을 통해 일을 수행해 나가는 데 필요한 태도를 습득하도록 지도해야 한다. 학습자들은 계획한 것을 실천에 옮기기 전에 반드시 이를 비판하는 태도를 기르도록 힘써야 한다.

(다) 과제 수행

과제 수행 단계는 학습자들이 자기 계획에 따라 학습에 흥미를 가지고 활동을 전개하므로 교회교육리더는 작업이 정확하게 진행되도록 지도한다. 이 단계에서 학습자들은 가장 흥미를 느끼고 또 가장 활발하게 활동한다. 가능한 한 교회교육리더는 학습자들의 창의성을 존중하고 학습이 원활히 이루어지도록 환경을 정비하고 끝까지 끈기있게 활동을 계속하도록 조력해야 한다. 그러나 가장 중요한 것은 작업이 정확하게 해결되도록 해야 하며, 또 문제 해결이 다음 문제로 발전해갈 수 있도록 지도해야 한다.

(라) 평가

평가 단계는 완성된 일이나 작품의 가치를 평가하는 단계로 학습자 자신, 학습자 상호간, 교회교육리더를 평가한다. 그러나 교회교육리더는 일방적으로 평가하는 태도를 버리고 적절한 조언을 통해 학습자이 자신의 작품을 객관적으로 평가할 수 있도록 지도해야 한다. 학습자들은 교회교육리더보다도 다른 학습자들과 상호 간의 평가를 중요시하므로 완성된 일이나 작품의 가치를 집단적으로 평가하는 것도 효과적이다.

주제: 친구 전도하기

1단계 : 선정된 주제 공유하기 **(1주차)**

교회교육리더는 전도의 개념과 전도를 하면 하나님이 얼마나 기뻐하시고 축복하시는지 등 전도의 목적에 대해 설명한다.

2단계 : 선정된 주제를 토대로 어떻게 실천할지에 대한 계획을 세우도록 한다. **(1주차)**

브레인스토밍, 마인드맵, 디딤돌 등 토론법에서 제시한 아이디어 도출법을 활용하도록 지도한다.

3단계 : '친구 전도' 과제를 수행하면서 느낀 문제점을 공유하면서 해결방법을 찾도록 한다. 해결 방법을 위한 아이디어나 생각들을 정리하게 한다. **(2주~3주차)**

이때 계획에 따라 흥미를 가지고 활동을 전개하도록 교회교육리더는 칭찬과 격려로 지도한다.

4단계 : 평가 단계로 그동안 '친구 전도' 과제를 수행하면서 느낀 바를 학습자 자신, 학습자 상호 간, 교회교육리더의 평가를 통해 마무리를 한다. **(4주차)**

5. 워크숍(Workshop)

가. 정의 및 필요성

1) 정의

워크숍은 공통된 관심을 가진 집단이 함께 모여 몇 명의 전문가들 감독하에 구체적인 주제를 탐색해 가는 방법이다 전체 참여자를 하위집단으로 나누어 진행한다. 주요 목적은 경험과 정보를 공유해 현장이나 직업에서 이론을 실천에

적용하는 데 있다.

워크숍은 'Work'를 의미한다. 참여자 자신들이 도출해 낸 문제에 대해 소속 집단이 함께 작업(Work)하는 모임이다. 큰 집단의 참여도를 높이기 위해 몇 개의 소집단으로 나누어 이 소집단마다 전문가를 투입하거나 소수의 전문가가 진행을 한다. 이때 각 소집단의 리더를 정해 주어진 의제를 놓고 토론하게 해서 결론을 내며, 정해진 시간이 끝나면 소집단마다 결론을 발표하고, 그 결론에 대해 대표자간에 토론하거나 참여자 전원에게 질의응답을 행한다. 워크숍은 개인의 성과를 반영한 지식 확장을 목적으로 진행되는 공식적 토론 기법의 하나이다.

다른 기법과 달리 지식 함양보다는 참여자들간의 아이디어와 경험을 교환하고 육성하는 데 주로 사용하며, 강의를 통한 문제 해결 모색보다는 경험을 통한 참여자들의 단합에 중점을 둔다. 참여자의 수는 일정 요건을 갖춘 자들로 제한한다.

2) 필요성

워크숍은 참여자들 개개인의 문제를 다루는 능력을 증진시키거나 어떤 문제를 규명하고 탐구하며 해결책을 찾을 때, 철저한 연구 및 토론을 통해 어떤 주제에 관한 지식을 확장시키고자 공동으로 작업할 때 요구된다. 연관된 문제에 대한 대규모 협의회나 단기연수, 협의토론회 등의 프로그램에 한 부분으로 포함하여 사용되기도 한다. 교회에서도 중고등부, 청년부, 장년부 등의 다양한 교육이나 프로그램에 활용되고 있다.

3) 워크숍의 장단점

워크숍은 참여하는 학습자의 수가 극히 제한되고, 초청에 의해 참여가 이루어지기 때문에 집중적인 학습이 가능하고, 직원들의 자질과 문제 해결 능력을 향상시키며, 개인의 업무 수행에 대한 동기를 유발할 수 있는 장점이 있다.

그러나 워크숍이 시작됐는데도 참여자가 출석하지 않았거나 종료시까지 머무르지 않는다면 워크숍의 효율성은 떨어지고, 참여자들의 자발적인 준비도가 떨어지면 주어진 지식만을 받아들이는 차원에 머무르는 단점이 있다. 따라서 그 효과성을 높이려면 시작 단계부터 마지막 단계까지 학습자의 지속적인 출석이 보장되어야 한다.

나. 워크숍 과정

워크숍은 참여자들을 중앙의 탁자 주위로 모이게 하여 소집단으로 진행한다. 워크숍의 과정은 문제에 따라 다르지만 문제 제기, 문제 해결을 위한 조언, 문제 해결법의 강구와 해결, 잠정적 결론의 형성 등으로 나뉜다. 협의에 의해 얻은 결론은 어디까지나 가설적인 성격을 지니며, 실천을 통해 그 결론의 타당성을 평가한다.

보통 한 사람의 지도자가 프로그램을 계획하고 진행을 맡으며, 그 프로그램을 끝까지 이끄는 조정관의 역할을 한다. 만약 많은 사람들이 자원 인사로 참여하면 한 명의 리더가 계획을 세우고 부수적인 부분들을 분담함으로써 프로그램의 연계성을 살리는 조정자의 역할을 맡는다(기영화, 2004:116-117).

〈표 7-6〉워크숍 순서

1. 역할 나눔	2. 토의	3. 차트화	4. 발표 및 피드백
사회자 발표자 서기 참여자	1단계: 주제 선정 2단계: 장애 요인 3단계: 해결 방안 4단계: 최선안 선정 5단계: 시행 세칙	모조전지 또는 TP 용지에 작성 ppt로 입력	1.발표 2.질문 3.교회교육리더의 피드백

6. 플립드러닝 (Flipped Learning)

가. 플립드러닝 의미

‘플립드러닝’은 기존 전통 수업 방식과는 정반대로 수업에 앞서 학습자들이 교회교육리더가 제공하는 강연 영상을 미리 학습하고, 강의실에서는 토론이나 과제 풀이를 진행하는 형태의 수업 방식이다. 기존의 학습모델은 학습자들이 수업시간에는 교회교육리더의 강의를 통해 지식을 습득하고, 수업 후에 과제를 통해 응용 및 문제풀이를 한다. 플립드러닝에서는 수업 전에 학습자료를 통해 학습자들이 자기주도적으로 지식을 습득하고, 수업시간에는 습득한 지식에 대한 논의와 평가 등을 통해 확인 및 보완을 한 후 문제풀이 혹은 토론을 통해 지식의 응용에 집중하는 것을 의미한다.

2001년에 노벨물리학상을 받은 와이만(Carl Wieman) 교수는 플립드러닝의 효과를 검증하기 위해 기초물리학을 가르치는 대형 분반 2개(N=267과 N=271)를 선택하여 한 분반은 강의 경험과 평가가 우수한 교수가 전통적인 강의식 교육을 하게 하고, 다른 분반은 강의 경험이 없는 박사 후 과정 교육리더가 플립드러닝방법으로 가르치게 했다(Deslauriers et al., 2011). 그 결과를 비교해 보면 플립드러닝을 적용한 분반의 출석률과 교실에서의 참여율이 훨씬 증가하였고, 시험성적은 두 배 이상으로 향상되었다.

교회 중고등부 경우, 학교수업과 사교육에 대한 시간 할애가 많아 교회교육에서조차 미리 예습을 하는 학습을 진행한다면 예습할 시간이 없다고 할 수도 있다. 그러나 장년부 같은 경우는 사전에 집에서 성경말씀을 보는 사람들이 많다. 이 교육방법은 청년부나 장년부 교육, 구역예배에 활용하면 효과적이다. 예를 들면 리더가 다음 시간의 구역예배에 대한 성경말씀과 주제를 구역원들에게 말해주고 구역원들은 사전에 자기주도적 학습으로 내용을 파악하고, 모여서는 발표와 토론을 하면 활기찬 구역의 복음학습 시간이 될 것이다.

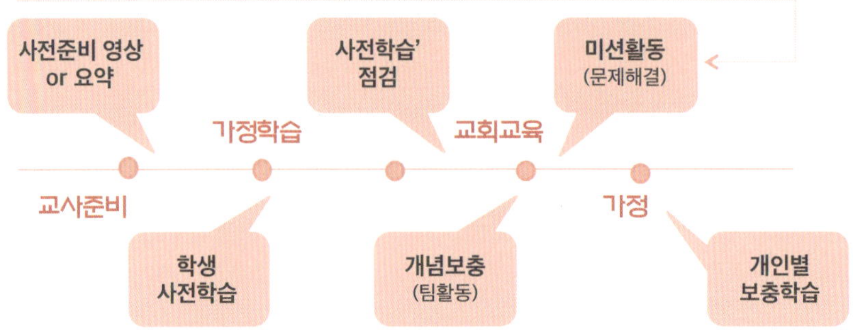

[그림 7-6] 플립드러닝의 개념 (참고: 안젤라홍의 플립드러닝 수업 절차)

나. 플립드러닝 수업 특성

플립드러닝 수업의 실행 특성을 살펴보면 다음과 같다.

1) 학습자 중심 교육방법

2) 교회교육리더와 학습자의 역할과 활동 변화 고려

3) 체제적 관점에서의 수업 활동 제시

4) 활용 가능한 도구와 자원의 안내

다. 플립드러닝 실행

객관적 지식습득은 수업 전에 자기주도적으로 하게 하면 학습자들은 자신들의 학습 진도와 스타일에 따라 개별학습을 할 수 있다. 그리고 교실에는 교회교육리더와 학습자 또는 학습자간의 상호작용을 통해 문제풀이와 토론에 집중할 수 있다.

강의 위주의 교육방식에서는 시간 단위에 기초하여 평균적 학습자 기준으로 학습이 진행되기 때문에 학습능력이 빠른 학습자는 지루해져 흥미를 잃게 되고, 느린 학습자는 뒤처지게 된다.

플립드러닝에서는 시간 단위가 아닌 학업성취도에 따라 학습을 맞춤식으로 할 수 있어 대부분 학습자들의 학업성취도가 일정 수준에 도달하게 하는 완전학습도 가능하다.

학교에서는 강의를 녹화한 비디오가 수업 전에 학습할 자료의 주가 되지만 그 외에도 설명과 영상자료 등이 추가된 파워포인트 파일, 교과서 혹은 논문 등과 같은 참고자료들을 사전에 학습하게 할 수 있다.

교회교육에서는 수업의 주제와 관련하여 성경책 외에도 강연이나 기타 영상자료, 참고도서 등을 활용하여 사전에 학습하고, 모여서는 학습한 내용을 토대로 학습하되 교회교육리더는 교육지원가의 역할로 토론을 진행하면 된다.

플립드러닝 형식 진행 사례 : 구역예배

1. 교회교육리더는 사전에 자료를 공유할 수 있는 인터넷카페나 SNS, 메일 등 활용 계획을 세우고 내용에 관련된 기초자료를 준비해 둔다.
2. 구역예배 후 다음 시간에 할 주제를 사전에 알려준다.
   '일 만 달란트 빚진 종'과 성경본문 마태복음 18:23-35
3. 제공한 기초자료를 중심으로 주제와 관련된 영상자료 등의 매체를 다음 예배 전에 찾아 두어 공유를 하면서 예습하게 한다.
4. 교회교육리더는 일주일에 한두 번씩 카톡방이나 밴드 등 SNS 등을 통해 예습을 하도록 독려 및 격려한다.
5. 구역예배시 사전 예습한 사항에 대해 토론을 한다. 교회교육리더는 예습내용에 관련된 몇 가지 문항을 준비해 둔다. (이때 전체 참석자가 예습을 할 수도 있고 못한 사람도 있을 수 있다.)
6. 교회교육리더는 예습을 하지 못한 사람들이 사전 예습에 대한 스트레스를 받지 않고 예습을 한 사람들과 같이 토론을 잘할 수 있도록 탄력적으로 진행한다.
7. 교회교육리더가 혼자 진행하던 구역예배에 탈피하여 함께하는 구역예배로 분위기를 조성한다면 사전에 스스로 자기주도적 학습을 통해 구역예배는 더 효과적일 수 있다.

7. 시범실습식

가. 시범실습식 교수법의 의의

시범은 교회교육리더에 의해 사전에 철저히 준비되지 않으면 교육 효과를 거두기 어렵다. 교회교육에서도 율동 체조 찬양 등의 기능 습득시에는 시범실습식교수방법을 사용해야 할 경우가 많다. 시범실습식 교수법의 수업목표는 현장에서 실제적으로 적용할 수 있도록 하는 것으로, 교회교육리더가 바람직한 행동을 보여주는 동안 학습자는 관찰과 모방을 통해 혼자서 할 수 없던 기능을 할 수 있게 도와준다. 그러므로 보는 것을 통한 배우기와 함께 실제적인 행위가 뒤따라야 한다.

나. 시범실습식 교육법의 특성

1) 장점

- 행동적 요소를 포함하는 기술교육의 학습에 적합하다.
- 학습자들의 적극적인 참여를 가져온다.
- 교육성과가 확연하다.

  경험을 통한 산지식의 습득으로 균형화된 교육성과를 기대할 수 있다.
- 학습 자체가 평가 과정이며 측정 기준이 된다.

  학습자들이 교회교육리더의 시범을 모방하여 실습에 임할 때, 교회교육리더는 감독하면서 평가하게 되므로 각 개인들의 교육성과를 측정할 수 있다. 개인차를 쉽게 발견할 수 있어 정확한 평가뿐 아니라 교육목표에 도달하지 못한 학습자들을 별도로 지도하여 완전학습을 이룰 수 있다.

2) 단점

- 사고학습에 부적당하다.
- 학습자 수가 제한받는다.
- 시간 조절의 곤란 및 낭비를 가져온다.
- 비경제적이다.

  만일 '시청각 교구 작동 연습'이라는 과목을 30명의 학습자를 상대로 교육
  한다면 시청각 교구가 각각 있어야 완전한 교육을 할 수 있다.

다. 시범실습식 지도기법의 4단계

시범실습식을 지도하는 실제적인 방법으로 지도기법의 4단계를 소개하고자
한다. 이 방법대로 하면 학습자는 누구나 기능을 확실하고, 안전하게, 빠르게
습득할 수 있다.

1) 실습식 교육을 지도할 때 잘못된 예

- 말로만 설명할 경우 : 상대방이 잘못 알아들을 수 있으므로 복잡한 실습은
  말로만 설명해서는 어렵다.
- 시범만 보였을 경우 : 시범은 실습식 교육을 지도할 때 많이 쓰는 방법이지
  만 시범만 보였을 때에는 학습자가 그 기능을 습득하기가 어렵다.

2) 지도기법의 4단계

지도기법의 4단계 및 단계별로 지켜야 할 세목은 다음과 같다. 가능하면 지도
기법의 4단계와 각 단계별로 있는 세목을 빠트리지 않고 그대로 적용하는 것이
좋지만 가르치는 내용에 따라 일부 세목은 생략하여 사용해도 좋다.

제1단계 - 학습 준비

- 마음을 안정시킨다.
- 무슨 실습을 할 것인가 말해준다.
- 그 실습에 대해 알고 있는 정도를 확인한다..
- 실습 내용을 배우고 싶은 의욕을 갖게 한다.
- 정확한 위치에 자리 잡게 한다.

제2단계 - 내용 설명

- 주요 단계를 하나씩 설명하고 시범도 보이고 그림을 그려 보인다.
- 급소를 강조한다(중요한 포인트).
- 확실하게, 빠짐없이, 끈기 있게 지도한다.
- 이해할 수 있는 능력 이상으로 강요하지 않는다.

제3단계 - 실습

- 실습을 시켜보고 잘못을 고쳐준다.
- 실습을 시키면서 설명하게 한다.
- 다시 한 번 시키면서 급소를 말하게 한다.
- 확실히 알았다고 할 때까지 확인한다.

제4단계 - 가르친 뒤를 살펴보기

- 일에 임하도록 한다.
- 모르는 것이 있을 때는 물어볼 사람을 정해준다.
- 자주 살피고 확인한다.
- 질문을 하도록 분위기를 조성한다.
- 점차 지도횟수를 줄여 간다.

상대방이 모르는 것은 자기가 가르치지 않았기 때문이다.

찬양시 율동 방법

◉ 목표 : 지도기법의 4단계를 실제 교육에 적용해 본다.

올바른 지도 방법의 실현

■ 올바른 지도 방법을 보여주기 위해서 간단한 실례를 하나 들어보겠습니다. 이것은 찬양시 율동을 하는 법입니다.

■ 이 일은 단지 한 가지 사례에 지나지 않습니다. 여러분이 교회에서 실제로 일을 지도하는 경우에 일어나는 사례들과 결부시켜 가며 읽어 주시기 바랍니다.

제가 찬양율동 교회교육리더라고 가정합니다.

[올바른 지도기법을 다음에 있는 지도기법에 4단계에 따라서 가르칩니다.]

제1단계 - 학습 준비

• 마음을 안정시킨다.

• 무슨 실습을 할 것인가 말해준다. (율동 방법을 가르치겠다고 이야기한다.)

• 그 실습에 대해 알고 있는 정도를 확인한다.

 (율동 동작에 대해 알고 있는 정도를 확인한다. 학습자의 눈높이에 맞추기 위하여)

• 실습 내용을 배우고 싶은 의욕을 갖게 한다. (찬양시 율동 동작의 중요성을 이야기하고 율동을 잘못하였을 때의 피해에 대해 이야기한다.)

• 정확한 위치에 자리 잡게 한다. (바로 앞에 두고 가르친다.)

제2단계 - 내용 설명

• 주요 단계를 하나씩 설명하고 시범도 보이고 그림을 그려 보인다.

 (율동 동작을 주요 단계별로 나누어 설명한다. 연속동작으로 가르치지 말고.)

• 급소를 강조한다. (그 율동 동작을 성공시키는 데 중요한 키포인트 등)

• 확실하게, 빠짐없이, 끈기 있게 지도한다.

• 이해할 수 있는 능력 이상으로 강요하지 않는다.

제3단계 - 실습

- 실습을 시켜보고 잘못을 고쳐준다. (율동 동작을 시켜본다.)
- 실습을 시키면서 설명하게 한다. (율동 동작을 단계별로 설명하면서 하게 한다.)
- 다시 한 번 시키면서 급소를 말하게 한다. (율동의 주요 단계별로 키포인트를 말하게 한다.)
- 확실히 알았다고 할 때까지 확인한다.

제4단계 - 가르친 뒤를 살펴보기

- 일에 임하도록 한다.(찬양하면서 율동을 하도록 한다.)
- 모르는 것이 있을 때는 물어볼 사람을 정해준다.
  (물어볼 사람을 정해주지 않으면 대부분 질문을 잘 안 하게 된다.)
- 자주 살피고 확인한다.(이 학습자는 아직 확실한 숙련자가 아니므로)
- 질문을 하도록 분위기를 조성한다. (엉뚱한 질문을 해도 핀잔 주지 않는다.)
- 점차 지도횟수를 줄여 간다.

상대방이 모르는 것은 자기가 가르치지 않았기 때문이다.

※ 여러분이 보신 바와 같이 이번 우리 교회 찬양대는 훌륭히 찬양하면서 율동을 할 수 있게 되었습니다. 저의 지도 방법은 성공한 것입니다.

이 지도 방법은 여러분이 직접 보신 바와 같이 간단하지만 그래도 일정한 법칙에 따라 이루어진 것입니다. 이러한 지도기법 4단계에 의해 교육을 하면 누구나 확실하게, 안전하게, 빠르게 그 기능을 습득할 것입니다.

Summary

Chapter 7. 교회교육 교수방법 살펴보기

교육 대상과 환경에 가장 적합한 교수 방법을 찾는 것은 교회교육리더의 중요한 역할이다. 어떤 방법을 선택하느냐에 따라 교육의 효과는 크게 차이가 날 수 있다. 7가지 교수방법을 소개한다.

1. 강의법(Lecture)
- 강의법은 교회교수자 개인의 표현능력과 전달기술에 의존해서 진행되기 때문에 교수기법과 교수자의 열의 있는 태도가 필요하다.
- 학습자가 수동적 태도에 머무르지 않도록 학습자의 참여를 촉진하는 기법들을 사용하는 것이 좋다.
- 교수자의 주도적 교수법이므로 교안을 철저히 준비해야지 중요한 내용을 빠짐없이 전달하고 곁길로 빠지는 경우를 막을 수 있다.

2. 토론법(Discussion)
- 토론은 어떤 주제에 대해 교회교수자와 학습자 또는 학습자들 간에 언어를 매체로 의견을 교환하는 수업방법이다. 초등부 이상은 되어야 가능하다.
- 단순 질의응답이 아니라 대화를 통한 상호작용이다.
- 여러 사람의 상호작용으로 창조적인 사고능력을 배양하고 협동적 기술 및 태도가 함양된다.
- 집단역학의 작용으로 집단 시너지 효과를 얻을 수 있다.

3. 팀기반 학습법(Team Based Learning)

팀 구성	팀 빌딩	역할설정	피드백
지적 자원 배분하기 네임텐트 만들기 구성원들 소개하기	팀명 만들기 팀 구호 만들기 그라운드룰 만들기	역할 설정 아이디어 도출	개인 차원 피드백 팀 차원 피드백

4. 팀 프로젝트(Team Project)
프로젝트수업이란 학습자 스스로 구성한 문제 혹은 주제에 대해 다양한 참고자료 및 현장경험을 통해 깊이 있게 공부하는 학습형태를 말한다.

5. 워크숍(Workshop)
워크숍은 공통 관심을 가진 집단이 함께 모여 몇몇 전문가들의 감독하에 구체적인 주제를 탐색해 가는 방법이다. 전체 참여자를 하위집단으로 나누어 진행한다. 그 주된 목적은 경험과 정보를 공유하여 현장이나 직업에서 이론을 실천에 적용하는 데 있다.

6. 플립드러닝(Flipped Learning)
학습자 중심 교육방법으로 기존의 전통적인 수업방식과는 정반대로 진행한다. 학습자들은 교육내용을 영상으로 미리 학습하고 강의실에선 토론이나 과제풀이를 하는 식의 수업이다.

7. 시범실습식 교수법(Demonstration)
1단계 : 학습할 준비를 시킨다.   2단계 : 내용을 설명한다.
3단계 : 실습을 시킨다.   4단계 : 가르친 뒤 살펴본다.

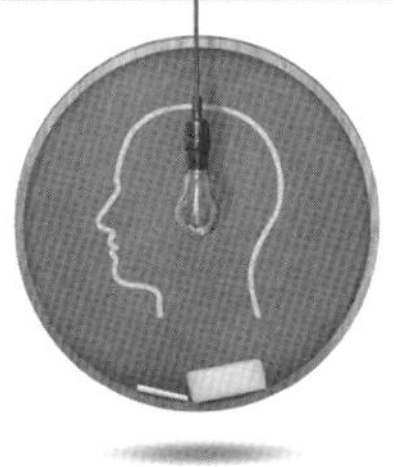

08

교회교육리더 이미지코칭

08

교회교육리더 이미지코칭

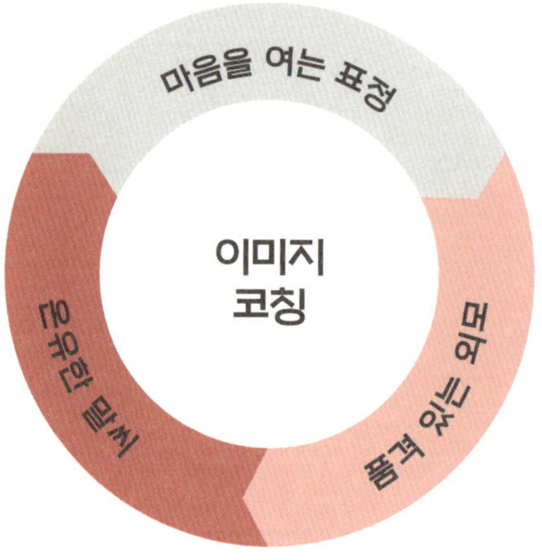

교회교육리더는 역할에 적합한 이미지로 다가갈 때 학습자 마음은 더욱 활짝 열린다

우리가 하나님을 사랑한다는 것을 삶 속에서 어떻게 증명할 수 있을까? 하나님은 우리가 다른 사람들을 사랑하는 모습 속에서 '하나님에 대한 사랑'을 확인하실 것이다. 서로 사랑하라는 것은 하나님의 명령이기 때문이다. 교회의 다양한 영역에서 교수활동을 하는 교육리더들은 교육을 통해 학습자들이 주님과 더욱 친밀해지도록 인도하는 자들이다. 교육리더들이 학습자들을 진심으로 사랑하는 마음이 있다면 학습자들을 향한 마음을 표현해야 할 것이다. 물론 내적으로 사랑하는 마음을 품는 것이 가장 우선이다.

그러나 그 마음이 표현되지 않는다면, 학습자들이 교육리더의 마음을 이해하는 데는 한계가 있을 수밖에 없다. 이번 장에서는 이미지코칭을 통해 표정, 태도, 자세, 외모, 예절 등 표현의 통로들을 점검하고, 학습자들의 마음을 열어주는 호감의 방법들을 제시하고자 한다.

1. 교회교육리더 이미지코칭의 이해

'이미지코칭'이란 우리의 내면이 다른 사람들에게 잘 표현될 수 있도록 자신의 이미지를 점검하고 개선해 가는 것이다. 이미지코칭을 해야 하는 이유는 좋은 관계를 형성하기 위해서이다. 자신의 내면을 정확하게 표현할수록 사람들과의 관계에서 오해나 불통이 줄어든다. 2017년 예장합동총회에서는 한국 교회 미래전략수립을 위해 일반인을 대상으로 설문조사를 실시했다. 분석 결과 71.6%가 기독교에 대해 부정적인 이미지를 갖고 있었다(CBS, 2017). 특히 10대와 20대에서는 77% 정도가 기독교에 대해 부정적인 응답을 했다. 그런데 문제는 기독교인들조차 기독교에 대해 부정적 이미지를 갖고 있다는 것이다. 이러한 현상은 사람들이 하나님께 더 가까이 가는 데 두꺼운 가로막이 되고 있다. 크리스천들은 절대진리인 '복음'대로 살아가고자 하는 사람들이고, 그 복음을 전하는 사명을 가진 자들이다. 그런데 세상 사람들에게 뿐만 아니라 성도들 간에도 이토록 부정적 이미지를 주고 있다는 것은 복음에 대해 잘못 이해하고 있거나 잘못 표현했기 때문일 것이다. 이미지코칭은 내면과 외적 표현이 불일치하는 영역을 좁혀가는 노력에서 비롯된다.

복음이 이 땅에 들어올 때 함께 들어온 것이 교육이고, 기독교를 기반으로 하는 교육은 이 나라를 놀랍게 변화시켜 왔다. 그 교육의 힘이 이제는 제대로 발휘되지 못하고 있다. 그렇다면 교육의 내용이 잘못되어 가고 있는 것일까? 아니면 그 교육을 무언가의 문제로 인해 잘못 전달하고 있는 것일까? 점검할 필요가 있다. 교육은 교회의 중요한 본질 중 하나이기 때문이다.

교회교육에 종사하는 사람들은 다음의 두 가지 중요한 주장을 의식해야 한다. 첫째, 그들이 하나님께로 더 가까이 가도록 만들어야 한다. 둘째, 그들에게 더 가까이 갈 수 있는 방법이 무엇인지 고민해야 한다. 다가오는 21세기에는 다양한 영역에서 많은 변화가 일어날 것이다. 변화에 능동적으로 대처하고, 말씀하시는 하나님의 음성을 통해 교육에 종사하는 사람들은 교육의 대상자들을 향해 문을 활짝 열어두어야 할 것이다.

교회공동체 안의 성도들은 기본적으로 하나님과의 관계를 중심에 두지만, 현실 속에서는 사람들과의 관계가 있다. 하나님은 우리에게 붙여주신 사람들에게 하나님의 형상을 보이며 빛과 소금의 역할을 감당하기를 원하신다. 그런데 하나님은 중심을 보시지만, 사람은 외모를 본다. 사람은 상대방이 표현하는 모든 것을 통해 그 사람의 내면을 느끼고 때로는 추측하기도 한다. 복음을 전하는 교회교육리더는 효과적으로 교육하려면 호감과 신뢰의 모습을 가져야 한다. 그것은 사람의 마음을 여는 통로 역할을 한다. 사람의 마음이 열리지 않는다면 귀한 복음을 교육해도 상대의 닫힌 마음 문 앞에 떨어져 싹이 트지 못할 것이다.

2. 마음을 여는 표정(Face Expression)

여호와는 나를 향하여 어떤 표정을 짓고 계실까? 은혜 베풀기를 원하시고 평강 주시기를 원하시는 여호와 하나님의 얼굴은 어떤 표정이었을까? 하나님은 인간을 하나님의 형상을 따라 지으셨다. 하나님의 자녀 된 우리는 사람들을 대할 때 하나님의 형상을 느낄 수 있게 해야 한다. 여호와 하나님께서 나를 향하여 지으셨을 표정을 상상하며 교육리더로서 학습자들을 생각해 보자.

미국 오하이오 주립대는 표정에 관련된 연구를 진행한 적이 있다. 연구 참여자 230여 명에게 행복과 슬픔, 공포, 노함, 놀라움, 역겨움 등 21가지 감정을 나타내는 다양한 얼굴을 보여주고 어떤 표정인지를 물었다. 그들은 거의 같은 답변을 하였다. 대부분 사람들은 자신의 내면의 감정을 나타내기 위해 같은 근육을 사용한다. 표정을 만들어 내는 데 가장 중요한 역할을 하는 것은 얼굴 근육이다.

얼굴에는 근육이 43-80개 정도 있는데, 이 근육들의 조합으로 표정이 만들어진다. 어떤 감정을 나타낼 때 대부분 사람들이 같은 근육을 쓴다는 것은 내면의 심리상태와 얼굴근육이 신묘막측하게 연결되어 있음을 뜻한다.

이쯤 되면 감정을 드러내는 '표정'이란 것은 인간을 직접 빚어 창조하신 하나님의 손길 속에서 만들어진 하나님의 창조물이 아닌가 생각된다. 그렇다면 여호와께서 은혜 베풀기를 원하시고 평강 주기를 원하셨다면, 그 얼굴에는 은혜와 평강을 담은 사랑의 마음이 비추어졌을 것이다. 여호와께서 나를 향한 마음이 그러하셨기 때문이다. 교회교육리더로서 학습자에게 다가갈 때 가장 먼저 지어야 할 표정은 마음을 활짝 열어줄 따스하고 온유한 표정일 것이다.

매러비안의 법칙

커뮤니케이션 장면에서 메시지 전달 효과를 보면 언어적인 요소(말의 내용)가 차지하는 비중은 7%, 비언어적인 요소(표정, 목소리, 태도 등)가 차지하는 비중이 93%이다. 상대의 이야기에 공감하며 듣는다는 것은 말의 내용뿐 아니라 상대의 표정, 목소리, 태도 등을 통해 전달되는 상대방의 느낌 등을 추측하며 듣는 것을 의미한다. 비언어적 커뮤니케이션의 요소는 청각적 요소로 말의 속도, 억양, 목소리의 높낮이 등이 38%, 시각적 요소로 상대의 눈빛, 시선, 표정 등이 55%를 차지한다.

그렇다면 우리가 말할 때 태도와 표정, 목소리 등을 잘 관리하는 것은 전달력에 있어 매우 중요한 요소가 되는 것이다.

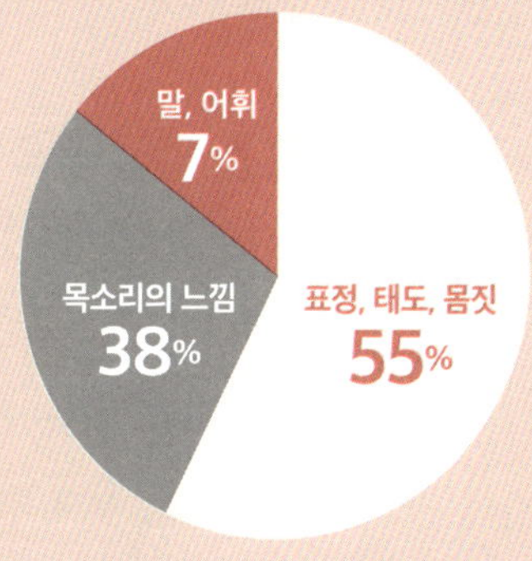

[그림 8-1] 매러비안의 법칙 Albert Mehrabian(1939), UCLA 심리학과 명예교수

앞에서 얼굴근육은 대략 43-80개로 이루어져 있다고 언급했는데, 이중 20-30%는 타고난 윤곽과 골격으로 구성되어 있고, 남은 70-80%는 후천적으로 구성된다. 환경과 심리적 요인 그리고 노력에 의해 만들어지는 것이다. 후천적으로 표정과 인상이 형성되기까지는 살면서 어떤 표정을 가장 많이 지었는지가 가장 큰 영향을 준다. 온유하고 부드러운 표정으로 밝게 웃는 표정을 많이 지었던 사람은 다른 사람에게 밝고 따스한 사람으로 인식될 확률이 높다. 반면 늘 진지하며 어둡고 굳어 있는 표정을 많이 짓고 사는 사람들은 완고한 인상을 갖게 된다. 표정과 인상을 바꿔나가고 싶어도 평소 많이 웃지 않던 사람들은 얼굴근육이 굳어 있어서 자연스럽게 웃어지지가 않는다. 그러나 딱딱하게 굳어 있는 얼굴로 학습자들을 대하면 학습자들의 마음은 닫혀 버리게 된다. 표정훈련으로 굳어 있는 얼굴근육을 풀어보자.

얼굴근육은 얼굴뼈와 피부에 붙어 있어서 내가 어떤 생각을 하는지 너무나 적나라하게 티가 나기 때문에 표정근육이라고도 한다.

가. 굳어 있는 얼굴근육 풀어주기

1) 손바닥을 비벼서 열을 충분히 낸 후 손바닥을 얼굴 전체에 부드럽게 댄다.

2) 얼굴에서 귀 뒤, 콧방울, 눈썹 시작하는 곳, 광대를 3등분하여 지점을 찍고 지긋이 눌러준다. 이때 목근육도 같이 풀어주면 더욱 좋다.

3) 표정이 굳어 있고 우울한 얼굴은 호감도를 하락시키는 요인이다. 많이 웃을수록 인상이 부드러워진다는 사실을 기억하자.

 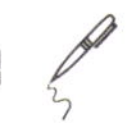

나. 마음을 열어주는 좋은 표정 습관

1) 사람들을 만나게 되면 먼저 웃자.

2) 웃으며 인사하자.

3) 인사한 후 서로 대화하자.

4) 칭찬하자.

〈표 8-1〉 미인대칭 습관

미	인	대	칭
항상 미소짓고	먼저 인사하자	서로 대화하고	자주 칭찬하자

다. 온유하고 밝은 표정 유지하기

1) 하루를 마칠 때 감사기도를 잊지 말자.

2) 행복한 표정으로 잠들자.

3) 아침에 눈 뜨자마자 감사함을 고백하자.

라. 밝은 표정의 효과

1) 학습자의 마음을 열어준다.

2) 나의 밝은 표정이 학습자에게 전염된다.

3) 학습자와 소통이 잘되어 교육의 효과가 증가한다.

4) 나의 마음을 긍정과 행복으로 유지시켜 준다.

5) 베타 엔도르핀 호르몬을 분비시켜 몸까지 건강해진다.

6) 축복의 통로가 된다.

마음을 활짝 열어주는 사람의 표정을 보면 입과 눈이 살아 있다. "눈은 마음의 창이고 표정은 마음의 거울이다." 교육리더는 표정 연기자가 되어야 한다.

시종일관 같은 표정을 하거나 어두운 모습으로 진행하면 학습자들의 마음과 귀는 점점 닫히게 된다. 표정훈련보다 더 중요한 것은 마음의 즐거움이다. 귀한 복음을 먼저 알았고 누군가에게 전할 수 있다는 것은 얼마나 즐겁고 감사한 일인가! 주님 때문에 우리의 마음은 언제나 즐거울 수 있다.

"마음의 즐거움은 얼굴을 빛나게 하여도
마음의 근심은 심령을 상하게 하느니라." - 잠언 15:13

3. 품격 있는 외모(Appearence)

외모란 자기(Self)를 드러내는 실체로서, 얼굴이나 몸매 등의 신체적 속성뿐 아니라 의복과 신발, 장신구 등과 같은 다양한 외적 요소를 모두 포함하며, 착용자의 개인적·사회적·상황적 정체성을 드러내는 도구이다(Kaiser, 1990). 이러한 외모는 개인적인 일상생활뿐 아니라 사람을 대면하는 모든 상황 속에서 중요한 영향을 미친다. "아름다운 것이 좋은 것"(What is Beautiful is good, Karen, 1972)이라는 말에 공감이 되는가? 아름답다는 것은 균형과 조화가 잘 맞는, 보기에 편안한 상태를 의미한다. 외모가 편안한 사람이 그렇지 않은 사람보다 사교적이며 중요하고 정신적으로 건강하다고 인식된다는 연구보고도 있다. 세계적인 패션디자이너 코코샤넬은 다음과 같은 말을 했다.

"옷을 잘못 입으면 옷에 주목하게 만들고
옷을 잘 입으면 사람에 주목하게 만든다."
CoCo chanel (본명: Gabrielle Bonheur Chanel)

교회교육리더가 외모에 신경을 써야 하는 이유도 여기에 있다. 교회교육리더의 차림새나 전반적인 외모가 눈에 거슬리게 되면 학습자는 교수자가 전하는 메시지에 집중하기가 어려워진다. 소통은 거슬림이 없는 가장 편안한 상태에서 가장 잘 이루어질 수 있다. 교회교육리더가 화려할 필요는 없으나, 상황에 따른 격식을 잘 갖추고 단정한 모습으로 자신을 관리하는 것은 교육의 효과를 위해서 꼭 필요하다.

가. 교회교육리더의 복장

지혜로운 교회교육리더는 TPO(Time, Place, Occasion)에 적합한 복장을 한다. 복장은 역할 수행에 대한 신뢰도를 형성하는 데 중요한 요인이다. 경찰관, 군인, 스튜어디스 등 특별한 직업을 가진 사람들은 역할에 맞는 정해진 복장을 한다. 복장도 메시지이기 때문이다. 교회교육리더의 복장은 어떤 것이 적당할까? 교육 대상자에 따라 교육의 목적이나 분위기에 어울리게 연출해 주는 것이 좋다. 교육 대상이 학생이거나 교육 내용이 창의적이고 혁신적이라면 그에 맞는 파격적인 복장이 어울린다. 그러나 그렇지 않은 경우라면 너무 튀지 않는 복장이면서, 거부감을 주지 않고 단정한 차림을 하는 것이 좋다. 정장이나 그 외의 깔끔하고 단정한 옷차림, 통일성 있는 스타일의 옷을 입는 것이 바람직하며, 때때로 캐주얼하지만 너무 풀어진 느낌이 아닌 오히려 갖춰 입은 듯한 캐주얼 룩으로 아이들의 관심을 끌고 분위기를 환기시켜 주면 좋다.

1) 복장의 중요성
① 복장은 관계형성시 부정성과 긍정성의 판단기준을 제공한다.
② 나 한 사람의 복장조차도 공동체 전체의 이미지를 형성하는 요소가 된다.
③ TPO에 맞는 복장은 공동체의 분위기를 좌우한다.
④ 단정한 옷차림은 상대에게 신뢰감을 준다.

⑤ 사람들은 옷차림만으로도 사람의 인품이나 생활태도 등을 평가한다.

⑥ 단정하고 교육의 특성에 맞는 옷차림은 교육의 성과에도 영향을 준다.

2) 호감을 주는 복장

① 청결해야 한다.

② 경쾌하고 조화를 이루어야 한다.

③ 품위가 있어야 한다.

④ 학습자에게 거부감을 주지 않아야 한다.

⑤ 옷차림이란 단지 의복만이 아니라 액세서리, 가방, 구두 등 몸에 착용하는
모든 것을 말하며 전체적으로 조화롭게 착용해야 한다.

⑥ 지나친 유행이나 화려함을 쫓지 않는 복장을 착용한다.

3) 옷차림의 기본 점검 사항

① **밝은 표정** : 가장 좋은 옷은 밝은 표정이다. 자신이 착용하고 있는 옷차림
을 가장 돋보이게 하는 포인트가 밝은 미소이다. 상대를 대할 때 밝은 미
소가 없다면 좋은 옷을 입을수록 호감보다는 부담감을 준다.

② **좋은 옷차림** : 학습자가 친밀감을 느낄 수 있도록 대상자의 특성에 맞는
복장을 해주는 것이 좋다.

③ **헤어스타일** : 자신의 얼굴형에 맞는 스타일로 편안하게 연출한다. 컬러링
을 하는 경우는 너무 눈에 띄지 않게 한다.

④ **시계** : 시계는 시간에 대한 개념에 대해 신뢰도를 느끼게 하는 액세서리이
다. 핸드폰을 통해 시간을
알 수 있다 하더라도
시계를 착용하는 것
이 신뢰도를 높일 수
있다.

4) 대상자에 따른 좋은 옷차림

교회교육리더에게는 교육을 담당하는 대상이 있다. 그 대상은 연령이나 성별, 환경에 따라 각기 다른 시각적 특성을 가진다. 대상자인 학습자들의 특성에 따라 복장의 스타일도 다르게 표현하는 것이 좋다.

〈표 8-2〉 대상자에 따른 좋은 옷차림

대상자	좋은 옷차림
영아부 ~ 유치부	시각적인 감각이 발달하는 시기이므로 밝은 컬러를 입어주는 것이 좋고 정장보다는 캐주얼 차림이 적합하다. 이 시기의 학습 대상자들은 예배 중 활동이 많고 수시로 돌봐주어야 하는 연령이므로 활동하기 편한 복장을 입는 것이 좋다. 손톱이 길면 청결과 안전에 위험을 느낄 수 있으므로 단정하고 짧게 관리해 주는 것이 필수이다.
유 · 초등부	초등학교 저학년은 주로 파스텔톤 느낌의 옷을 입을 때 반응이 좋다. 고학년에 해당하는 초등부 교사는 무채색 계통의 세련된 옷이 무난하고 시크한 분위기로 입을 때 좋은 반응을 한다.
중 · 고등부	이 연령대를 담당하는 교수자가 가장 어려워하는 것은 학습자들이 동질 의식을 느끼도록 다가가는 일이다. 학습자들과 간격을 줄이는 데 복장이 큰 몫을 할 수 있다. 세미 정장 스타일이 적합하다. 너무 격식을 갖춘 정장은 아니어도 단정하고 견고한 권위를 보일 수 있는 옷차림이 좋다.
청년부	사회에 진출하기 직전이거나 사회초년생들이 대부분이므로 교사가 모범을 보이는 것이 매우 중요하다. 단정하고 깔끔한 정장차림을 입되 격식에 잘 맞춰서 입을 때 좋은 본보기가 되며 신뢰감을 줄 수 있다.
장년부	고가의 복장을 하는 것은 공동체 안에서 위화감을 조성할 수 있다. 단정하면서도 자신의 개성을 잘 표현해 주면 자신의 특성을 알리는 데 도움이 된다.

5) 스타일 연출 3요소

스타일연출의 핵심은 첫째 자신의 체형 인식, 둘째 자신에게 맞는 스타일과 퍼스널 컬러 파악, 셋째 TPO에 맞는 패션 아이템 찾기이다.

인체를 아름답게 하는 중요한 조건은 균형과 조화이다. 신체 비율이나 자신의 피부색에 맞는 컬러, 자신의 체형에 맞는 스타일, 상황에 적합한 스타일과 아이템을 잘 선택하여 착용하는 사람은 상대에게 안정된 느낌을 준다.

[그림 8-2] 스타일 연출의 3요소

6) 여성 교회교육리더의 패션 기본사항

① 스커트 : 스커트는 무릎 정도의 길이가 좋다. 너무 길어도 단정치 못해 보이고 무릎 위 5cm 정도가 넘어가면 불안한 느낌을 준다. 앞트임, 옆트임, 뒤트임이 너무 깊지 않게 한다.

② 소매 길이 : 더운 여름철에 민소매를 입는 경우가 종종 있다. 가능한 어깨를 덮어주고, 민소매를 착용하더라도 예배시간에는 어깨에 스카프를 두르거나 볼레로를 가볍게 걸쳐주는 것이 좋다.

③ 액세서리 : 여성의 경우 착용할 수 있는 액세서리는 매우 다양하다. 통일감 있게 패용하며 한 번에 3개 이상의 액세서리를 착용하지 않도록 한다. 고가의 화려한 액세서리는 성도간의 위화감을 조성할 우려가 있다. 단정하고 심플하면서도 검소한 액세서리를 착용한다.

④ 스카프 : 체형과의 조화가 중요하다. 목이 짧은 편인 사람은 목을 최대한 시원하게 보일 수 있도록 아래로 묶거나 세로로 내려뜨린다. 의상이 화려하면 스카프는 단색, 의상이 단색이면 스카프는 화려한 것을 착용한다.

⑤ 스타킹 : 구두와 색상을 맞춰 신으면 다리가 길어 보이는 효과가 있다. 무

 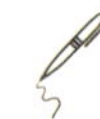

늬가 과한 스타킹은 눈에 띠어 다리로 시선을 집중하게 하므로 교회교육
리더에게는 적합하지 않다.

⑥ 구두 : 이미지를 완성시키는 역할을 한다. 정돈되고 청결하게 유지하며, 스커
트 색깔보다는 스타킹 색과 맞추는 것이 다리가 길어 보이는 효과가 있다.

7) 남성 교회교육리더의 패션 기본사항

① 수트 : 한 벌로 입는 것이 예의이며, 수트 차림에 반소매 셔츠는 입지 않는
다. 상의 단추는 채우는 것이 예의에 맞고, 바지 길이는 신발의 3/4정도 가
려지도록 한다.

② 셔츠 : 기본 셔츠의 색은 흰색이지만 옅은 컬러가 들어간 것도 무난하다.
지나치게 무늬가 화려한 단추 등의 액세서리가 달린 셔츠는 피하는 것이
좋다. 수트 상의 소매 밖으로 1.5cm 정도 보이게 입는 것이 예의이다.

〈표 8-3〉 넥타이 컬러에 따라 전달되는 의미

넥타이	컬러	전달되는 느낌
	레드 와인	열정이나 에너지를 느끼게 한다. 권한이 느껴지는 색감이므로 주장과 열정을 표현하는 색이라고 볼 수 있다.
	핑크	부드럽고 감각 있는 분위기를 연출할 수 있다.
	블루	쿨하고 지적인 인상으로 신뢰감을 쌓을 수 있다.
	그레이	성실하고 진지함을 느낄 수 있고 일에 있어서 안정감을 준다. 신뢰감 있으면서도 산뜻한 느낌을 준다.
	그린	젊고 경쾌한 인상을 준다. 친근한 이미지를 주고 친화력 있는 분위기가 연출된다.
	엘로우	자유롭고 활발하면서도 지적인 분위기를 연출한다

③ 넥타이 연출 : 타이는 남성복장 요소 중 개인의 인상에 가장 큰 영향을
준다. 수트와 셔츠의 조화가 가장 중요하지만, 교육의 성격에 따라 적당
한 색상의 타이를 갖추는 것이 교육의 효과를 증진시킬 수 있다.

④ 착용법 : 타이의 끝이 벨트에 닿는 정도로 착용한다.

⑤ 넥타이 컬러가 주는 의미 :·상황과 대상에 적합하게 넥타이 컬러를 선택하
는 것도 좋은 이미지를 형성하는 데 효과적인 방법이다. 〈표 8-3〉에는 넥
타이의 컬러가 주는 의미를 나타냈다.

나. 얼굴은 영혼의 통로

1) 학습자들에게 편안한 인상으로 다가가기

누군가를 만날 때 처음 보는 곳은 대부분 얼굴이다. 얼굴을 통해 그 사람의
성향을 판단하고 호감이나 비호감의 느낌을 받는다. 쌍둥이라도 얼굴이 똑같
은 사람은 없다. 얼굴은 '영혼의 통로', 즉 '얼'(영혼)이 담겨 있는 '굴'(통로)의
뜻을 가진다. 그렇다면 교회교육리더로서 좋은 얼굴은 어떤 모습일까? 잔잔한
호수 같은 모습이다. 굳어 있지도 않고 요동치지도 않으며 매사에 침착하고 꾸
밈이 없는 인상이다.

2) 교회교육리더 메이크업 포인트(Image Makeup)

메이크업은 사전적으로는 '제작하고 보완하다'는 뜻이다. 일반적으로 화장
품이나 도구를 사용해 신체의 장점을 부각하고 약점을 보완하거나 수정하는
미적인 행위를 말한다. 이미지 메이크업에서 가장 중요한 포인트는 자신의 얼
굴형을 제대로 파악하여 대부분 사람들이 편안해하는 얼굴형인 계란형에 가깝
게 메이크업을 연출하는 것이다. 교회교육리더가 추구해야 할 메이크업 포인트
는 과하지 않고, 온유하며 생기 있는 모습과 더불어 명확하고 단아한 느낌을 표
현하는 것이다. 교수자가 전혀 메이크업을 하지 않고 학습자들 앞에 서면 자칫

하면 정성이 없어 보이거나 생기가 없어 보일 수 있으므로 기본적인 표현은 하는 것이 좋다.

〈표 8-4〉 교회교육리더의 메이크업 원칙

전달 느낌	메이크업 표현
생동감	• 맑은 피부 표현(얇은 파운데이션, 하이라이트) • 색조가 강하지 않게 표현(옅은 오렌지나 핑크톤 아이섀도, 립스틱 등)
온유함	• 부드러운 눈매, 편안한 eye brow • 얼굴 전체에 각이 드러나지 않게 표현(눈썹, 얼굴형, 헤어라인 등)
지혜와 통찰	• 또렷한 눈매(아이라인, 마스카라) • 블러셔로 시각적 집중(얼굴형에 따라 표현)

(가) eye brow(눈썹 그리기)

가끔 교회에서 봉사하시는 분들이 따스한 표정을 짓고 있는데도 강한 인상으로 보일 때가 있다. 눈썹에 각이 있거나 너무 진한 경우이다. 인상이 너무 강해 보여서 부담스럽게 보일 때 안타깝다. 눈썹은 얼굴 전체의 이미지를 좌우하므로 자신의 얼굴형에 어울리는 자연스러운 눈썹을 그리는 것이 중요하다. 눈썹의 길이와 비율, 눈썹산의 높이, 눈썹의 모양, 눈썹의 색상과 농도, 두께 등이 그 사람의 기질에 대한 느낌을 좌우한다. 이목구비가 뚜렷한 사람을 일컬어 미남 미녀라고 말한다. 이목구비가 명확한 사람을 통해 나오는 말은 상대의 듣는 귀 뿐 아니라 눈으로 보는 느낌마저도 달라지게 만든다. 이목구비가 조화롭고 좋은 인상으로 보이도록 하는 데 눈썹은 매우 중요한 역할을 한다. 눈썹은 얼굴의 지붕이라고 표현되며 눈썹의 형태는 얼굴의 이미지를 미묘하게 달라 보이게 만든다. 눈썹은 얼굴에서 각각의 부위를 선으로 감싸는 역할을 하기 때문에 다른 요소들의 형태 이미지에 큰 영향을 미친다.

요즘은 곧게 뻗은 일자눈썹이 유행이다. 일자눈썹은 어려 보이며 청순한 느낌을 준다. 그러나 일자눈썹이 누구에게나 어울릴까? 대답은 'No!'이다. 얼굴형에 따라 어울리는 눈썹도 각각 다르다.

눈썹을 그릴 때 몇 가지 주의할 점을 알아보자.

- 펜으로 찍은 듯 인위적인 느낌을 주어선 안 된다.
- 눈썹꼬리가 눈썹의 앞머리보다 내려가 있으면 우울한 인상을 주어 학습 분위기를 어둡게 만들 수 있다.
- 미간이 좁아 보이게 그리면 신경질적으로 보일 수 있다.
- 머리카락 색깔에 가장 유사한 눈썹 색을 사용해야 부담이 없다.
- 눈썹 숱이 지나치게 많아지게 그리면 답답한 느낌을 준다.
- 눈썹을 너무 가늘게 그리면 나이 들어 보일 수 있다.
- 얼굴 이미지, 얼굴형에 유의하여 적당한 방법으로 그린다.
- 눈썹을 그리는 기본형은 눈 모양을 따라 약간 위로 올라가다가 전체 눈썹 길이의 2/3 지점에서부터 부드럽게 곡선을 그리면서 내려오게 하는 것이다. 여성적이고 발랄한 느낌을 준다.

(나) lip make-up

- 얼굴에서 가장 두드러지며 많이 움직이는 부분이 입술이다.
- 입술 make-up은 색상이나 모양이 유행을 많이 따르는 부분이나 자신의 입술 모양에서 너무 벗어나지 않도록 자연스럽게 그린다.
- 너무 진한 색을 사용하지 않는 것이 좋다. 옅은 핑크나 오렌지 계열이 부드러운 느낌을 준다.

(다) 블러셔

- 블러셔는 make-up의 마무리 단계로, 얼굴 혈색을 좋게 하고 음영을 주어 얼굴형의 결점을 보완한다.
- 얼굴형에 따라 차이가 있지만 기본적으로 귓불에서부터 사선으로 코끝에 모아지게 해준다.
- 블러셔는 얼굴의 윤곽을 살리며, 생기 있어 보이게 하고, 시선을 얼굴의 중심으로 모아주므로 지혜와 통찰력이 드러나 보이게 한다.

• 지나치게 진하거나 뭉치면 역효과가 나므로 경계선이 생기지 않도록 유의한다.

다. 헤어 연출(Hair Styling)

1) 얼굴 유형에 맞는 헤어스타일

헤어스타일은 인상을 형성하는 데 크게 영향을 끼친다. 헤어스타일을 선택하는 데도 가장 신경써야 하는 것이 개인의 얼굴형이다. 얼굴에 각이 있는 경우는 강한 느낌이 들어 학습자들에게 부담감을 줄 수 있다. 너무 동그란 유형은 어려 보이는 장점이 있는 반면에 만만한 느낌이 들 수 있어 신뢰감을 형성하는 데 역효과를 주기도 한다. 이처럼 얼굴형에 따라 주는 느낌이 달라서 헤어연출을 통해 얼굴형을 보정하면 상대에게 보다 편안하고 신뢰감을 주는 인상을 형성하는 데 도움이 된다. 얼굴형에 따라 적합한 헤어스타일을 보면 다음과 같다.

〈표 8-5〉 얼굴형에 맞는 헤어스타일

얼굴 유형	계란형	둥근형
느낌	편안, 신뢰감, 호감	동안, 귀여움, 어려 보임
GOOD	• 6:4 가르마 • 올백 당고머리 • 머리의 윗부분, 뒷부분에 볼륨 약간 • 가벼운 중간 롤 펌	• 8:2 가르마 • 웨이브는 한쪽만 밖으로 빼준다 • 앞머리 없는 숏 컷이나 단발 • 앞머리 8:2가르마, 사선으로 넘겨줌
BAD	• 올백 스타일 연출시는 머리를 당겨서 묶지 말 것 (이마가 넓어 보이고 평면 효과)	• 5:5 가르마(얼굴이 더 동그랗게 보임) • 뱅 앞머리(얼굴이 옆으로 넓어 보이는 효과) • 얼굴라인에 달라 붙는 볼륨매직
얼굴 유형	긴형	각진형
느낌	이지적, 나이들어 보임	남성적, 강한 느낌
GOOD	• 보브컷 단발에 앞머리 내려줌 • 중간 길이의 러블리펌, 발롱펌	• 광대뼈와 각진 턱 라인을 감싸는 굵은 웨이브 • 독특한 웨이브 펌으로 시선을 분산시켜 주면 좋다.
BAD	• 5:5 가르마의 긴 생머리 • 일직선의 단발 (긴 얼굴을 부각시키는 스타일)	• 얼굴라인을 둥글게 감싸는 초코송이 단발 • 볼륨 없는 보브컷

2) 감출수록 빛나는 헤어 포인트

(가) 헤어라인의 각과 직선을 감춘다. 여성의 숨겨져 있는 헤어라인의 각과 직선은 남성적으로 보이게 만든다. 특히 이마 부위에 M자 라인은 얼굴이 크고 딱딱해 보이게 할 수 있다.

(나) 뚜렷한 가르마선을 감춘다. 가르마 선이 또렷하게 보이면 검은 머리에 흰 라인이 보여 얼굴이 커 보인다. 가르마를 정확히 타기보다는 지그재그 처리하거나 갈색색조 제품으로 가리면 훨씬 젊고 생기 있어 보인다.

(다) 납작해 보이는 뒤통수를 감춘다. 왁스나 롤 브러시로 납작한 뒤통수에 볼륨을 넣어주면 키가 크고 생동감 있어 보이는 효과를 준다.

(라) 부스스한 머릿결을 헤어 에센스로 감춘다. 머릿결에 윤기가 있으면 단정하면서도 에너지가 넘쳐 보인다.

(마) 숱이 적어 드러나 보이는 두피를 감춘다. 나이가 들거나 숱이 적은 경우 머리숱이 적어지기 마련인데, 그대로 방치하고 다니는 것보다는 헤어 팡팡이나 헤어파운데이션 제품으로 두피가 드러나는 곳을 감춘다.

4. 온유하고 따뜻한 말씨

교회교육리더는 복음을 가지고 교육하는 자들이기 때문에 자신을 통해 하나님의 첫인상이 비춰진다는 것을 인식해야 한다. 학습자들은 교육내용뿐 아니라 교회교육리더들의 행동과 모습, 말하는 태도 등을 통해서도 하나님의 모습을 느끼게 된다. 교육의 열정은 있으나 생각만큼의 결실을 얻지 못하고 있다면 자신의 이미지를 총체적으로 점검해 봐야 한다. 세상에는 실패를 전제로 살아가거나 성공을 꿈꾸지 않고 살아가는 사람은 절대 없을 것이다. 그런데 부정적 언어 습관으로 성공이 아닌 실패의 길을 걷게 되는 사람이 적지 않다.

가. 시선을 집중하게 하는 목소리 표현(Voice Expression)

1) 목소리 이미지

사람의 목소리에도 이미지가 있다. 편안한 목소리는 듣는 사람에게 안정감과 신뢰감을 준다. 감정의 기복이 많거나 성격이 거칠고 급한 사람일수록 목소리에는 쉰 듯한 소리가 나며 거친 호흡이 섞여 있다. 사회문화적 환경까지도 목소리에 미묘하게 영향을 준다. 그래서 사람들은 목소리를 통해 상대를 판단하기도 한다. 교회교육리더는 목소리가 전달력과 긴장감, 호감도에 영향을 준다는 사실을 알고 자신의 목소리를 점검해 보는 것이 좋다.

[그림 8-3]은 보이스 코칭을 하는 한 회사에서 비호감을 주는 목소리에 대해 조사한 결과이다. 항목에서 알 수 있듯이 목소리에는 화자의 내면심리가 드러난다. 목소리가 비호감을 준다는 것은 건강하지 않은 심리가 비호감을 준다는 것과 거의 동일하다. 좋은 목소리를 가지려면 평소 심신의 건강을 잘 유지하는 것이 중요하다.

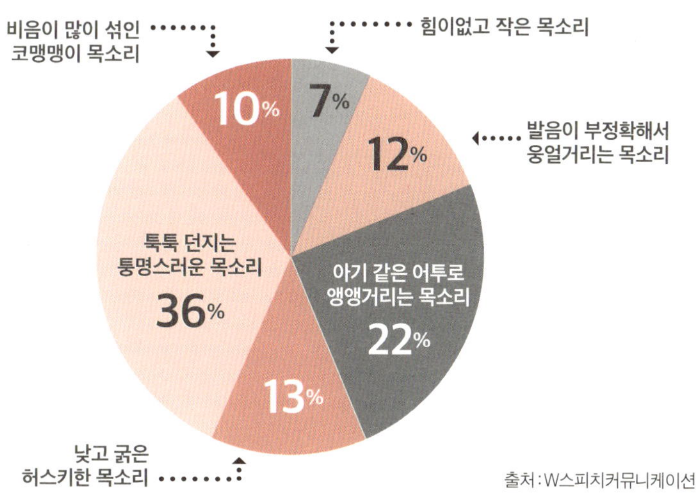

[그림 8-3] 비호감 목소리 순위

2) 목소리 이미지코칭

목소리는 바뀔 수 있다. 흔히들 목소리는 타고난다고 생각한다. 하지만 목소리는 방법을 익히고 습관을 바꿈으로써 변화를 줄 수가 있다. 좋은 목소리로 바꾸려면 복식호흡과 발성 그리고 발음교정을 꾸준히 훈련해야 한다.

(가) 복식호흡

사랑하는 사람이 나에게 향기로운 꽃을 선물했다고 생각해 보자. 꽃을 코끝에 두고 천천히 향내를 들이마시는 상상을 해보자. 흉부가 확장되면서 횡격막이 수축되는 느낌이 들 것이다. 이런 방법으로 호흡법을 꾸준히 훈련하면 숨의 깊이를 깊어지게 만들고 목소리에 울림을 넣어 줄 수 있다. 복식호흡을 꾸준히 연습하면 소리의 음정, 속도, 거리감, 강약조절을 수월하게 할 수 있게 된다. 특히 목소리가 작고 울림이 없는 사람에게 복식호흡은 매우 좋은 효과가 있다.

(나) 발성

목소리의 근원지는 성대이다. 성대의 진동은 목, 가슴, 입, 얼굴을 통해서 증폭된다. 입 안에 물을 한 모금 머금고 있다고 생각하며 허밍을 해본다. 목의 힘을 완전히 풀어주면서 '후' 하고 공기를 내쉬다가 자연스럽게 끊임없이 '하'로 모음을 전환시킨다. '후'가 너무 길지 않고 소리가 끊이지 않도록 연습해야 한다. 연습을 충분히 한 후에도 목에 힘이 들어가 있다면 잘못된 것이다. 연습 후 목이 편안해야 올바른 연습이 된 것이다.

(다) 발음

① 발음의 시작은 모음이다.

"나의 살던 고향은 꽃 피는 산골~~"의 문장으로 발음연습을 한다고 해보자. 무조건 반복하여 연습을 한다면 발전이 없다. 모음을 점검하면서 연습해야 좋은 효과를 볼 수 있다. 모음을 통해 정확한 입 모양을 만드는 것이 발음연습의 우선순위이다. 다음과 같이 발음하면서 자신의 입 모양을 점검하면 효과가 있다. "아의 알언 오양은 옺 이은 안올~~." 자음을 모두 'O' 발음으로 두고 모음을 정확하게 표현하도록 연습해 보자. 이렇게 뼈대가 만들어졌을 때 자음과 받침을 그 위에 자연스럽게 얹어 소리를 내보면 발전한 것을 느낄 수 있다.

[출처] 김한별 외 3명, 고급 언론고시 실전연습, 시대고시기획

② 근육의 이완

평소 사용하지 않던 입 주위의 근육이나 잘못된 습관으로 불필요하게 사용하던 혀의 근육을 교정한다.

(라) 내용에 맞는 표정

목소리와 표정은 한 세트다. 무뚝뚝한 표정에서 밝은 음성은 절대 나올 수 없다. 말의 내용에 따라 적합한 표정을 함께 짓는 습관을 들이자. 훨씬 전달력 있고 진정성이 담긴 음성을 낼 수 있다.

(마) 바른 자세

① 좋은 음성을 위한 기본 자세

- 얼굴 : 미소를 잃지 않도록 해야 한다. (치즈~)
- 눈 : 편안하게 정면을 바라보는 것이 좋다.
- 입 : 구형법에 맞추어 정확하게 벌리며 필요 이상으로 움직이지 않도록 한다.
- 손 : 양쪽 손을 자연스럽게 앞에서 모아 쥐든가 양옆으로 가볍게 늘어뜨린다.
- 발 : 자연스럽게 자기 어깨 넓이만큼 벌리되 한 발을 앞으로 해도 괜찮다.
- 허리 : 허리가 구부정하지 않게 곧추 세워준다.

② 주의해야 할 자세

- 비딱한 고개

• 너무 뒤로 젖히는 자세

• 팔짱을 끼는 자세

• 턱을 드는 자세

• 질질 끌면서 걷는 동작

• 늘어진 자세

• 어깨를 많이 흔드는 자세

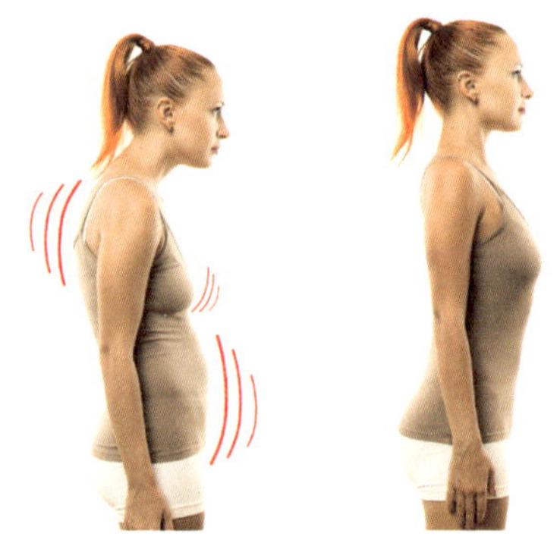

[그림 8-4] 좋은 음성을 위한 그릇된 자세와 바른 자세

나. 마음을 움직이는 언어 표현 (Language Expression)

사람의 입을 통해 나오는 말은 권세가 있다. 교회교육리더는 말을 통해 가르치고 삶을 통해 변화를 이끄는 자이다. 가장 좋은 말의 기술은 정직과 진정성이다. 상대의 마음을 열기 위해 소통의 스킬들을 잘 훈련하더라도 그 말 속에 정직이 없다면 헛된 가르침이 된다.

1) 소통 : 마음을 여는 힘

사람이 표현하는 말의 방식은 내면의 상태에서 비롯된다. 학습자 중에 말의 표현이 거칠거나 과장되며 부정적인 말을 일삼는 자가 있는가? 가만히 그 마음을 들여다보아야 한다. 마음에 분노가 있고 두려움이 가득 차 있는 사람은 온유한 표현을 할 줄 모른다. 교회교육리더는 때로는 마음에 상처가 있는 학습자들을 만나게 되는데, 내면의 소리에 귀를 기울여 마음으로 소통할 줄 알아야 한다. 학습자의 마음이 열리면 복음의 씨앗이 그 마음 밭에 뿌려질 것이다.

① 대화 상대에 따라 말씨를 결정한다.

② 감정을 평온하게 하고 표정을 부드럽게 한다.

③ 자세를 바르게 하여 공손하고 성실하게 말한다.

④ 대화 장소와 상대의 성격, 수준을 참작해 화제를 고른다.

⑤ 조용한 어조, 분명한 발음, 맑고 밝은 음성, 적당한 속도로 말한다.

⑥ 듣는 사람의 표정과 눈을 주시해서 반응을 살핀다.

⑦ 상대가 질문하면 자상하게 설명하고 의견을 말하면 성의 있게 듣는다.

⑧ 표정과 눈으로 말하는 진지함을 잃지 않는다.

⑨ 남의 이야기 도중에 끼어들지 않는다.

⑩ 화제가 이어지도록 간결하게 요점을 말하고 중언부언하지 않는다.

⑪ 말은 양해를 얻어서 시작하고 끝맺음은 요령 있고 분명하게 한다.

⑫ 지나치게 높은 톤은 경박하게 보일 수 있고, 너무 저조한 억양은 분위기를 무겁게 만들 수 있으므로 억양에 신경을 쓴다.

⑬ 상대방의 입장을 고려해 적합한 언어를 구사한다.

⑭ 누구든지 대화에서 소외되었다는 느낌을 받게 해서는 안 되므로 말할 기회를 놓친 사람에게는 적절한 질문을 유도하여 대화에 참여시킨다.

교회교육리더는 학습자를 주의 깊게 관찰하여 그 표정과 몸짓, 태도와 말 속에서 의중을 찾아내어 조심스럽게 소통해 나가야 한다.

2) 주의해야 할 말의 표현

말은 심상(心象)이다. "말을 어떻게 표현하느냐"는 것은 심상을 드러내는 일이다. 학습자를 사랑하는 마음이 있다면 그 사랑하는 마음을 말과 목소리와 말투에 그대로 표현해 주어야 알 수 있다. 아래의 경우들은 교회교육리더가 자신의 말을 의식하지 않고 말했을 때 나올 수 있는 표현이다. 이런 표현은 학습자의 마음을 쉽게 닫아 버린다. 따라서 자신의 말 표현 상태를 점검하고 적절하게 훈련해야 한다.

① 말의 순서가 혼돈되는 표현

② 무표정한 얼굴로 무뚝뚝한 말투

③ 유모어가 전혀 없는 심각한 말 표현

④ 형식과 절차만 강조하는 딱딱한 말투

⑤ 공격적 말투

⑥ 습관적으로 부정적인 단어를 사용

〈표 8-6〉 부정과 긍정의 언어 표현

부정적 언어 표현	긍정적 언어 표현
• 어쩔 수 없잖아. • 해야만 한다. • 이렇게 밖에 안 될까? • 토요일까지 못하면 절대 안 된다. • 실수하지 않도록 해라. • 어떻게든 잘될 거야. • 잘 풀리질 않네.	• 이제 뭘 할 수 있을까? • 하고 싶다, 하기로 결정하자. • 더 할 수 있는 게 뭐가 있을까? • 토요일까지 반드시 마치도록 하자. • 멋지게 만들어 보렴. • 우리는 잘할 수 있을 거야. • 도전해 볼 만한 일인 걸?

3) 교회교육리더의 언어 표현

(가) 교육리더의 목소리는 너무 크지 않게 한다.

목소리가 너무 크면 학습자의 말을 들을 수가 없다. 자신이 해야 할 말에만 집중할 때 목소리가 커진다. 교수자는 교육내용을 전달하면서도 늘 학습자의 상태에 눈과 귀를 집중하며 생각을 읽을 준비가 되어 있어야 한다.

(나) 교육리더의 목소리는 너무 작아도 안 된다.

지속적인 작은 소리로 학습자의 주의를 끌기는 어렵다. 목소리의 완급 조절이 있어야 살아 있는 전달이 될 수 있다.

(다) 교육리더의 음성에는 따스함과 친절함이 배어 있어야 한다.

목소리에 따스함과 친절함이 배어 나오려면 마음속에 따스함과 친절함이 있어야 한다. 학습자를 사랑하는 마음이 선행되어야 하며, 눈과 입에 표정을 담아 말할 때 마음이 잘 전달될 수 있다.

(라) 명확하고 전달력 있는 목소리를 낸다.

명확한 소리를 내려면 입을 정확하게 벌려야 하는데, 의외로 입을 적게 벌리는 사람이 많다. 그러면 웅얼거리는 소리가 나게 되어 있다. 눈과 입을 열고 살짝 미소를 머금고 말하는 것이 중요하다. 거울을 보면서 조금만 연습하면 쉽게 해결된다.

(마) 교육리더의 말의 속도는 빠르거나 느려지지 않게 조절해야 한다.

(바) 호감과 존중하는 목소리를 낸다.

호감과 존중 역시 마음에서 비롯되는데, 문제는 평소에 웃는 훈련이 안 되어 얼굴이 굳어져 있는 경우, 목소리조차도 굳어져서 나오기 때문에 오해를 받을 수 있다는 사실이다. 자주 웃는 훈련이 목소리까지도 변하게 할 것이다.

5. 상대를 배려하는 예절

가. 매너와 에티켓의 의미

매너와 에티켓은 성도들간의 관계에서도 매우 중요한 영향을 준다. 매너와 에티켓을 통해 그 사람의 인격과 됨됨이가 평가되기도 하기 때문이다. 개인의 생활에서 기본적으로 지켜야 하는 매너와 에티켓의 기준을 알고 있다면 상대를 존중해 주는 행동양식을 갖추게 된다.

1) 에티켓

'지킨다' '지키지 않는다'로 표현되는 규범이며 에티켓이 도리이다. 남을 대하는 마음가짐이나 태도가 드러나는 예법을 말하며 결혼, 인사, 식사, 장례 등 예법이 필요한 상황에 지켜야 하는 양식들이다. 타인을 대할 때 지켜야 할 예의나 형식적인 부분이므로 에티켓을 지키지 않으면 눈살을 찌푸리는, 좋지 않은 이미지를 심어주게 된다.

2) 매너

매너(manner)는 사람의 행동과 습관을 의미하는 'manus'와 행동을 취하는 방법과 방식을 뜻하는 'arius'의 합성어로, 일상생활에서 사람이 행동하는 방식이나 자세를 말한다. 타인을 향한 배려의 언행을 형식화한 것이라고 할 수 있다. 매너는 호감 가는 표정, 신뢰를 주는 자세와 동작, 단정한 용모와 복장, 타인의 입장에 서는 자세, 공손한 대화법, 긍정적이고 호감을 주는 이미지의 연출을 통해 드러난다.

나. 상황에 맞는 인사 매너

인사는 바른 예절의 기본사항이며 관계의 문을 여는 중요한 첫걸음이다. 그럼에도 교회에서 바르게 인사하는 성도가 많지 않다. 상대방의 가치를 인정하고 높여주며 호의적인 마음을 표현하는 데 가장 적합한 것이 바른 인사이며, 인사의 예법을 제대로 알고 하면 상대의 마음을 열 수 있다.

1) 인사의 5가지 포인트

(가) 인사는 내가 먼저 한다.

인사를 먼저 하는 사람이 대화의 주도권을 잡게 된다. 호의적인 인사가 호의적인 대화의 문을 연다.

(나) 밝은 표정과 힘찬 목소리로 인사한다.

진정으로 반갑고 기쁜 마음으로 인사해야 웃는 표정이 자연스럽게 나온다. 밝게 웃으며 인사하면 상대의 마음에 친밀감이 생겨 다시 만나고 싶어진다.

(다) 상대에게 적절한 인사말을 하는 것은 많은 대화를 하는 것보다 효과적이다.

잠깐의 인사와 함께 덕담을 전하면 마음에 오래도록 담겨진다. 인사하기 전에 무슨 말로 칭찬과 덕담을 전할지 늘 준비해 두면 좋다.

(라) 눈맞춤 인사를 한다.

인사를 입으로만 해서는 안 되며 반드시 상대방의 눈을 바라보면서 해야 한다.

(마) 상황에 따라 적절하게 인사한다.

상황에 적합한 인사 방법대로 하는 것은 상대를 존중해 주는 일이며 인사하는 사람의 품격도 높여 준다.

<표 8-7> 인사법

구분	자세	용도
목례	상체를 5도 정도 숙임	차 대접시, 자주 대할 때, 짐을 들었을 때
가벼운 인사	상체를 15도 정도 숙임	간단한 인사, 복도, 엘리베이터, 실내 등 좁은 장소, 윗사람을 두 번 이상 만나게 될 때
보통인사	상체를 30도 정도 숙임	일반적 인사, 가장 기본이 되는 인사, 윗사람을 대할 때
정중한 인사	상체를 45도 정도 숙임	사과할 때, 감사의 뜻을 표현할 때
기타		악수나 포옹을 한다

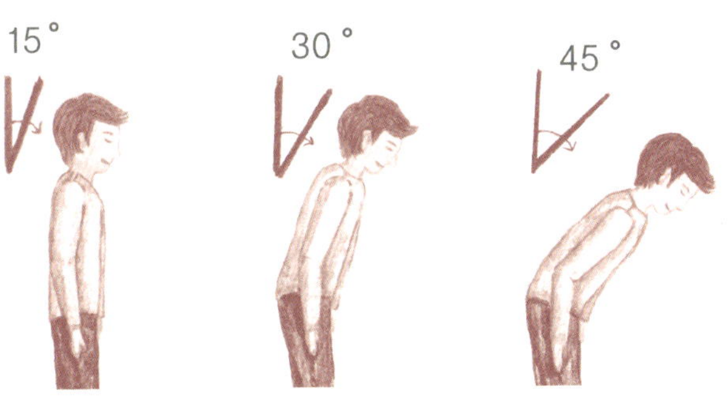

2) 잘못된 인사

① 호들갑스러운 인사

② 눈 맞춤이 없는 인사

③ 할까 말까 하는 인사

④ 고개를 옆으로 숙이는 인사

⑤ 고개만 까딱하는 인사

⑥ 무표정인 인사

⑦ 말로만 하는 인사

⑧ 지나치게 고개를 숙이는 인사

다. 악수 매너

1) 악수의 의미

악수는 사람과 사람 사이에 친근한 표현을 하는 관계 형성의 도구이다. 요즘은 악수가 많이 보편화되었는데, 악수의 예법을 정확히 알고 하는 사람은 그다지 많지 않다. 그래서 반가움으로 손을 내밀고도 서로 어색해하는 상황이 생기곤 한다. 악수를 할 때 가장 기본 자세는 밝은 미소와 함께하는 것이다.

2) 악수의 순서

악수를 사양하는 것은 실례이다. 반면 악수를 청해야 함에도 청하지 않는 것도 실례가 될 수 있다. 누가 먼저 손을 내밀어야 하는지의 문제에는 나름의 순서와 기준이 있다.

① 여성이 남성에게

② 손윗사람이 손아랫사람에게

③ 선배가 후배에게

④ 기혼자가 미혼자에게

⑤ 상급자가 하급자에게

3) 악수하는 법

① 손을 쥐는 정도 : 악수는 친근을 표시하는 우정의 표현이므로 너무 느슨하
　게 쥐면 차갑고 형식적인 느낌을 준다. 손가락 끝을 잡거나 스치듯 가볍게
　쥐는 것도 실례이다.

② 손 흔드는 법 : 상하로 가볍게 흔들되, 자신의 어깨보다 높지 않게 한다.

③ 시선 처리 : 눈을 똑바로 보되, 다정한 미소를 띤 표정으로 시선을 상대의
　눈에 고정한다.

④ 앉고 서기 : 상대가 악수를 청할 때 남성은 반드시 일어나야 하고 여성은
　앉은 채로 악수를 받아도 무방하다.

⑤ 과장된 행동 : 두 손으로 움켜잡고 허리를 숙이며 하는 악수는 비굴하거나
　아첨하는 것처럼 보이기 쉽다. 그러나 상대방이 윗사람인 경우 상대 쪽으
　로 상체를 약간 기울이는 것은 좋다.

⑥ 장갑 처리 : 남성은 악수할 때 반드시 장갑을 벗는다. 그러나 갑작스런 만
　남으로 여성이 악수를 청할 때 장갑을 벗느라 기다리게 하는 것보다는 양
　해를 구하고 낀 채로 하는 것도 무방하다.

라. 모티켓(휴대폰 예절: 모바일 + 에티켓)

1) 전화예절

[그림 8-1]의 매러비안의 법칙에서 언급했듯이 소통은 시각적 요소 55%, 청각
적 요소 38%, 내용적 요소 7%로 구성되어 이루어진다. 그러나 전화에는 시각

적 요소가 빠진다. 그렇기 때문에 청각적 요소의 비율이 80%, 내용이 20% 정도의 비율로 의사가 전달된다. 전화를 할 때는 목소리의 발음, 발성, 말투, 어조 등의 청각적 요소에 특별히 신경을 쓰고 효과적으로 표현하는 것이 중요하다.

① 전화를 받을 때는 자신의 이름을 먼저 밝혀야 한다.

“안녕하세요? ○○○입니다.”

② 상대방을 배려한다면 단 둘이 있는 자리에서는 다른 사람과의 통화를 피하는 것이 좋다.

③ 전화는 누구에게나 중요하다. 반드시 육하원칙에 따라 메모를 해두고 나중에 다시 묻는 일이 없도록 한다.

④ 얼굴이 보이지 않아도 밝은 표정으로 친절하고 진정성 있게 말한다.

⑤ 먼저 인사말을 한 뒤에 자신이 누구인지를 밝힌다.

⑥ 예배 중에 휴대폰을 꺼놓을 수 없는 상황이라면 진동모드로 전환한다.

⑦ 교육을 받고 있거나 모임 중일 때는 통화를 삼가야 한다. 부득이한 경우는 작은 소리로 용건만 간단히 이야기한다.

⑧ 윗사람과 통화했을 때 상대가 먼저 끊으면, 확인을 하고 수화기를 내려놓는다.

⑨ 휴대폰은 잠시 잊고 가능한 한 함께 있는 사람과 대화에 집중한다.

⑩ 폰카로 다른 사람의 사생활을 침해하지 않도록 주의한다.

⑪ 금지할 것은 휴대폰이 아니라 벨소리다. 모임 중엔 반드시 매너모드를 잊지 않는다.

⑫ 늦은 시간에는 전화를 하지 않는다.

정말 중요하고 급한 일이 생겨서 염치 불구하고 전화를 해야 한다면, 먼저 예의를 갖춰 “늦은 밤에 미안하다”든지 양해를 구해야 한다. 그렇게 하면 상대방도 충분히 이해할 것이다.

2) 문자 예절

소통은 언어적 표현에 비언어적 표현이 동반되어야 잘 이루어진다. 일반적으로 몸짓, 목소리, 표정, 음조, 말의 속도, 목소리 톤 등 다양한 요소를 통해 의사를 전달하는데, 문자는 비언어적 요소가 모두 빠진 상태에서 단순히 글자로만 의사를 전달한다.

그렇기 때문에 문자를 받는 입장에서는 문자에 미세한 감정표현이 전달될 때와 그렇지 않은 경우 현격하게 차이를 느끼게 된다. 문장은 최대한 공손하게 표현하고 적절하게 이모티콘을 사용해 주면 오해를 줄일 수 있다.

① 문자는 소리 없는 말이다.

② 어려운 일일수록 만나서 전하거나 전화통화를 한다.

③ 문자 발송 시에 ______ 께와 첫 인사말, 자신의 소속과 이름을 반드시 밝힌다.

④ 본론을 쓰고 마무리는 반드시 "감사합니다"로 끝낸다.

⑤ 마지막에는 반드시 ______ 올림을 붙인다.

⑥ 중요한 문자를 받았을 때는 반드시 수신 확인 답을 보낸다.

⑦ 전체문자로 온 내용에서 답을 요하는 문자라면 찬성이 아니더라도 양해의 답을 꼭 보낸다.

⑧ 문자는 곤란한 일일 때 사용하지 않는다.

⑨ 칭찬이나 축하, 기쁜 일일 때는 반드시 문자를 남긴다.

대부분 사람들은 말로 하기 어려운 말들을 문자로 보내는 경우가 많다. 얼굴을 보며 말로 해도 서운할 수 있는데 글자만 전달한다면 상대방의 감정은 어떠하겠는가? 힘든 말일수록 전화통화나 대면하여 전하고, 기쁜 일은 그 기쁜 마음을 꼭 글자로 남기는 것이 기억에 오래 남는다.

마. 성도간의 경조사 예절

1) 결혼식예절

예수님이 가장 먼저 이적을 행하신 곳이 가나혼인잔치였다. 결혼식은 신랑신부가 축복의 주인공이 되도록 모든 사람들이 마음으로 응원해야 하는 자리이다. 결혼식에 축하해 주러 갔다가 결혼식예절에 어긋난 행동이나 모습으로 눈살을 찌푸리게 하는 경우가 종종 있다. 기본예절을 지켜서 축하할 때 축복의 마음이 더욱 값지게 전달된다.

① 여성의 경우, 웨딩드레스의 상징인 화려한 흰색 원피스는 삼가 한다.

② 검은색 옷을 입을 경우, 액세서리나 화려한 포인트로 화사함을 연출한다.

③ 청바지나 반바지 차림 등 너무 캐주얼한 차림은 삼가 한다.

④ 예식에는 관심이 없고 식사하거나 오랜 친지나 친구를 만나는 데만 급급한 행동은 피한다.

⑤ 자녀들까지 줄줄이 데리고 와서 네다섯 명이 식사하는 경우는 예의에 어긋난다.

⑥ 노출이 심하거나 튀는 복장은 피한다.

세미정장이나 단정한 복장 : 남성은 회색이나 남색 계열의 무채색 정장, 여성들은 밝은 분위기를 풍기는 파스텔 계열이 좋다.

⑦ 복장이 적절치 않은데 단체사진에 빠질 수 없는 입장이면 신부와 최대한 멀리 떨어진 자리를 잡아 사진을 찍는 것이 예의이다.

⑧ 결혼식장에 30분 정도 미리 도착해서 신랑신부에게 덕담해 주는 것은 아주 좋은 매너이다.

⑨ 로비에 계시는 부모님께 축하인사를 드리고 축의금을 전달한다.

⑩ 지인들과 조용히 결혼식장 자리에 앉아 기다린다.

무엇보다도 새 출발을 하는 신혼부부가 믿음 안에서 건강한 가정을 세워 가도록 축복하는 마음으로 기도하며 예식에 참여하는 사람이 최고의 하객일 것이다.

2) 문상예절

소중한 사람을 떠나보내는 일은 어떠한 경우라 해도 상주에게는 마음 아픈 일이다. 그들을 위로하기 위해 가는 조문객들은 최대한 예의를 갖춰야 한다.

특히 평소에 상주와 친밀하게 지내던 사람이 예의와 격식을 갖추지 않아 실수하는 경우가 있다. 기본예절을 잘 갖추어 상주들에게 위로와 소망이 되어야 할 것이다.

① 빈소에 들어가기 전에 외투는 미리 벗는다.

② 들어가며 조문록에 이름을 쓰고 조의금을 전달한다.
　　이때 부탁받은 조의금도 전달하고 명부에 이름을 적어준다.

③ 빈소에 들어가면 상주와 가볍게 목례한다.

④ 빈소에 놓여 있는 국화꽃을 영정 앞에 봉우리가 사진을 향하도록 헌화한
　　후 뒤로 한 걸음 물러나서 15도로 고개를 숙여 기도하고 상주를 마주하며
　　위로한다.

⑤ 맨발은 절대 피해야 한다. 검은색 양말이나 여성의 경우에는 스타킹을 신
　　는 것도 좋으나 맨발이나 덧신 등은 피하는 것이 좋다.

⑥ 문상 중 함께 간 동료나 지인을 상주에게 소개할 때도 있는데, 이때 악수를
　　청하는 행동은 삼가 한다.

⑦ 오랜 병치레 없이 갑작스레 돌아가셨거나, 연세가 많으시고 오랜 병치레
　　끝에 돌아가신 경우 호상이라고 표현하기도 하는데, 죽음 앞에서 호상이
　　란 없으니 그런 말은 쓰지 않아야 한다.

⑧ 고인의 사망 원인을 캐묻는 경우도 금물이다.

3) 병문안예절

① 반드시 미리 연락을 하고 간다.

② 오랜 시간 환자와 대화를 나누거나 너무 늦은 시간 병문안을 해서 다른 환
　자들에게 피해를 주는 일은 피하는 것이 좋다.

③ 문병시에 꽃을 사들고 가지 않는다. 환자는 평소보다 모든 감각이 약해진
　상태이므로 꽃향기가 자칫 자극이 될 수도 있다.

④ 간단한 먹을거리나 음료 등을 사간다.

⑤ 가능한 한 손을 잡고 기도해 주고 돌아오면 큰 위로가 된다.

　예절이란 더불어 잘 살아가기 위한 사람들의 약속이며, '사람에 대한 존중'의
마음에서 비롯된다. 사람은 어느 누구나 존귀하며 이 존귀한 존재에 대한 깊은
신뢰와 사랑의 바탕에서 예의범절의 기본원칙들이 만들어진다. 더불어 살아가
는 삶 속에서 이 근본적인 마음이 밖으로 표출되는 행동들이 드러나도록 참된
크리스천다운 모습으로 예절을 잘 갖추고 표현하는 것은 매우 중요한 일이다.

새가족 봉사자 체크사항

'새가족 등록자들의 기대심리는 무엇일까?'에 관심의 초점을 맞춘다. 내가 규칙을 정해 놓고 베푸는 것이 아니라, 대상자가 무엇을 원하는지에 초점을 맞춰 대상자들을 편안하고 좋은 상태로 만들어 주는 것이 봉사의 중요한 포인트다.

새가족 등록자들의 예상 기대심리
환영받고 싶어 하는 마음
어색한 환경에서 편안해지고 싶은 마음
자신을 기억해 주기를 바라는 마음
친절한 안내를 받고 싶은 마음
아는 사람을 만들고 싶은 마음
보호받고 싶고 사랑받고 싶은 마음
은혜받고 싶은 마음

그 외에도 많은 기대심리가 있겠지만 이 7가지를 근거로 봉사자 이미지코칭의 포인트를 체크하면 무난할 것이다.

No	항목	새신자 봉사 체크포인트
1	환영	1. 복장과 표정 2. 친절한 환영 인사말 3. 이름 확인 & 이름 외우기, 인상착의 메모하고 기억하기
2	교회 소개	1. 교회 소개 2. 교역자 소개 3. 봉사자 소개와 연락처 안내 4. 교회 비전 및 부서 소개
3	친교시간	1. 새신자들간의 인사 나누기 2. 등록 과정 3. 친밀한 시간
4	개인신상확인	1. 등록카드 작성(관심영역, 교구, 연령, 가족 등록 유무, 지인 확인, 교회 문의사항, 신앙생활 기간) 2. 대화와 경청
5	선물과 관련문서 전달	1. 해당 부서 관련 안내자료 2. 교회차량이나 예배시간 등 안내지 전달 3. 환영선물 증정
6	해당부서 소개 및 담당자 연결	1. 원하는 부서 알아보기 2. 적합한 부서 권유하기 3. 부서 담당자 연결 4. 담당자에게 연락 유무 확인 5. 새신자에게 의사 확인 및 권면
7	간헐적 연락	1. 안부 연락 2. 교회 적응도 점검 3. 도와줄 일 찾기

Chapter 8. 교회교육리더 이미지코칭

1. 교회교육리더의 이미지코칭의 이해

이미지코칭이란 자신의 내면이 다른 사람들에게 잘 표현될 수 있도록 자신의 이미지를 스스로 코칭하는 일이다. 이 일을 하는 목적은 좋은 관계를 형성하기 위해서이며, 그리고 좋은 관계를 형성한다는 것은 성도 간에도, 비성도들과의 관계에서도 필요한 일이다.

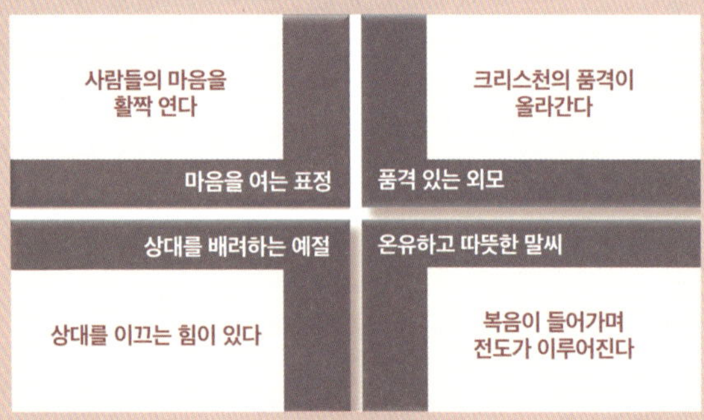

2. 마음을 여는 표정

하나님은 인간을 하나님의 형상을 따라 지으셨다. 우리는 하나님의 형상을 따라 지어졌으며, 하나님은 하나님의 형상을 우리에게 부여해 주신 것이다. 주님이 나를 바라보는 표정을 상상하며 그 표정으로 사람을 대하고 사람들의 마음을 열자.

3. 품격 있는 외모

외모는 개인의 일상뿐 아니라 사람을 대면하는 모든 상황 속에서 중요한 영향을 미친다. 아름답다는 것은 균형과 조화가 잘 맞는, 보기에 편안한 상태를 말한다. 교회교육리더의 외적 이미지가 단정하지 못하거나 눈에 거슬리면 학습자는 메시지보다 모습에 시선과 생각을 빼앗기기 쉽다. 상황에 따른 격식을 잘 갖추고 단정한 모습으로 자신을 관리하는 것은 교육의 효과를 위해서도 꼭 필요하다.

4. 온유하도 따뜻한 말씨

사람의 입을 통해 나오는 말은 권세 있는 힘이다. 교회교육리더는 말을 통해 가르치며 삶을 통해 변화를 이끄는 자이다. 가장 좋은 말의 기술은 정직과 진정성이다. 상대의 마음을 열기 위해 소통의 스킬들을 잘 훈련한다 해도 그 말 속에 정직이 없다면 헛된 가르침이 될 것이다.

5. 상대를 배려하는 예절

예절이란 더불어 잘 살아가기 위한 사람들의 약속이며, '사람에 대한 존중'의 마음에서 비롯된다. 사람은 어느 누구나 존귀하며 이 존귀한 존재에 대한 깊은 신뢰와 사랑의 바탕에서 예의범절의 기본원칙들이 만들어진 것이다. 더불어 살아가는 삶 속에서 이 근본적인 마음이 밖으로 표출되는 행동들이 참된 크리스천다운 모습으로 드러나도록 예절을 잘 갖추고 표현하는 것은 매우 중요한 일이다.

Part IV

교회교육 평가

9. 교회교육 평가와 교육리더 성찰

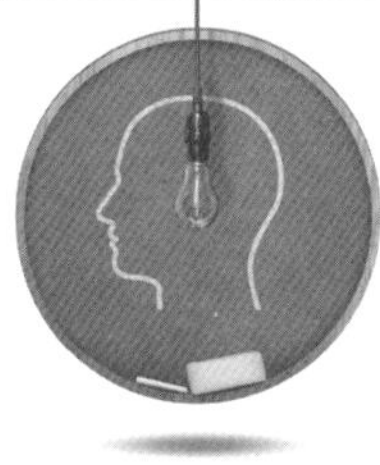

09

교회교육 평가와
교육리더 성찰

09

교회교육 평가와
교육리더 성찰

평가는 대상의 가치를 판단하고 의사를 결정하는 과정이다

모든 교육이 그렇듯이 교회교육도 평가는 필수적이다. 특히 교회교육에서 평가가 필요한 것은 다음과 같은 이유에서다. 첫째, 지금 실시하고 있는 교회교육이 계획대로 잘 진행되고 있는지 확인할 필요가 있기 때문이다. 둘째, 이런 형태의 교회교육을 앞으로도 계속 실시할 것인지 여부를 판단할 수 있기 때문이다. 셋째, 교회정책의 기초 자료가 되기 때문이다. 넷째, 평가를 통해 문제점을 발견하고 향후 교육에 대한 개선 방향의 효과적인 교육방법을 모색

할 수 있기 때문이다. 다섯째, 교회교육리더 평가에 대한 자아성찰을 통해 자신의 교수활동에 대한 개선점을 발견할 수 있기 때문이다. 여섯째, 평가 자료가 잘 보존될 때 부서의 교육관계자가 바뀌더라도 후임자가 교육의 체계를 파악하여 시행착오의 과정을 줄이며 교육에 임할 수 있기 때문이다.

1. 교회교육 평가

가. 평가의 개념 및 종류

평가는 대상의 가치를 판단하고 의사를 결정하는 과정이다. 검사나 측정을 통해 얻은 결과를 바탕으로 대상의 특성을 확인하고 가치를 판단하여 평가자의 의사결정을 도와주는 활동이다. 그러므로 교육 평가란 교육부서에서 운영하는 교육프로그램이 설정한 학습목표를 어느 정도 달성했는지, 학습활동이 계획대로 진행되었는지, 학습자들의 학습과 성장에 어떤 영향을 주었는지를 확인하고 가치를 판단하는 과정이다. 특히 교회교육에서 궁극적 목적은 하나님의 복음을 전파하는 것이다. 따라서 학습자의 교육에 대한 성취도를 평가할 뿐 아니라 학습자가 직면한 여러 문제를 진단하고 교육 효과를 평가하여, 효과적으로 복음을 전파할 수 있는 방법들을 반영하는 데 그 목적이 있다.

교육 평가는 다음과 같은 의미를 갖는다.

첫째, 교육부서에서 실시하는 교육프로그램이 원래 계획대로 잘 진행되고 있는지를 확인할 수 있다. 학습자들이 프로그램에 임하기 전이나 프로그램 도중, 프로그램을 통하여 처음에 계획한 학습목표에 얼마나 도달했는지를 파악할 수 있다.

둘째, 학습을 효과적으로 전개하기 위한 근거자료를 확보할 수 있다. 학습활동에 대한 평가는 피드백을 통해서 다음 프로그램의 내용과 방법을 개선시킬 수 있으며, 학습자들이 자신의 상태를 진단해서 학습동기를 촉진시킬 수 있다.

셋째, 교회교육 정책이나 의사결정에 필요한 자료를 제공한다. 교육프로그램이나 활동이 교회 발전이나 교인들의 학습의 질 개선에 얼마나 공헌하는지를 밝혀서 교육 정책이나 의사결정시 판단자료로 활용할 수 있다.

교육에서 평가는 학습자들의 학습 성취도에 초점을 두고 학습자들의 반응이나 소감, 행동 등을 분석해서 학습의 질을 개선해 나가는 데 있다. 따라서 교육은 목적이나 방법이 다양하기 때문에 평가의 대상이나 종류도 다양하다.

1) 평가 수준 및 범위에 따른 구분

(가) 교육 평가 : 평가 수준 및 교육 범위에서 가장 넓은 의미로 사용되는 것으로, 교육부서에서 이루어지는 모든 수준의 평가를 총칭한다.

(나) 교육부서 평가 : 교육부서 전체의 시설여건이나 운영상태 등을 평가하며 교육과정 평가와 구별하여 사용한다. 흔히 일정한 평가 기준을 충족한 경우 교육부서로서 적합함을 인증(Accreditation)하는 인증평가로 시행된다.

(다) 교육과정(프로그램) 평가 : 교육부서에 개설해서 운영하는 교육과정이나 프로그램을 평가하며 교육이나 학습목표의 성취 여부, 교수-학습 과정, 교육이나 학습의 결과 등을 평가한다.

교육과정 평가는 교회교육에서 가장 많이 활용할 수 있는 평가이다.

(라) 수업 평가 : 평가 수준 및 범위에서 가장 좁은 의미로 사용되며, 수업활동이나 학습활동을 평가한다. 일정 단위의 수업이나 학습을 통한 학습자들의 성취도나 태도의 변화 정도를 평가하고, 교육 만족도나 교회교육리더의 교수방법의 적합성 등을 평가한다.

2) 평가 목적에 따른 구분

(가) 목표 중심 평가 : 프로그램을 실시하기 전에 설정한 학습목표를 프로그램이 끝난 후 학습자들이 얼마나 성취했는지 확인하는 데 사용하는 평가 방법이

다. 어떤 학습자를 다른 학습자들과 어떻게 비교하느냐에 관심을 두기보다는 학습자들이 무엇을 할 수 있고, 사전에 의도한 학습목표에 얼마나 도달했는지에 대해 증거를 획득하는 데 관심이 있다.

(나) **의사결정 중심 평가** : 평가의 궁극 목적은 의사결정자에게 필요한 정보를 제공하여 정책판단이나 의사결정을 돕는 데 있다. 학습목표가 성취되었는지의 여부나 평가자 자신의 가치판단보다도 의사결정자에게 필요한 정보를 제공하여 의사결정을 보조하는 데 우선한다. 즉 교회 당회와 담임목사의 의사결정을 돕는다.

(다) **가치판단 중심 평가** : 학습자들의 학습목표 성취를 평가하는 것보다 프로그램의 가치나 장점을 판단하는 데 초점을 둔다. 학습목표의 성취도 중요하지만 학습자들이 프로그램 참여를 통해 부산물로 얻은 성과나 학습자들의 정서나 태도 변화도 중요하다는 입장이다.

3) 평가 시기에 따른 구분

(가) **진단평가** : 프로그램이 실시되기 전 출발점에서 학습자들의 특성과 학습상태를 평가한다. 내용의 난이도와 교회 성경공부 등 학습상황에 따라 분반 등에 참고할 수 있다.

(나) **형성평가** : 프로그램을 실시하는 도중에 이루어지므로 학습진행 과정을 수시로 평가한다. 교회 프로그램 진행과정시 출석률과 학습상태 등을 파악하여 학습속도의 조절과 결석의 문제점을 찾아 개선을 제공하는 데 목적이 있다.

(다) **총괄평가** : 프로그램의 종결과 더불어 최종적으로 이루어지며, 프로그램의 효과를 종합적으로 평가하여 프로그램을 계속할지 종료할지를 판단한다.

이렇게 평가를 실시하는 시점을 기준으로 진단평가, 형성평가, 총괄평가로 나눌 수 있지만, 3가지 유형의 평가는 상호배타적 관계가 아니기 때문에 평가의 목적에 따라 서로 병행하여 사용하는 것이 바람직하다.

평가 시기에 따른 평가 유형별 특징은 다음과 같다.

〈표 9-1〉 진단평가, 형성평가, 총괄평가의 비교

특성	진단평가	형성평가	총괄평가
평가 목적	학습결손 진단 학습준비도 확인	학습과제 성취 여부 결정 교수전략 개선	학업성적 판정 자격 부여
평가 시기	교육 초기	교육 과정 중	교육 종료 후
평가 대상	학습 준비도	학습과제 수행 과정	학습과제 수행 결과
활용도	교육개시 전 정보 제공	즉각적인 교육 개선	성취 결과 통보

4) 평가 대상에 따른 구분

(가) **교육관계자 평가** : 교회에는 교육부라는 부서가 있다. 이곳에서 교회교육 프로그램을 기획 운영하는데, 교회교육 부장을 비롯한 관계자와 교회교육리더들은 프로그램이 끝나면 교육관계자들의 검토회의를 갖고 프로그램의 효과와 문제점을 집약하여 다음 프로그램에 반영해야 한다.

매주, 월별, 분기별로 실시할 수 있다.

(나) **학습자 대상 평가** : 교육프로그램에 참가한 학습자들을 대상으로 프로그램 전반에 대한 만족도와 학습효과, 진행 운영상황 등을 평가한다. 주로 설문지를 통해 평가하며, 대표자를 선발하여 인터뷰나 강평회를 개최하여 의견을 집약할 수도 있다. 다만 영유아부나 유치부 등의 대상자는 부모를 대상으로 하는 평가를 준비해야 한다.

(다) **교회교육리더 대상 평가** : 교육프로그램에 참여한 교회교육리더들을 대상으로 교육 분위기와 학습자들의 태도, 교육지도상의 어려움, 프로그램 내용 구성과 운영 전반에 대한 건의사항 등을 평가한다.

5) 양적(정량) 평가와 질적(정성) 평가

(가) **양적(정량) 평가** : 평가 결과를 수량화하는 평가 방법이다. 예를 들어 중등

부를 담당하고 있다면 중등부 학습자수 출석률과 결석률은 양적 평가이다.

(나) 질적(정성) 평가 : 일반적으로 참여관찰법을 활용해 평가자의 주관적인 해석으로 의미를 파악한다. 평가자의 겸손한 자세와 피평가자의 논리와 상황 위주로 평가를 실시한다는 장점이 있지만, 시간과 비용이 많이 들고 소량만 평가할 수 있으며 평가 결과를 객관화하는 데 어려움이 따른다. 평가 척도로 활용할 때, 정성 평가는 정량화할 수 없는 문제에 체크리스트를 활용해 평가자가 주관적으로 수준을 결정한다.

6) 인지적 특성 평가와 정의적 특성 평가

(가) 인지적 특성 평가 : 지식을 획득하고 사용하는 방식과 관련된 교육 영역에 대한 평가로 학습내용이 성경 말씀 등 지식 위주로 구성되어 있을 때 사용하며 질문지법 등을 활용한다.

(나) 정의적 특성 평가 : 학습자의 흥미·태도·감상·가치관·감정·신념 등과 관련된 교육 영역에 대한 평가로, 학습내용이 인간의 정서나 태도 변화를 위주로 구성되었을 때 사용하며 참여관찰법 등을 활용한다.

7) 과정평가와 결과평가

(가) 과정평가 : 학습자가 학습과제를 수행하는 과정이나 그 결과를 보고 학습자의 지식이나 기능, 태도 등에 대해 전문적으로 판단하는 평가방식을 말한다. 학습자의 능력을 통합적으로 평가하는 것이 가능하고 학습결과뿐 아니라 학습과정에 대한 평가도 가능하다는 장점과 평가 기간이 길고 평가 결과를 객관화하기 어려우며 학습자의 적극적인 참여가 요구된다는 단점이 있다. 과정평가 방법으로는 문제해결시나리오, 사례연구, 평가자체크리스트, 구두발표, 일지/저널, 포트폴리오법 등이 활용된다.

(나) 결과평가 : 교육 목표가 교육과정과 교수프로그램에 의해 실제로 어느 정도나 구현되고 있는가를 결정하는 평가방식으로 보통 지식과 기능을 평가한

다. 학습자가 성취하고자 하는 목표와 관련된 학습결과를 객관적으로 확인할 수 있다는 장점과 학습자의 수행 과정을 확인하기 어렵고 학습자의 정의적 측면을 측정할 수 없다는 단점이 있다.

나. 평가의 중요성

모든 교육부서는 교육프로그램을 개발하여 운영하고, 운영결과를 평가하여 프로그램을 개선하는 일련의 교육체제를 구축하고 있다. 이러한 교육체제하에서 평가활동은 필요 불가결한 것이다. 일반적으로 평가의 필요성이나 중요성은 다음과 같은 사항을 근거로 한다. (배호순(1994), 프로그램 평가론, 49-50, 서울: 원미사)

첫째, 교육목표의 달성 정도를 확인할 수 있다.
둘째, 교육활동의 효과를 확인하고 명료화할 수 있다.
셋째, 교육의 효과 증대와 질적 수준 향상을 기할 수 있다.

다시 말하면, 평가는 직접적으로는 교육프로그램의 효과와 가치를 확인하고 그 목표 달성의 정도를 확인하기 위해 필요하며, 간접적으로는 교육의 질적 개선, 효과 증대, 효율성 증대, 생산성 증대 등과 함께 교육프로그램 개선을 위해 필요하다. 나아가 교육 평가는 교육부서의 목적 달성을 위해 필요한 합목적적인 활동인 동시에 교육부서 설치에 필요불가결한 활동이라고 볼 수 있다. 따라서 교육활동 전반에 걸쳐 평가활동이 요구되며, 매우 중요한 교육활동의 하나이다. 교육에서 평가활동은 다음과 같은 사항을 고려하여 신중하게 실시해야 한다.

1) 측정 대상의 불명확성에 따른 어려움

교육에서 평가는 그 측정 대상이 인간이다. 사물을 측정하는 것과는 달리 인간행동의 특성을 측정해야 하며, 측정 대상이 명확하지 않아 많은 어려움이 따른다.

2) 측정 방법이나 도구의 불안전성에 따른 어려움

교육평가에서 활용되는 측정 방법은 질문지나 시험, 면담이나 관찰 등이다. 이러한 측정 방법은 사물을 측정하는 자, 저울, 시계 등에 비해 일관성이 적고 평가자마다 활용하는 도구도 다양하여 측정 결과에 차이가 있다.

3) 측정의 간접성에 따른 어려움

교육 측정은 인간의 내면이나 행동을 대상으로 하고 있어 간접적으로 측정할 수밖에 없다. 이를 테면, 교회학교 어린이의 교회생활을 평가하려면 그 어린이의 평상시 습관이나 남을 배려하는 행동 등을 측정해 간접적으로 평가한다.

4) 결과의 수량화에 따른 어려움

교육 측정에서 산술적인 가감승제는 의미가 없다. 이를 테면, 지능지수 100은 50의 두 배라고 할 수 없다.

5) 효과의 지연에 따른 어려움

교육프로그램을 운영한 평가 결과는 가시적으로 나타나지 않는 경우도 많고, 어떤 경우는 효과가 지연되어 나타난다. 따라서 교육프로그램의 결과를 즉시에 평가하여 가치판단을 내리거나 의사를 결정하는 것은 신중해야 한다.

6) 상황의 가변성에 따른 어려움

평가하는 장소와 상황에 따라서 평가 결과는 차이가 있다. 서울에 위치한 교회에서 평가하는 것과 지방교회에서 평가하는 것이 다르고, 과거에 평가한 것과 현재 평가하는 것은 서로 상황이 다르고 평가 결과에도 많은 차이가 날 수 있다.

교육 평가자들은 항상 이러한 점들을 염두에 두고 신중하게 평가를 실시해야 한다. 하지만 평가가 중요하다고 하여 평가를 강조하다 보면 교육이 평가를 위하여 존재하는 것처럼 여겨질 수 있다. 교회는 교육부서와 다른 특성을 가졌지만, 분명한 것은 평가를 통해 교육프로그램의 효과를 확인하고, 실시의 타당성 제공 및 프로그램의 문제점을 진단하고 피드백을 제공할 수 있다.

2. 교회교육리더 성찰

지금까지 교육 평가의 의미와 중요성을 살펴봄으로써 교회교육에서 운영하는 교육프로그램의 학습목표 달성 정도, 학습활동이 계획대로 진행되었는지, 그리고 학습자들의 신앙성장에 어떤 영향을 주었는지를 확인하고 가치를 판단하는 과정을 이해했다. 무엇보다도 이러한 평가에서 요구하는 가치를 위해서는 교회교육리더의 역할과 교수역량이 중요하다. 이를 위해서는 교회교육리더의 노력과 성찰이 요구된다.

가. 1만 시간의 법칙과 마태복음 효과

교회교육리더의 성찰에서 먼저 1만 시간의 법칙과 마태복음 효과를 생각할 수 있는데, 이는 교회교육리더 노력의 중요성을 의미한다.

1) 1만 시간의 법칙

1만 시간(하루 3시간씩 10년)은 어떤 분야에서 숙달되기 위해 필요한 절대시간으로 어떤 분야에서든 이보다 적은 시간을 연습해 세계 수준의 전문가가 탄생한 예는 드물다. 그러나 이 시간은 누구에게나 주어지지 않는다.

2) 마태복음 효과

마태복음 효과는 누적 이득의 효과로서 개인이나 집단이 성공하고 앞서 나가면 장점과 강점이 점점 더 쌓이면서 더 크게 성공하고 발전할 수 있으며 더 많은 기회를 얻는다는 뜻이다. 즉, 성공은 더 큰 성공을 낳는다는 것이므로 충성된 종이 되어 마태복음 효과의 주인공이 된다는 의미이다.

나. 자기평가 체크리스트

교회에서 설교, 공과공부, 구역예배 인도, 프로그램 진행 등 다양한 유형의 교회교육이 끝난 후 교회교육리더는 자기평가가 필요하다. 교육리더는 매 교육마다 할 수도 있고 주별, 월별, 분기별 등 교육 유형과 내용에 따라 스스로 하는 자기 평가를 할 수 있다. 물론 가장 좋은 성찰은 매 교육마다 하는 것이다.

여기서는 교회교육리더로서의 이미지와 교회교육에서 가장 많이 적용하는 강의법과 토의법 그리고 교수매체를 통한 자기평가 체크리스트를 소개한다.

<표 9-2> 교육리더 자기평가 Check List

교회교육리더로서의 이미지	판단 결과(O,△,X)
외모	
1. 나의 외모는 산뜻했다(신발, 깨끗한 복장 등).	
2. 나의 자세는 바르다고 생각한다.	
3. 복장은 잘 어울린다고 생각한다.	
목소리	
1. 소리치지 않고도 목소리가 들렸다.	
2. 목소리 높이를 다양하게 했다.	
3. 명확히 발음하였다.	
4. 단어들을 정확히 발음했다.	
5. 정확한 문법을 사용했다.	
6. 말하는 속도가 다양했다.	
7. Key Point를 강조하기 위해 이야기 중간에 사이사이 집어넣었다.	
8. 나의 목소리는 학습자들을 향한 관심의 감정을 반영했다.	
움직임	
1. 전체 학습자와의 접촉을 유지했다.	
2. 나는 자연스럽게 움직였다.	

강의법	판단 결과(O,△,X)
1. 강의내용이 주제와 밀접했다.	
2. 설명은 이치에 맞았다.	
3. 강의시 말은 뒷자리까지 잘 들렸다.	
4. 마이크 사용시 문제점은 없었다.	
5. 적극적으로 질문할 수 있는 분위기였다.	
6. 학습자들로부터 질문이 많이 나왔다.	
7. 교재내용은 적당했다.	
8. 매체를 제대로 활용했다.	
9. 학습자들이 필요한 내용을 필기할 수 있었다.	

토의법	판단 결과(O, △, X)
1. 토의가 주어진 주제에서 벗어나지 않았다.	
2. 소수에 의해 토의가 진행되지는 않았다.	
3. 예정된 시간 내에 문제를 해결했다.	
4. 토의를 통해 학습자들의 반응과 이해도를 알 수 있었다.	
5. 토의를 할 때 적당히 개입했다.	

〈표 9-3〉 자기평가 총괄 Check List

대상		항목	착안점	평점 A B C D E	보완내용
강의내용		도 입	• 분위기 조성 • 동기부여 • 주의집중 • 강의내용	10 8 6 4 2	
	전개	내용구성	• 내용숙지도 • 논리성 및 체계성	10 8 6 4 2	
		강의전개	• 흥미유발 주의환기 • 사례 보충설명 • 참여유도 질문법	10 8 6 4 2	
		교보재활용	• 매체활용법 • 보조자료 다양성	10 8 6 4 2	
	종결		• 핵심요약 능력 • 재동기 부여 • 결어	10 8 6 4 2	
			소계	50 40 30 20 10	
강의기법		강의 전달력	• 시선 • 표정 • 제스처 유연성 • 말의 속도, 크기, 억양	20 16 12 8 4	
		교회교육지원가 (Facilitator)	• 질문 • 경청 • 피드백	10 8 6 4 2	
		시간관리	• 시간 배분 • 규정시간 준수	10 8 6 4 2	
			소계	50 40 30 20 10	

총평

자기 평가 분석지	
교육리더 이름	**교육일시**
교육내용	**교육부서**
1 생각한 대로 이야기가 되었는가? 왜 잘되었는가? 또는 왜 잘되지 않았는가?	
2 전달내용의 구성이나 짜임새는 어떠했나?	
3 주어진 시간은 제대로 활용했는가? 왜 잘되었는가? 혹은 왜 잘되지 않았는가? 전달하고 싶은 중점내용에 대한 시간을 충분히 쓸 수 있었는가?	
4 학습자들의 반응을 파악하여 장악할 수 있었는가?	
5 개선해야겠다고 생각하는 것은 무엇인가?	

주어진 시간에 학습자들에게 전달을 잘하였는지 총괄 평가를 함으로써 좋은 점은 강화시키고 나쁜 점은 개선한다.

Chapter 9. 교회교육 교수평가와 교육리더 성찰

제대로 된 교육평가는 교회와 성도의 변화와 성장을 이끌어낸다. 교육평가란 교육부서에서 운영하는 교육프로그램이 설정한 학습목표를 어느 정도 달성했는지, 학습활동이 계획대로 진행되었는지, 학습자들의 학습과 성장에 어떤 영향을 주었는지를 확인하고 가치를 판단하는 과정이다.

1. 교회교육 교수평가

•평가 수준 및 범위에 따른 구분

가) 교육평가

나) 교육부서평가

다) 교육과정평가

라) 수업평가

교회학교교육에서 평가는 학습자들의 학습성취도에 초점을 두고, 학습자들의 반응이나 소감을 분석해서 앞으로의 학습의 질을 개선하는 데 있다. 교육은 목적이나 방법이 다양하기 때문에 평가의 대상이나 종류도 다양하다.

•평가의 중요성

모든 교육부서는 교육프로그램을 개발하여 운영하고, 그 운영결과를 평가하여 프로그램을 개선하는 일련의 교육체제를 구축하고 있다. 다음은 평가의 중요성이다.

첫째, 교육목표의 달성 정도를 확인할 수 있다.

둘째, 교육활동의 효과를 확인하고 명료화할 수 있다.

셋째, 교육의 효과 증대와 질적 수준 향상을 기할 수 있다.

2. 교회교육리더 성찰

평가는 학습활동의 성장에 있다. 성장을 위한 가치 향상을 위해 무엇보다 중요한 것은 교회교육리더의 교수역량과 역할이다. 이를 위해 교회교육리더의 노력과 성찰이 요구된다. 교육리더는 자기평가리스트를 통해 자신의 상태를 스스로 평가하고, 가능하다면 객관적 평가와 피드백을 통해 학습에 가장 적합한 역할과 역량을 키워 나가야 할 것이다.

교육에 임하기 전에
평온한 마음을 갖기 위하여

오, 주님, 내가 교실에 들어갈 때에
나에게 힘을 주시어 유능한 교회교육리더가 되게 해주소서.
나에게 지식 이상의 지혜를 주시어
내가 준비한 지식을 아는 데 그치지 않고,
나에게서 배우는 학습자들의 삶의 중요성을 깨닫게 해주소서.

나에게 그들을 설득시킬 지혜를 주시어
냉담한 그들의 얼굴이 당신께 대한 관심으로 피어나게 해주소서.
당신께 큰 관심이 없는 젊은이들 가슴속에
내가 이 관심을 불러일으켜야 되겠나이다.

배반자의 쌀쌀한 얼굴도 마다 않으신
당신의 그 친절을 나에게도 주시어
가면 뒤에 숨어 있는 고독한 영혼을 보게 해주소서.

나에게 당신의 그 인내를 주시어 실패해도 낙심 말게 해주소서.
그들에게서 당신을 전하기 위해서는
이 땅 위에 오셔서, 완고한 인간들 가운데서 일하다 가신
당신을 본받아야 되겠나이다.
나에게 당신의 그 겸손을 주시어
당신께서 아버지께로 사람들을 인도하신 것 같이
나도 사람들을 당신께로 인도하게 해주소서.
당신께서 은총을 내려 주시지 않으면

나는 아무도 당신께로 인도할 수 없사오니
결코 혼자서 하겠다는 생각은 말게 하소서.

나에게 통찰력을 주시어
나는 어른이라는 것과 이 젊은이들은 나만큼 자제력도 없으며
그 원하는 바도 다르다는 것을 올바르게 인식하게 해주소서.
학습자들을 훈육하되, 언제나 친절을 잃지 않게 해주소서.
가르치면서도 배우게 해주소서.
모든 지식을 다 갖추고 있더라도 사랑이 없으면 나에게 아무 유익이 없사오니
사랑을 꼭 실천해야 된다는 것을 배워 알게 해주소서.

젊은이들이 나에게서 당신의 모습을 찾아볼 수 있게 될 때에
나는 가장 훌륭한 교회교육리더가 되는 것을, 배워 알게 해주소서.
젊은이들에겐 천국에 이르는 길을 제시해 주면서도
나 자신은 그 길에서 벗어나는 일이 없도록 해주소서.

주여,
마지막으로
내가 받을 최대의 보상은 여기에서가 아니라
저 세상에서라는 것을 깨닫게 해주소서.
이 땅 위에서 당신을 빛낸 공로로 내가 가르친 학습자들과 함께
나는 천국에서 별처럼 빛나리라는 것을 알게 해주소서.

—'교사의 기도'(오천석)

참고문헌

권대봉(2008), 휴먼웨어를 개발하자, 서울: 파고다.

권순현(2013), 살아 숨쉬는 감동의 교수법, 한국리더십센터.

권성호(2002), 하드웨어는 부드럽게 소프트웨어는 단단하게, 서울: 양서원.

김경섭·유재필 역(2004), 밥파이크의 창의적 교수법, 김영사.

김종표 외(2016), NCS 기반 교수법, 양서원

김종표, 이복희(2009), 실전 명강의 교수법, 앵서원

김용현 외(2013), 평생교육프로그램개발론, 양서원

김한별 외(2017), 고급 언론고시 실전연습, 서울: 시대고시기획

김은주(2003), 명강의 핵심전략, 서울: 연세대학교 출판부.

나상억 역(2003), 프레젠테이션 박사, 서울: 21세기북스.

박승배 외(2002), 효과적인 교수법, 서울: 피어슨 에듀케이션 코리아.

박한준(1995), 훌륭한 강의는 연출의 예술이다, 서울: 상경사.

배호순(2008), 프로그램평가론, 서울: 원미사.

파이디온선교회(2008), 예수마당 성경공부 교재, 초등2부 교사용.

파이디온선교회(2003), 예수마당 성경공부 교재, 중등부 학생용.

연세대학교 교육개발지원센터(2007), 강의 팁스, 제21호.

이성호(1999), 교수방법의 탐구, 서울: 양서원.

이의용(2014), 떨리는 강사 설레는 강사, 서울: 학지사.

옥한흠(2005), 사역훈련 III 소그룹 환경과 리더십, 서울: 국제제자훈련원.

장경원, 고수일(2013), 액션러닝으로 수업하기 서울: 학지사.

전창욱(2015), 참여형 수업을 이끄는 창의적 교수법 47가지, 서울: 미래와 환경.

지식경제공무원교육원(2008), CS강사과정, 지식경제공무원 교재.

정혜선(2005), 강사 퍼실리테이터로 거듭나라!, 시그마프레스.

조 벽(2001), 조벽 교수의 명강의 노하우& 노와이, 서울: 해냄.

한국대학생선교회(2016), 새생활의 시작.

차석빈 외(2016), 펼치는 매너! 보이는 매너. 서울: 현학사.

케네스 갱글 외(2015), 교수법 베이직. 서울: 디모데.

황정선(2011), 내 남자를 튜닝하라, 서울: 황금 부엉이.

채홍미 주현희(2012), 소통을 디자인하는 리더, 퍼실리테이터. 서울: INU.

이의용(2010), 잘 가르치는 교수법, 파주: 쌤앤파커스.

김경호(2012), 이미지메이킹의 이론과 실제, 서울: 높은오름.

Arends, R.I(1991), Learning to Teach. 2nd ed., New York: McGraw-Hill, Inc.

Bandura, Albert(1971), Social Learning Theory, New York: General Learning.

Edward, E. (1997), Changing Places, NY: Routledge.

Kagan, S.(1992), Cooperative Learning, San Juan Capistrano,

       Ca: Resources for Teachers.

Reiser, R. & Dick, W. (1977), Instructional planning: A guide of teachers.

       New York: Allen & Bacon.

Romiszowski, A. J. (1988), The selection and use of instructional media.

       London: Kogan Page

끝마치며

　지금까지 교회교육에 필요한 교수방법에 대하여 총 4부 9장으로 구성하여 살펴보았습니다.

　교회학교 어린이들이 교육 시간에 집중을 잘하며, 청소년들이 공과공부를 재미있고 의미 있게 참여하며, 성도들이 교육시간에 즐겁게 적극적으로 참여토록 하는데 이 책이 조금이나마 도움이 되기를 바라는 마음입니다.

　아무리 좋은 교수방법이라도 실제 적용해보지 않으면 무용지물이 될 수 있습니다. 이 책에 있는 내용과 방법을 각 교회 특성과 상황에 따라 적합한 방법을 선정하여 적용해 보면 개인적으로는 교회교육리더로서 교수역량 강화에 도움이 되고, 교회는 교육발전과 성장에 많은 도움이 될 것으로 감히 말씀드립니다.

　혹, 책에 있는 내용 중 적용해보고 싶으나 실천이 어렵다고 느끼는 교회가 있다면 교육리더들의 연수 개최를 추천 드립니다.

연수문의

※ 041-550-2234, 02-520-6277

※ 저자 이메일 shcho01@naver.com